上海市律师协会文库

依法治校视域下
学校法律风险管理

——案例解析与操作实务

朱伟国　主　编
陈　琳　副主编

法律出版社
LAW PRESS·CHINA
北京

图书在版编目(CIP)数据

依法治校视域下学校法律风险管理：案例解析与操作实务 / 朱伟国主编；陈琳副主编. -- 北京：法律出版社，2024(2025.5 重印)
(上海市律师协会文库)
ISBN 978-7-5197-8965-7

Ⅰ. ①依… Ⅱ. ①朱… ②陈… Ⅲ. ①教育法－风险管理－中国 Ⅳ. ①D922.16

中国国家版本馆 CIP 数据核字(2024)第 064307 号

依法治校视域下学校法律风险管理
——案例解析与操作实务
YIFA ZHIXIAO SHIYUXIA XUEXIAO FALÜ FENGXIAN GUANLI
—ANLI JIEXI YU CAOZUO SHIWU

朱伟国 主编
陈　琳 副主编

策划编辑 彭　雨
责任编辑 彭　雨
装帧设计 李　瞻

出版发行 法律出版社
编辑统筹 法律考试·职业教育出版分社
责任校对 王　丰
责任印制 胡晓雅
经　　销 新华书店

开本 710 毫米×1000 毫米　1/16
印张 20　　**字数** 344 千
版本 2024 年 7 月第 1 版
印次 2025 年 5 月第 3 次印刷
印刷 北京虎彩文化传播有限公司

地址：北京市丰台区莲花池西里 7 号(100073)
网址：www.lawpress.com.cn
投稿邮箱：info@lawpress.com.cn
举报盗版邮箱：jbwq@lawpress.com.cn
销售电话：010-83938349
客服电话：010-83938350
咨询电话：010-63939796

书号：ISBN 978-7-5197-8965-7
定价：59.00 元
凡购买本社图书，如有印装错误，我社负责退换。电话：010-83938349

上海市律师协会文库
第十二届编委会、第十二届评审委名单

总　序

在法治的光辉照耀下，法律不仅是维护社会秩序的基石，更是推动社会进步的重要力量。上海市律师协会自诞生之日起，已历经四十多个春秋，见证了上海律师行业为促进经济社会发展、保障人民群众合法权益、维护社会公平正义、推进社会主义民主法治建设作出的积极贡献。

为深入学习贯彻习近平总书记重要讲话精神，引领全市广大律师进一步明确时代和国家赋予律师的功能定位和责任使命，始终坚持“做党和人民满意的好律师”，不断提高学术理论素养和法律实践能力，进一步提升专业化水平，努力以高质量的法律服务为高质量发展、高水平开放保驾护航，上海市律师协会致力于引导律师著书立说，鼓励百家争鸣，积极打造“上海市律师协会文库”品牌，营造上海律师行业特有的文化氛围。2006年年初正式启动“上海市律师协会文库”出版工作，2009年又推出了“上海律师文丛”系列。已经问世的作品，汇聚了上海律师的智慧结晶，展示了上海律师的精神财富，也印证了上海律师在高速发展的转型期中始终立于时代的前沿。

“上海市律师协会文库”“上海律师文丛”系列图书，聚焦当代中国法律实践中的热点问题，内容涵盖公司、劳动与社会保障、财税、房地产、金融、教育等多个领域，既有对法律理论的深入剖析，也有对法律实务的精准解读。

搭建律师思想碰撞之平台、畅通律师信息传播之渠道、铺设律师学问切磋之道路、营造律师形象展示之舞台、创建律师文化交流之大厦，始终是上海市律师协会推动律师发展的出发点和追求目标，也是广大上海律师共同憧憬的理想之境。我们期待，“上海市律师协会文库”“上海律师文丛”系列图书的出版，能够为法律职业人士的成长和发展助力，为上海乃至全国的法治建设贡献一份力量。

最后，我谨代表所有参与本系列图书编写的作者和工作人员，向一直以来支持和关注“上海市律师协会文库”“上海律师文丛”系列出版物的读者朋友们表示衷心的感谢。

愿法治之光照亮每一个角落，愿法律之舟承载梦想扬帆远航。

上海市律师协会

2024 年 4 月

序

2012年,教育部制定并印发了《全面推进依法治校实施纲要》。该纲要明确指出,与推进全面依法治国的新要求相比,依法治校还存在较大差距,其中包括"学校管理者和教师运用法律手段保护自身权益、依法对学生实施教育与管理的能力、意识还亟待提高,权利救济机制还不健全",要解决这些问题,就必须进一步深化教育改革,加快转变政府职能,全面加快推进依法治校。2022年4月,教育部办公厅《关于印发〈全国依法治校示范校创建指南(中小学)〉的通知》要求"启动全国依法治校示范校创建工作",并且指出"开展依法治校示范校创建工作,要坚持改革创新,聚焦实际问题,引导学校运用法治思维和法治方式破解难题、推进改革……示范校创建工作要突出引领性、创新性、实效性,形成具有显著影响的实践经验和制度成果,整体提升学校依法治理水平"。

在此背景下,当我收到《依法治校视域下学校法律风险管理——案例解析与操作实务》一书,顿感眼前一亮。近年来,在各级教育行政部门和学校、教师的共同努力下,学校依法治校的意识和能力显著提升,并且探索出了不少成功的经验。但是,一些长期制约依法治校深入推进的难题仍然持续困扰着学校。例如,如何令校内规章制度更富有生命力,如何充分发挥校内规章制度在依法治校工作中的基石作用;又如,如何通过制度机制的构建与运行,预防、化解学校法律纠纷等。该书创新性地将企业法律风险管理思维和理论引入学校治理,为学校如何运用法治思维和法治方式破解难题、推进改革,提供了新的思路。

该书的定位是:一本"校长、园长办公桌上的工具书",旨在为学校领导干部、职能部门工作人员提供学校法律风险管理的操作指引。该书中,法律风险管理的内涵包括风险识别和风险应对两个层次;法律风险管理的外延涵盖学校与学生、教职工、家长及社会不同主体之间全然不同的法律关系。行文方式上,该书的主要章节均以现实案例为切入点,将具有较强专业性的法律知识和企业风险管理理论与学校管理实践工作相结合,令读者能够快速理解和掌握某一类学校法律风险的识别与应对思路和方法。值得一提的是,该书第六章提供了一系列学校法律风险管理相关制度的文本示例,进一步彰显了该书作为实用性工具书的特性。

该书的编写组成员,均来自朱伟国律师带领的教育法律服务团队。该团队从事教育法律服务近二十年,作为全面推进依法治校工作的亲历者,积累了大量的防范和处置学校法律风险的实务经验。感谢该书编写组成员在工作之余编写此书,将自身在法律工作中的经验和智慧奉献于全面推进依法治校的事业中。

诚然,全面推进依法治校是一项系统而全面的工作,愿更多的法律专业人士和教育专业人士加入学校治理法治化工作,为全面推进依法治国和全面实现教育现代化贡献专业力量。

上海市第十五届人民代表大会法制委员会主任委员

陆晓栋

2024 年春

前　　言

一、我国的教育法律体系

2021年，对教育体系来说，是影响深远的一年。义务教育“双减”转型、普通高中“双新”落实、民办教育“双限”调整、高等教育“双一流”验收、职业教育“双高”推进，无一不是重大教育事件，重塑着整个教育体系。

2021年4月，全国人民代表大会常务委员会2021年度立法工作计划进一步明确“围绕提升人民群众对教育的获得感，建设高质量教育体系，修改教育法、职业教育法，制定家庭教育法、学前教育法等”。

2021年11月，教育部印发《全国教育系统开展法治宣传教育的第八个五年规划（2021—2025年）》。“八五”普法是教育法治的重要内容。在教育治理现代化的进程中，教育法治发挥着关键作用。小智治事，中智治人，大智立法。建党百余年来，我国形成了以宪法、教育法律为统领，包括教育行政法规、部门规章、规范性文件及其他文件在内的比较完备的教育法律体系，为中国教育改革发展提供了法治保障。我国的教育法律体系呈现金字塔形，规范的效力呈自上而下递减的特点，规范的数量呈自上而下递增的特点。位于底层的规范性文件数量庞大。从法理的角度来看，一般规范性文件并不是正式的法律渊源；但是教育教学和学校管理中的很多事务都是落实规范性文件的结果，规范性文件对学校和教师的日常工作具有直接的指导意义。所以，从依法治校的角度来看，规范性文件仍应属于学校治理的法律依据。本书提供教育相关法律法规索引，见附录。

2020~2023年，为了回应实践需求，我国教育法律制度体系不断完善，出台、修订了一系列教育法规（其中重点教育法规见表0-1），引发社会公众高度关注。

表 0-1 2020~2023 年出台、修订的重点教育法规

类型	名称	施行日期
法律	《未成年人保护法》(2020 年修订)	2021 年 6 月 1 日
	《预防未成年人犯罪法》(2020 年修订)	2021 年 6 月 1 日
	《家庭教育促进法》	2022 年 1 月 1 日
	《职业教育法》(2022 年修订)	2022 年 5 月 1 日
行政法规	《民办教育促进法实施条例》(2021 年修订)	2021 年 9 月 1 日
	《未成年人网络保护条例》	2024 年 1 月 1 日
部门规章	《中小学教育惩戒规则(试行)》	2021 年 3 月 1 日
	《未成年人学校保护规定》	2021 年 9 月 1 日
	《中小学法治副校长聘任与管理办法》	2022 年 5 月 1 日
	《中小学校财务制度》(2022 年修订)	2022 年 9 月 1 日
规范性文件及其他文件	最高人民检察院等《关于建立侵害未成年人案件强制报告制度的意见(试行)》	2020 年 5 月 7 日
	教育部《关于加强残疾儿童少年义务教育阶段随班就读工作的指导意见》	2020 年 6 月 17 日
	《职业学校学生实习管理规定》(2021 年修订)	2021 年 12 月 31 日
	教育部等十三部门《关于健全学校家庭社会协同育人机制的意见》	2023 年 1 月 13 日
	教育部《关于推开教职员工准入查询工作的通知》	2023 年 4 月 14 日

各部门系统推进教育法律法规制定、修订,切实加快教育规章起草、修订,持续完善基层治理制度体系。2020 年 7 月 15 日,教育部发布《关于进一步加强高等学校法治工作的意见》,第一次针对高等学校法治工作专门发文,明确高等学校法治工作内涵属性、职能定位和重点任务。组织召开全国高等学校法治工作会议,推动高等学校切实把依法治理作为学校治理的基本理念和基本方式。

教育部于 1999 年正式提出“依法治校”,全国各级各类学校依法治校工作目前已经取得了突出进展,有力地推动了依法治教和教育现代化进程。但是,在当前教育领域综合改革发展的新形势、新任务下,学校治理仍然面临诸多问题和挑战。过去,学校管理者主要关注学生和教职工等内部利益相关者的权益保护,而如今还要面对家长、社区等外部利益相关者的不同诉求;过去,学校遇到纠纷或诉讼时,学校管理者习惯使用“人治”而不是“法治”的方式,而现如今“领导说了算”的处置方式不仅不利于化解矛盾,甚至会引发针对学校的负面舆情。由此可见,学校内外部环境的变化,客观上“倒逼”学校要从法治的角度重新审视管理的理念、制度,通过加强法律风险管理,依法开展和规范自身各种活动,维护学校和师生合法权益,从而有效防范和处置学校的法律风险,提高学校法治化管理水平。

二、本书创新和不足

(一)创新

1. 在查阅了现有的规范性文件和文献资料之后,笔者发现,教育部门、教育行业及法律行业的专家学者较多关注高等教育阶段的法治工作和法律风险防控体系建设,基于教育行业数据分析和教育法律服务实践等方面的原因,本书的侧重点在于学前教育、义务教育和高中教育阶段的依法治校工作和法律风险管理实务。

首先,我国基础教育阶段的学校数量、专任教师及在校学生人数均远超高等教育阶段(见表0-2),前者法律风险发生次数和频率相应会远远多于后者。由此可见,基础教育阶段学校依法治校的必要性和紧迫性不言而喻。

表0-2　基础教育与高等教育阶段学校、专任教师、在校学生数量对比

项目	基础教育阶段					高等教育阶段
	学前教育	义务教育	高中阶段教育[1]	特殊教育	合计	
学校/万所	28.92	20.16	2.2201	0.2314	51.5315	0.3013
专任教师/万人	324.42	1065.46	285.15	7.27	1682.3	197.78
在校学生/万人	4627.55	15,820.6	4053.16	91.85	24,593.16	4655

数据来源:笔者根据《2022年全国教育事业发展基本情况》整理。

〔1〕高中阶段教育包含普通高中教育和中等职业教育。

其次,回顾近年来的教育法律服务实践,学校向律师咨询法律问题和纠纷处理的频率越来越高,类型也越来越多样化。此外,律师介入法律纠纷的阶段也越来越前移,从原先学校收到法院传票之后才委托律师代理诉讼,到如今学

校内部人事管理通知都要经过律师审核合法性之后再发布。这主要有以下 4 个方面的考虑:

(1)基础教育阶段学校的在校学生基本都是未成年人,他们的自我约束和自我保护意识相对较弱,这是校园人身伤害事故发生率较高的主要原因。

(2)基础教育阶段学校的家长作为监护人,更容易成为引发法律风险的利益相关者。

(3)基础教育阶段学校的教职工除完成教学任务外,还负有保护未成年人的义务。

(4)基础教育阶段学校以接受行政管理为主,办学自主权有限,应对来自社会各方面的外部法律风险能力较低。

"为深入贯彻党的十九届四中全会和全国教育大会精神,认真落实全国基础教育工作会议部署要求,全面提高基础教育质量,办好人民满意的教育",2020 年 9 月 15 日,教育部等八部门共同发布《关于进一步激发中小学办学活力的若干意见》,中小学办学活力不断被激发,办学自主权逐步落实,对学校如何依法用好教育教学、人事工作、经费使用自主权,实现自主管理、自我监督,防止权力滥用、管理任性提出了新要求。

2. 现代企业对法律风险管理理论的研究和实践由来已久。2012 年 2 月 1 日,由国家标准化管理委员会制定的国家标准《企业法律风险管理指南》(GB/T 27914—2011)正式生效①,作为我国针对企业法律工作领域发布的第一个国家标准,它的出台标志着我国企业法律风险管理步入了一个新的阶段。如今,学校作为社会活动的重要主体,随着教育现代化战略的不断推进,构建学校法律风险管理体系是大势所趋。那么,学校是否可以借鉴已走在前列的企业的经验呢? 笔者认为未尝不可。本书以企业法律风险管理理论为基础,介绍学校法律风险管理操作实务。

学校与企业法律风险管理目标不同:企业的管理目标是利益最大化、损失最小化;学校的管理目标是实现各利益主体的权利均衡,有效化解各类矛盾,提高应对风险的能力,全面推进依法治校。因此,本书并没有完全照搬企业法律风险管理的理念,而是以"依法治校"为目标筛选典型案例,运用企业法律风险管理流程和体系来识别和分析学校法律风险,在总结实务经验的基础上提出针对性的应对方案,体现了较强的实用性和创新性。

笔者希望本书能成为校长、园长办公桌上的工具书,采用案例解析与操作

① 现已被《风险管理 法律风险管理指南》(GB/T 27914—2023)替代。

实务的形式，希望学校管理者可以参考书中介绍的操作方法落实各项管理措施。

（二）不足

1. 鉴于笔者团队服务的教育机构所处行政区域较为集中，且以基础教育阶段的教育机构为主，教育对象主要是未成年人，在地域、数量和类型上均受到一定限制，有必要先对本书所讨论的“学校”范围进行界定。依据《未成年人保护法》第130条第2项的规定，“学校，是指普通中小学、特殊教育学校、中等职业学校、专门学校”，不包括本科院校、高等职业院校等成人教育学校。此外，本书还选取了多个幼儿园（托班）的案例，探讨学前教育与托育服务机构的法律风险。因此，如无特别说明，本书所指“学校”范围包括普通中小学、特殊教育学校、中等职业学校、专门学校及幼儿园（托班）。

2. 在数据资料方面，主要从公开渠道获取教育行业的统计数据，如《2022年全国教育事业发展基本情况》，从新闻媒体报道和上海铭森律师事务所处理的法律咨询与纠纷中收集案例资料，但所能收集的学校内部制度文件、管理流程及重大合同等资料数量有限。因此，在没有充足的样本数据的情况下，仍无法对法律风险进行科学的量化分析和测评。

3. 在法律依据方面，部分章节引用上海市教育法规、规章，主要原因是该章节所要讨论的内容在中央教育立法层面并无具体规定，地方则有。以第四章第九节为例，在托育服务立法领域，上海的探索走在了前列。2023年1月1日，《上海市学前教育与托育服务条例》正式实施，该条例是全国首部将学前教育与托育服务合并立法的地方性法规。该条例中关于托育服务的相关规定，具有弥补中央立法不足并提供立法试验与制度创新的功能。

4. 全面推进依法治校是一项系统而全面的工作，学校法律风险管理还是一个新兴的领域，很多问题还需要进一步探索和研究，无成熟经验可循。因此，本书作为本所教育法律服务成果的总结，必定还存在不足和疏漏，总结的应对措施和操作方法仍需要在今后的法律服务过程中不断完善。笔者团队希望教育界和法律实务界的同人不吝指教，以推动学校法律风险管理实务不断深入发展和完善。

三、本书结构和章节安排

第一章主要从宏观层面针对依法治校和学校法律风险的一些基本问题进行阐述，包括依法治校的含义和学校法律风险的定义等，并试图厘清依法治校与法律风险管理两者之间的关系。

第二章至第五章，以学校与学生、教职工、家长及社会建立四种类型的法律关系为切入点，分为四章，各章均以案例导入的方法，展开法律风险识别与分析，并给出法律风险应对措施。

本书作为一本关于学校法律风险管理实务操作的工具书，在第六章提供了常用的校内规章制度、操作流程及表单等文本的示例，用于增强读者对法律风险管理的感性认识，以便学校管理者在短时间内学以致用。

目　　录

第一章　学校法律风险管理概述

本章概要

鉴于学校法律风险管理与企业法律风险管理的目标不同，本章以“依法治校”为目标，试图运用企业法律风险管理理念和流程来构建学校法律风险管理体系，并重点阐述了学校法律风险管理的概念和内涵。

第一节　学校法律风险管理的概念与内涵

一、学校的法律主体地位

我国《教育法》第32条规定：“学校及其他教育机构具备法人条件的，自批准设立或者登记注册之日起取得法人资格。学校及其他教育机构在民事活动中依法享有民事权利，承担民事责任。学校及其他教育机构中的国有资产属于国家所有。学校及其他教育机构兴办的校办产业独立承担民事责任。”据此，学校作为法人，具备实施法律行为的主体资格。同时，《教育法》对教育关系主体（包括行政机关、学校、教师、学生及其监护人、社会团体、企事业单位等）在教育教学活动中享有哪些权利、应履行哪些义务进行了明确规定。从图1-1可见，学校与各利益相关主体之间在进行各项教育教学活动的过程中会形成不同的法律关系。

学校取得法人资格要具备哪些条件呢？《教育法》第27条规定：“设立学校及其他教育机构，必须具备下列基本条件：（一）有组织机构和章程；（二）有合格的教师；（三）有符合规定标准的教学场所及设施、设备等；（四）有必备的办学资金和稳定的经费来源。”下文着重阐述学校章程和组织机构这两项必备条件。

1. 学校章程

作为设立学校的必备条件之一，学校章程应当调整学校举办者、管理者、教师、学生、家长、社区等利益相关方的权利与义务或利益诉求。这是学校章程的内在价值所在，也是其与学校内部规章制度根本性的不同之处。

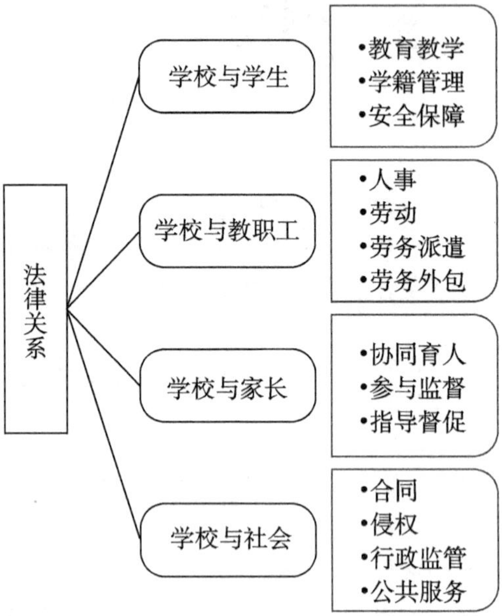

图 1-1　学校教育教学过程中的四类法律关系

此外,根据《全面推进依法治校实施纲要》的要求,学校不仅要具备章程,该章程还要具有自身特色。学校起草制定章程要充分反映广大教职员工、学生的意愿,凝练共同的理念与价值认同,体现学校的办学特色和发展目标,突出科学性和可操作性。经过核准的章程,应当成为学校改革发展、实现依法治校的基本依据。

有些学校在章程中增设“学校与家庭社会”的内容,发挥了学生家长和社区优势,增加了“密切学校同家长委员会、社区志愿者、法治副校长的关系”“充分挖掘社会资源,成立关于学校教育咨询与资源支持委员会”等条目,提升了学校法治化、现代化治理能力。

笔者建议各学校可以结合自身办学特点进一步修订学校章程。学校章程不仅要规定学生和教职工的权利、义务,还可以专门添加“学校与家庭”“学校与社区”两个独立章节。其中,“学校与家庭”章节中要对家长委员会的组织形式和运行规则,以及家长委员会成员的选举条件和选举程序作出详细的规定;“学校与社区”章节则可以规范学校与社区合作共建的体制、机制,如“树立两个公共形象,在本社区发挥积极作用”或“努力开发社区教育资源,开展社会实践,为学生创造服务社区机会”。

2. 组织机构

根据《教育法》第 27 条的规定，组织机构与章程呈并列关系，缺一不可。组织机构中，学校党组织和校长位于管理层级的最上层。对此，中共中央办公厅于 2022 年 1 月印发的《关于建立中小学校党组织领导的校长负责制的意见（试行）》明确规定“校长在学校党组织领导下，依法依规行使职权”，并围绕校长在党组织领导下依法独立负责行使管理职权的 10 个方面展开了陈述。这是中小学校领导和管理体制的一次重要改革。为此，中小学要准确定位和理顺学校党组织会议、党组织书记、校长、校长办公会议四者之间的权责关系，进一步完善学校党组织会议、校长办公会议（校务会议）的议事规则，探索建立集体领导、党政分工合作、协调运行的工作机制，把贯彻落实中小学校党组织领导的校长负责制作为学校现代化治理的基本制度，保障党组织在学校治学办学中的领导地位和校长依法治校的权力。

此外，根据《全面推进依法治校实施纲要》的要求，学校不仅要设立组织机构，还要健全科学决策、民主管理机制，完善学校治理结构。笔者建议学校充分发挥教职工代表大会、中国共产主义青年团、学生会及师生代表在民主决策机制中的作用，建立健全中小学家长委员会制度，积极探索“家校社”合作共建体制和机制。

二、学校法律风险的概念

本书所称学校法律风险，是指基于法律规定、监管要求或者合同约定，由于学校外部环境变化，或学校及其利益相关方的作为或者不作为，导致学校承担不利后果的可能性。

学校的利益相关方有内部和外部之分：内部利益相关方主要指学生、管理者、教职工，外部利益相关方包括家长、政府、教育行政部门、社会、社区、服务企业等。

本书所讨论的“不利后果”，包括但不限于：承担法律责任（刑事、民事、行政），遭受财产损失、声誉损失以及其他负面影响。

本书采用“法律风险管理”这一表述，而不是“法律风险控制”，意在将学校存在法律风险视为一种常态，并将学校管理法律风险作为一种经常性事务贯穿于学校教育管理的全过程，最终“让法律风险管理成为一种习惯”。

三、学校法律风险管理的内涵

本书所称“学校法律风险管理”，以有效防控学校法律风险为目的，以学校管理者和教职工的教育管理行为为对象，贯穿于学校教学管理的各个环节。学校法律风险管理过程主要由明确法律风险环境信息、法律风险评估和法律风险应对3类活动组成。其中,法律风险评估包括法律风险识别、法律风险分析和法律风险评价3个步骤。

1.明确法律风险环境信息

本书所称"明确法律风险环境信息",是指使用适当的方法,对学校内外部环境中与法律风险相关的信息进行收集、分析、整理、归纳的一系列过程。

学校内部法律风险环境信息,包括但不限于:学校的基本信息、学校章程、制度流程、重大合同、组织职能(法治副校长、法律顾问的参与程度)、法律纠纷情况。鉴于上述信息需要学校配合提供相关资料(均为保密资料),本所律师在收集学校内部法律环境信息前,已与学校签订《法律服务合同》,并承担保密义务。

学校外部法律风险环境信息,包括但不限于:教育行业发展现状、教育行业自有特征、教育法律环境信息、学校自有特征。在本书前言中对教育行业发展现状及自有特征作了介绍,附录罗列了教育行业现行有效的法律法规、政策性文件等信息,方便读者查阅。

在此需要特别说明:本书大部分案例素材来自笔者收集的多所学校的相关信息,为了保密,笔者对案情进行了改编,对涉及的人物进行了化名处理,直接交代关键和必要的内外部法律环境信息,而不再展开介绍这些信息的收集过程。

2.法律风险评估

(1)法律风险识别

本书所称"法律风险识别",是指根据事先构建的风险识别框架,运用科学的风险识别方法系统地、连续地对学校各项教学活动、重要管理流程中的法律风险进行查找、分类的活动。

本书根据引发法律风险的原因进行识别,构建法律风险识别框架,将法律风险分为违法、违约、侵权、怠于行使权利、行为不当5类。

违法风险,是指学校及其利益相关方违反了相关法律规定而产生的风险。这里的"法律规定",不能作狭义的理解,而是应当包括法律、法规、规章、规范性文件、监管规定、法院裁判文书、学校章程、校内规章制度、管理标准、操作流程、行为手册等。

违约风险,是指学校或合同相对方不履行或不当履行合同义务而产生的风险。此处,学校既可能是违约方;也可能是守约方,即合同相对方违约导致学校权益受损。

侵权风险,是指学校、管理者或教职工侵犯他人的合法权益而产生的风险,以及学校、管理者或教职工的合法权益受到他人侵犯而产生的风险。此处,学校、管理者或教职工既可能是侵权人，也可能是被侵权人。

怠于行使权利风险，是指学校、管理者或教职工未及时行使法定权利或约定权利而产生的风险。例如，学校由于疏忽大意未及时申请专利，导致专利被他人申请在先。

行为不当风险，是指学校及其利益相关方实施了除上述四类行为外有可能导致学校承担不利后果的不当行为。所有这些行动都可能是合法的，但每一项行动都有不同的成本、影响和后果，即一个或多个替代选项在决定作出时被放弃。例如，学校可以选择尝试通过诉讼或非诉讼方式解决与合作方的争议，两种方式在维护学校的声誉、投入的时间和产生的成本方面会有不同的影响。

在此需要特别说明：引发企业法律风险的原因还包括法律环境风险，即法律法规、相关政策的出台和变化。司法、执法及社会守法环境的变化，企业自身战略的调整改变等引发的风险。严格来说，法律环境风险属于合规风险范畴。对学校而言，当然也存在法律环境变化引发的合规风险。但是，鉴于本书在前言中对教育行业法律环境的变化已作了介绍，还在附录中梳理了截至本书出版现行有效的教育行业法律法规及政策文件，本书不再讨论学校的法律环境风险，如学校违反现行有效的法律法规或政策文件，在本书中将被识别为违法风险。

(2)法律风险分析

本书所称"法律风险分析"，是指对识别出的学校法律风险进行定性、定量的分析，为法律风险的评价和应对提供支持。

本书采用定性分析方法，内容包括但不限于：原因、可能性、后果、影响程度以及影响范围。一般可将风险发生可能性分为几乎不可能发生、可能发生、几乎确定发生，将风险影响程度分为轻微、一般、严重、非常严重。在上述不同维度分析的基础上，对法律风险水平的高低进行排序。

鉴于笔者收集到的法律风险数据资料不够充分，且目前针对教育行业也未能设计出一套可量化的法律风险分析和评估方法，本书没有采用定量分析方法，法律风险的大小不用具体的数量值来表示，而采用风险等级来表示。

(3)法律风险评价

本书所称"法律风险评价"，是指通过已经得出的法律分析结果，结合学校自身实际情况及风险承受能力，确定分级标准，划分风险等级，以帮助学校作出法律风险应对决策。在法律风险分级的基础上，学校还可以根据其管理的特殊需要，进一步确定需要重点关注和优先应对的法律风险。例如，实施特殊教育的学校，在校学生大多为有特殊疾病的未成年人，需要特别看护和照顾，学校的教育管理职责高于普通学校，教职工在教学过程中注意力必须高度集中，一旦疏忽大意,学生就有可能受到伤害,极易引发学校侵权风险。因此,此类教职工失职引发的学校侵权风险应认定为学校的重大法律风险。

鉴于法律风险评价工作与各校实际情况和管理需求密切相关,本书无法就法律风险评价操作实务展开具体介绍,且理论上,所有的学校法律风险都是不可接受的,但考虑到法律风险管理体系的完整性,仍对相关概念进行了简单阐述。

3. 法律风险应对

本书所称“法律风险应对”,是指学校根据法律风险评价情况,综合考虑发展规划、管理目标、利益相关者诉求、社会责任、成本效果等因素,选择相应措施。

“古人说:‘消未起之患、治未病之疾,医之于无事之前。’法治建设既要抓末端、治已病,更要抓前端、治未病。”①

对学校来说,也要树立“治未病”的法治理念,选择法律风险应对措施的原则应以事先防范为主,以事中控制和事后补救为辅。

防微杜渐,未雨绸缪,防患于未然,特别是将法律风险纳入学校各种重大决策过程中,积极采取各项预防措施,尽可能避免风险发生;在事前未防范到位或无法防范的情况下,再采取事中控制或事后补救(化解矛盾)等措施,但事先预防应是学校法律风险应对的重心。

法律风险应对措施可以分为以下5类:

资源配置类,指设立或调整与法律风险应对相关的机构、人员,补充经费或风险准备金等,如针对合同管理不当风险,学校可以聘请法律顾问,由顾问律师对合同进行审核。

制度、流程类,指制定或完善与法律风险应对相关的制度、流程,如针对突发事件应对不当风险,学校应制定突发事件管理办法及应对流程。

标准、规范类,指针对特定法律风险,编撰规范、标准类文件,供相关人员使用,如针对教师失德行为侵权风险,学校可以制定《教师师德行为规范》。

技术手段类,指利用信息化系统、技术手段提前发布预警信息,避免、降低或转移某些法律风险,如针对校园欺凌侵权风险,可以在教室内、走廊或操场等公共区域安装监控设备。

培训类,指针对某些关键岗位人员进行学校法律风险培训,为其提供法律

---

① 《以科学理论为指导,为全面建设社会主义现代化国家提供有力法治保障》(2020年11月16日),载《习近平谈治国理政》(第4卷),外文出版社2022年版,第295页。

风险意识和法律风险管理技能相关知识。如对学校怠于申请专利权风险，可对负责知识产权管理的教职工开展各类知识产权法律知识的培训。

四、构建学校法律风险管理体系

构建法律风险管理体系，已成为学校在教育管理过程中合理有效地防范法律风险最有效的手段。那么，如何构建学校法律风险管理体系？简单来说，就是将学校的各项管理活动组成一个相互作用、循环往复的可持续运转的有机整体。

基于上文相关概念的阐述，并借鉴现代企业管理体系国际标准化组织标准，学校法律风险管理体系应当至少包括组织、策划、运行、评价、改进等要素（见图1-2）。

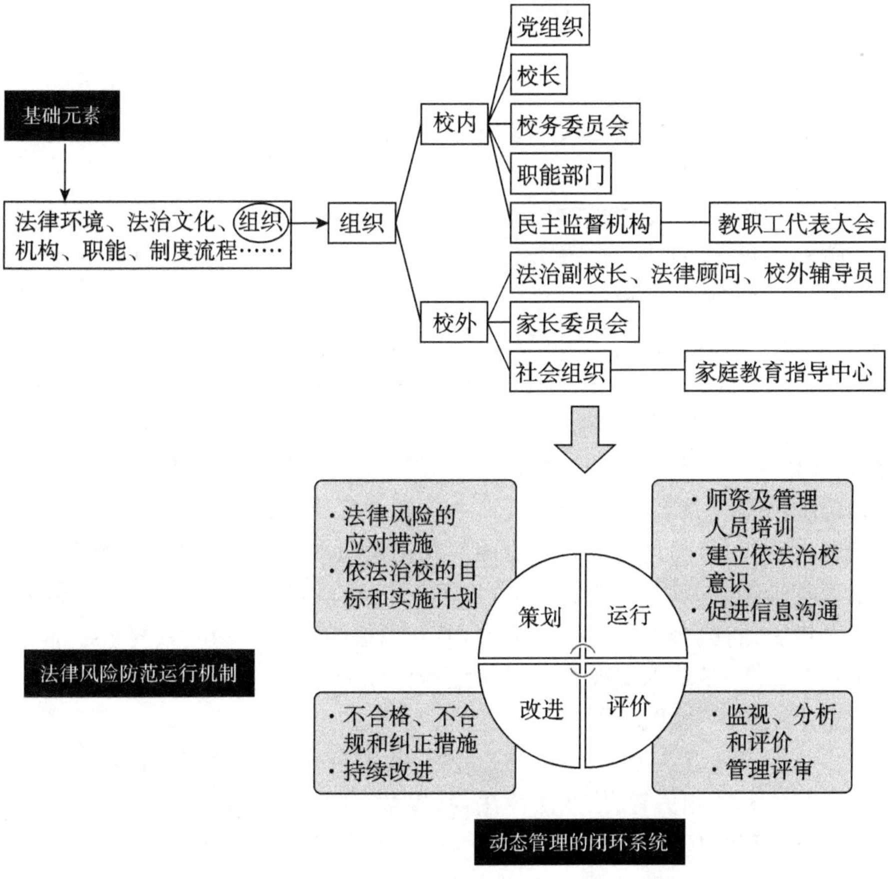

图1-2　学校法律风险管理体系流程

“徒善不足以为政，徒法不能以自行。”该句出自《孟子·离娄上》，字面意思是“只有善德不足以处理国家的政务，只有法令不能够使自己发生效力”，可以理解为治理国家必须把行善政与行法令结合起来。同理，学校法律风险管理体系的有效运作，仅有制度、流程还不够，要真正发挥作用，还需要营造校园法治文化氛围，增强校领导的法治思维，培养教职工和学生的法治意识和法律素养。

文化听上去是一个很虚的概念。其实，文化是看得见、感受得到的，学校的法治文化蕴含在其制度、流程之中。它们一开始可能会让你感到别扭、不舒服，但如果长期坚持，养成习惯，最后就能形成良好的法治文化。

具体到学校的法律风险管理，首要任务是预防和准备工作。如果学校管理者只重视违法违规事件的处理而轻视法律风险防范，那么就不能算是具有良好的法治文化氛围。

第二节　依法治校与学校法律风险管理的关系

一、“依法治校”要求的提出及其内涵

政府公开文件中提到“依法治校”一词，始于 1999 年我国教育部发布的《关于加强教育法制建设的意见》(已失效)；该文件中明确指出各级各类学校要“积极推进依法治校”，“不断提高依法治校水平”。2003 年，教育部《关于加强依法治校工作的若干意见》(已失效)发布，系统地对依法治校的具体内涵、开展的重要性、要达到的目标、具体的实施方法等作了详细的阐释。在此基础之上，2012 年 11 月 22 日，我国教育部印发《全面推进依法治校实施纲要》，对学校的法治建设提出了新的要求，其中包括章程建设、治理的结构、育人环境、权利的救济、纠纷的化解机制等方面。2016 年 1 月 7 日，我国教育部印发《依法治教实施纲要(2016—2020 年)》，明确“依法治校是依法治教的重要内容，也是推进法治社会建设，构建多层次、多形式法治创建活动的重要组成部分”，并提出到 2020 年基本实现教育现代化的目标。至此，我国学校法治建设工作的理论不断深化，实践不断深入。

多位专家学者认为，依法治校是政府、教育行政部门、学校、社会组织、家长及学生等各利益相关者，依照法律法规、规章、规范性文件以及学校章程、管理制度等，制度化、规范化、程序化地对学校的各项事务进行管理的过程。

从法律顾问的视角理解依法治校的内涵，包括以下 3 个方面：

1. 依法治校所依据的“法”不仅指国家法律法规、规章以及规范性文件，还

包括学校章程和校内规章制度体系，即学校的“内部规则”。学校章程是教育法律法规的“下位法”，是校内规章制度的“上位法”，学校章程起着“承上启下”的作用。

2. 依法治校之“治”，是治理而非管制。通过对权力的规范和权利的保障，实现学校各利益主体的权力的平衡；从法制到法治，法制是指静态的法律制度与动态的法律秩序，而法治则是根据法律治理学校，是一种治校理论、原则和方法。这两个术语并非只改变了一个字，而是法律理念的发展，是顺应我国法治建设发展的必然趋势，也是进一步推动教育法治化进程的必然要求。

3. 依法治校强调的是“校”。依法治校的对象或客体是学校，依法治校指导和统摄学校工作的全局、管理的全过程。依法治校是依法治教的重要组成部分，广义上的依法治校还包括政府依法管理学校，学校依法办学、自主管理，教师依法执教，社会依法支持和管理学校。

二、学校法律风险管理是依法治校要求的具体表现

教育部于 2020 年 7 月 15 日公布的《关于进一步加强高等学校法治工作的意见》指出：“为深入贯彻落实党的十九大和十九届二中全会、三中全会、四中全会精神，坚持和完善中国特色社会主义教育制度体系，推进高等学校治理体系和治理能力现代化，进一步加强高等学校法治工作，全面推进依法治教、依法办学、依法治校，现提出以下意见。……六、完善学校法律风险防控体系。健全合同管理制度，加强对学校及下属机构对外签署合同的审查。积极推进学校无形资产保护、校园安全、国际交流与合作、资产经营与处置、后勤管理与服务、基建工程、教学科研、人事管理等方面涉法事务管理，梳理法律风险清单，明确处置办法。推动建立第三方调解制度和校方责任险、学校安全综合险、意外事故伤害险等保险制度，健全师生人身伤害事故纠纷的预防、处置和风险分担机制。完善工作流程，妥善应对涉及学校的诉讼、复议、仲裁等，维护学校合法权益。加强学校间的信息共享和风险预警，探索发布学校法律风险处置指南、建立案例库。”

全面推进依法治校是依法治国战略的重要组成部分，是对学校法治工作提出的创新性要求。

完善法律风险防控体系是学校法治工作的重要任务，法律风险管理水平直接反映了学校依法治校的能力。

无论是公办学校还是民办学校，都必须认识到，“法律是一种管理资源”，应当充分运用到学校教育管理的全过程，把构建法律风险管理体系纳入学校法治工作的重要内容。

三、依法治校的要求是学校法律风险管理的核心依据

全面推进依法治校,要求学校摒弃陈旧的管理理念和行政思维,善于掌握和运用法治理念,构建法律风险管理体系,采取行之有效的方法和措施,应对各类法律风险,化解各类矛盾,使学校在法治的轨道上实现治理现代化。

哲学界有“意识决定行为”一说,依法治校离不开法治意识。其实,从法治意识到法治行为并不是一个简单的过程,法治意识需要升华成法治思维,只有这样才能引导依法治校。

法治思维,是指以法治价值和法治精神为导向,运用法律原则、法律规则、法律方法思考和处理问题的思维模式。其基本内容体现在5个方面:法律至上、权力制约、公平正义、人权保障和程序正当。法治思维与法律思维是不同的概念:法律思维以具体的法律规范为着眼点,比较侧重法理、证据、程序;而法治思维是在法律思维的基础上,进一步关注程序的公开与民主,关注法律与权力、权利的关系,并且特别重视公平正义。此外,法治思维还指以法律原则和法律规则为依据来指导人们的社会行为,在分析问题、处理问题、解决纠纷时,始终考虑通过法律手段和法律方法。

2022年4月,教育部办公厅印发的《全国依法治校示范校创建指南(中小学)》针对示范校的管理规范明确要求“深入学习贯彻习近平法治思想,提高法治工作能力,以法治思维和法治方式治校办学”。那么在治校办学过程中,具体该如何运用法治思维呢?以学校章程和制度体系建设为例,以《全面推进依法治校实施纲要》为依据,从5个维度来展现法治思维:

1. 程序正当。学校制定章程或者关系师生权益的重要规章制度时,要遵循民主、公开的程序,广泛征求校内外利益相关方的意见。

2. 人权保障。重大问题要采取听证方式听取意见,并以适当方式反馈意见采纳情况,保证师生的意见得到充分表达,合理诉求和合法利益得到充分体现。

3. 法律至上。要依据法律和章程的原则与要求,制定并完善教学、科研、学生、人事、资产与财务、后勤、安全、对外合作等方面的管理制度,建立健全各种办事程序、内部机构组织规则、议事规则等。

4. 权力制约。章程及学校的其他规章制度要遵循法律保留原则,符合理性与常识,不得超越法定权限和教育需要设定义务。

5. 公平正义。学校章程和规章制度,应当加以汇编并公布,便于师生了解、查阅。有网络条件的,应当在学校网页上予以公开。涉及师生利益的管理制度实施前要经过适当的公示程序和期限;未经公示的,不得施行。

基于上述要求,笔者进一步建议学校制定并完善《学校规章制度管理办

法》,该办法的核心内容应当包含:(1)学校章程及校内规章制度的体系和内容;(2)制定、修改、解释和废止的原则;(3)提案、修改、审议、解释、监督、清理、汇编的职权划分;(4)详细、规范的制定和修订程序。本书提供《学校规章制度管理办法》的文本示例,参见第六章示例一。

本章小结

本章主要介绍本书核心词汇的概念和内涵,帮助读者理解后面章节的内容,且便于读者随时查阅;本章重点阐述了依法治校与学校法律风险管理之间的关系,以便读者理解本书书名的要义;本章特别说明后续章节将侧重于学校法律风险识别、定性分析和应对实务,且不对法律风险进行评价。

第二章　学校与学生

本章概要

《宪法》第19条第2款规定:“国家举办各种学校,普及初等义务教育,发展中等教育、职业教育和高等教育,并且发展学前教育。”学校的根本任务是落实国家的教育制度,执行国家教育计划,依据国家的教育教学标准完成相应的教育任务。对于学校而言,学生作为接受教育的一方,毫无疑问是学校各项工作的核心,学校的各项工作均围绕学生展开。因此,学校与学生之间的法律关系也是学校各类法律关系中最为重要的环节。

学校与学生之间的法律关系,可以归纳为教育教学关系、学籍管理关系、安全保障关系。这三个方面的法律关系,分别源于学校对学生负有的三个方面的管理职责或义务,即教育教学职责、学籍管理职责、安全保障职责。

教育教学职责,指学校负有依照《宪法》《教育法》等法律规定,根据教育行政管理部门的要求,对学生实施教育教学、妥善完成教学任务的职责。

学籍管理职责,指学校负有对学生的入学资格、在校学习情况及毕业资格进行考核、记载、控制和处理的职责,学籍管理的内容包括:入学注册,成绩考核,对升级、留级、转学、休学、复学、退学的处理,鉴定,考勤,纪律教育,奖励与处分。①

安全保障职责,指学校负有保障学生的人身安全、尊重并保护学生的人格权利和维护学生心理健康的职责。

本章将以学校对学生负有的教育教学职责、学籍管理职责和安全保障职责所衍生出的具体法律问题为切入点,分析案例,识别法律风险并提出应对建议。

第一节　学生校园人身伤害的防范与处置

学生校园人身伤害事故是最为常见的因学校未履行或未充分履行安全保

---

① 顾明远主编:《教育大辞典》,上海教育出版社1998年版,第4268页。

障职责而引发的事故。虽然学生校园人身伤害事故通常是突发性的,但导致学生遭受人身伤害的风险事项,往往在校园管理的工作中有迹可循。学生校园人身伤害事故及其所可能导致的不良影响,是可以通过校园安全工作机制的完善来避免和减少的。

本节将通过校园内学生之间的人身伤害案例,识别和分析相应的法律风险,并在校园安全管理基本工作层面提出法律风险的应对建议。

一、要点问题

1. 学生在校园中发生人身伤害事故,学校需要承担什么法律责任?

2. 当学生在校园中遭受其他同学人身伤害,学校需要承担什么法律责任?

3. 学校应如何防范和正确处置校园人身伤害事故?

二、案例:小学生在午餐期间被同学推倒受伤

轩轩(不满 8 周岁)是 A 小学一年级的学生。由于轩轩在性格行为上与其他学生有些不同,学校为此专门指派同班另一名同学日常陪同、帮助轩轩。

某日中午休息用餐时间,学生佳佳(不满 8 周岁)与其他同学一起排队,跟随教师由二楼走廊中间的楼梯下楼打饭。轩轩因不参加学校午餐,由同学陪同留在教室等候家长。当佳佳端着餐盘顺楼梯返回二楼时,在二楼过道被从教室内冲出来的轩轩撞倒。轩轩在冲撞佳佳后,竟对佳佳进行殴打。佳佳摔倒致伤并受到轩轩行为的伤害,揪扯中的轩轩则被其他同学拉开。老师从打饭队伍末尾赶来时,佳佳已受伤倒地。

佳佳受伤后,家长先后带佳佳前往多家医院就诊。经诊断,佳佳右侧眼眶底壁骨折并右侧上颌骨额突骨折,继而引发骨膜炎。之后,佳佳接受了“右眼眶整复术”,术后多次复诊。司法鉴定意见为:佳佳右眼部受伤后遗复视,相当于道路交通事故十级伤残;伤后休息 90 日、营养 30 日、护理 90 日。

佳佳的家长作为其法定代理人,以佳佳为原告,以轩轩、轩轩家长和 A 小学为共同被告向法院提起诉讼,要求三被告共同赔偿医疗费、住院伙食补助费、营养费、护理费、残疾赔偿金、精神损害抚慰金、误工费、交通费、律师费等经济损失。

法院经审理认为,轩轩与佳佳发生冲撞的事件本身具有偶然性,但作为监护人轩轩的家长在轩轩的成长过程中,经历了多任教师的关心和提醒,仍未能对轩轩存在的特殊问题引起足够重视,未积极予以治疗矫正,放任了轩轩的行为,客观上增加了事件的恶性程度。因此,轩轩及其家长应对佳佳的伤害损失承担 70%的赔偿责任。

轩轩作为小学一年级学生,其本身不具有完全民事行为能力,且行为特征具有一定的特殊性，其对外界事物的认知和处理与平常孩童有异，事发当时，学校指派了没有监管和控制能力的其他学生陪伴轩轩，很大程度上放任了事故发生的可能性。同时，在午餐秩序的管理上，A 小学对佳佳等年龄幼小孩子的需求考虑不周，人员配备相对缺乏，造成了冲撞事件发生后的事态进一步扩大。因此，A 小学应对佳佳的伤害损失承担 30%的赔偿责任。

三、法律风险识别与分析

当校园内发生学生人身伤害事故时，学校将面临侵权风险。

学校因学生人身伤害事故所面临的侵权风险，可以从以下 3 个角度理解：

1. 教育机构过错推定责任

当无民事行为能力人（不满 8 周岁的未成年人[①]）在幼儿园或学校学习、生活期间受到人身损害时，归责原则为：幼儿园或学校应当承担侵权责任；例外情形为：幼儿园或学校能够证明其尽到教育、管理职责的，则不承担侵权责任。[②]

教育机构过错推定责任意味着，不满 8 周岁的学生在学校遭受人身伤害，首先推定学校承担侵权责任，由学校自证其尽到教育、管理职责。学校能够证明其尽到教育、管理职责的，才有可能不承担侵权责任。这种对学校而言较为严格的归责方式，是法律对不满 8 周岁的未成年人的特别保护，意在引导幼儿园、学校尽可能地去避免校园人身伤害事故的发生。

2. 教育机构的过错责任

当限制民事行为能力人（8 周岁以上的未成年人[③]）在学校学习、生活期间受到人身损害时，如果学校未尽到教育、管理职责，则由学校承担侵权责任。[④]

教育机构的过错责任的内在逻辑是：基于学校对学生负有安全保护职责，学校有义务保障未成年人在校期间的人身和财产安全，若学校未尽到教育、管理职责，则是以一种不作为的方式侵害学生人身权利，故应承担侵权责任。

---

① 《民法典》第 20 条规定："不满八周岁的未成年人为无民事行为能力人，由其法定代理人代理实施民事法律行为。"

② 《民法典》第 1199 条规定："无民事行为能力人在幼儿园、学校或者其他教育机构学习、生活期间受到人身损害的，幼儿园、学校或者其他教育机构应当承担侵权责任；但是，能够证明尽到教育、管理职责的，不承担侵权责任。"

③ 《民法典》第 19 条规定："八周岁以上的未成年人为限制民事行为能力人，实施民事法律行为由其法定代理人代理或者经其法定代理人同意、追认；但是，可以独立实施纯获利益的民事法律行为或者与其年龄、智力相适应的民事法律行为。"

④ 《民法典》第 1200 条规定："限制民事行为能力人在学校或者其他教育机构学习、生活期间受到人身损害，学校或者其他教育机构未尽到教育、管理职责的，应当承担侵权责任。"

3. 存在第三人侵权时的教育机构的责任

幼儿园、校园人身伤害事故中存在第三人侵权的，在认定侵权责任时应当区分该实施加害行为的第三人是园外、校外的第三人，还是园内、校内的第三人。

如果实施加害行为的第三人是幼儿园或学校以外的人，则由该第三人承担侵权责任。幼儿园或学校未尽到管理职责的，则承担相应的补充责任。幼儿园或学校承担补充责任后，可以向第三人追偿。①

如果实施加害行为的第三人是幼儿园或学校内的人，如其他学生，此时该如何认定侵权责任呢？

首先，该实施加害行为的第三人毫无疑问是侵权责任人。如果该第三人是无民事行为能力人或限制民事行为能力人，则由其监护人承担侵权责任。②

其次，如果学校存在前述教育机构过错推定责任、教育机构的过错责任，那么学校也是侵权责任人。此时，学校与该实施加害行为的第三人属于共同侵权，应当根据各自在校园人身伤害事故中的过错程度承担相应比例的侵权责任。

本案例中，造成学生佳佳人身伤害的直接原因是学生轩轩的加害行为，故学生轩轩是侵权主体之一；A 小学虽没有作出加害学生的行为，但因佳佳不满 8 周岁，且 A 小学又无法证明其尽到教育、管理职责，故 A 小学也是侵权主体之一。学生佳佳遭受的人身损害是学生轩轩和 A 小学共同侵权的结果。因此，法院根据学生轩轩和 A 小学的过错程度，判令二者承担相应比例的侵权责任。又因为学生轩轩是无民事行为能力人，故其造成他人损害的，由其监护人承担侵权责任。

四、法律风险应对

（一）建立和完善校园安全管理制度

《未成年人保护法》第 35 条第 1 款规定："学校、幼儿园应当建立安全管理制度，对未成年人进行安全教育，完善安保设施、配备安保人员，保障未成年人

---

① 《民法典》第 1201 条规定："无民事行为能力人或者限制民事行为能力人在幼儿园、学校或者其他教育机构学习、生活期间，受到幼儿园、学校或者其他教育机构以外的第三人人身损害的，由第三人承担侵权责任；幼儿园、学校或者其他教育机构未尽到管理职责的，承担相应的补充责任。幼儿园、学校或者其他教育机构承担补充责任后，可以向第三人追偿。"

② 《民法典》第 1188 条规定："无民事行为能力人、限制民事行为能力人造成他人损害的，由监护人承担侵权责任。监护人尽到监护职责的，可以减轻其侵权责任。有财产的无民事行为能力人、限制民事行为能力人造成他人损害的，从本人财产中支付赔偿费用；不足部分，由监护人赔偿。"

在校、在园期间的人身和财产安全。”

校园安全工作从来都不是可以一蹴而就的单项工作。校园安全工作涵盖学生整个在校期间,安全工作的内容涉及学校管理的方方面面。完善的校园安全管理制度,应当注重“点”与“面”结合,逐步形成校园安全制度规范体系,共同筑牢校园安全的制度防线。

1.“面”的构建

建立校园安全制度规范体系,首先应当明确本校校园安全工作的基本工作架构,该架构应包含工作领导、日常性安全工作、安全事故处置、纠纷化解与应对、校内问责规定等。

工作领导,指的是学校应当通过制度规范明确校园安全工作领导机构和工作模式,如领导部门及人员组成、领导部门工作任务和决策方式等。

日常性安全工作,指的是学校应当通过建立制度规范来明确日常性校园安全工作的内容和工作模式,如日常性校园安全工作有哪些内容、由谁负责、如何监督检查等。

安全事故处置,指的是学校应当通过制度规范明确一旦发生校园安全事故,教师和学校应当如何正确处置,如校内安全事故处置流程、应对处置预案、安全风险汇报请示制度等。

纠纷化解与应对,指的是学校应当构建相应的制度机制和做法,预防和化解校园安全事故所可能引发的潜在纠纷,依法正确处置已出现的纠纷争议。例如,当学校与家长就校园安全事故的处理存在分歧时,可以通过告知家长事故纠纷处理的途径、程序和相关规定的方式,积极引导家长通过法治方式处置纠纷。又如,学校可以探索构建学校安全事故纠纷协商机制,就责任明确、各方争议较小的校园安全事故,在法治副校长、学校法律顾问等专业人员协助下,由学校和学生、家长协商一致解决并签署书面协议。①

校内问责规定,指的是学校应当通过制度规范明确如果出现未能切实做好

---

① 《关于完善安全事故处理机制　维护学校教育教学秩序的意见》明确要求:“学校应当建立便捷的沟通渠道,及时通知受伤害者监护人或者近亲属,告知事故纠纷处理的途径、程序和相关规定,主动协调,积极引导以法治方式处置纠纷。”“健全学校安全事故纠纷协商机制。学校安全事故责任明确、各方无重大分歧或异议的,可以协商解决。协商解决纠纷应当坚持自愿、合法、平等的原则,尊重客观事实、注重人文关怀,文明、理性表达意见和诉求。学校应当指定、委托协商代表,或者由法治副校长、学校法律顾问等专业人员主持或参与协商。协商一般应在配置录音、录像、安保等条件的场所进行。受伤害者亲属人数较多的,应当推举代表进行协商,代表人数一般不超过5人并相对固定。双方经协商达成一致的,应当签署书面协议。推动学校建立专业化的安全事故处理委员会,统筹学校安全事故预防与处置。”

校园安全工作的情形或发生校园安全事故时,如何在学校层面认定和追究责任,如与学生惩戒、教职工处罚相结合的校园安全工作问责制度等。

2.“点”的强化

建立校园安全制度规范体系,在上述校园安全基本工作架构的基础上,还有必要关注重点安全事项的特点,有针对性地预防和处置安全事故。

通过对常见校园安全事故的梳理和分析,我们认为,校园重点安全事项应至少包括校园餐饮安全、教学活动安全、环境设施安全、校内外活动安全、特异体质学生安全。

针对校园餐饮安全,学校应当结合自身供餐实际情况,对供应商筛选、人员聘任、设备设施采购、日常安全管理、留样及检测等涉及校园餐饮的各个方面,进行制度化管理,明确工作任务,明确监督与问责制度。

针对教学活动安全,学校应当根据教学活动的性质和潜在安全风险,有针对性地制定安全制度规范。

针对环境设施安全,学校应当将安全工作要求全方位纳入各类校内设施建设、设备采购与维护等工作制度中。

针对校内外活动安全,学校应当建立校内外活动安全风险评估制度,并对拟开展的校内外活动制定相应的安全风险提示和安全保障方案。

针对特异体质学生安全,学校应当结合特异体质学生的实际情况和家长的意见,在平衡其他学生权益的基础上,制定相应的安全保障方案。例如,学校可以要求患有孤独症、多动症等病症的特异体质的学生家长就学生特殊情况签署安全协议或承诺书;要求家长书面告知该特异体质学生在校安全注意事项;通过书面协议的方式约定,如果学生有严重影响其他学生安全的行为、达到就读特殊学校标准,家长承诺将学生转送至特殊学校就读。

(二)校园安全事故处置流程指引

《未成年人保护法》第 37 条规定:“学校、幼儿园应当根据需要,制定应对自然灾害、事故灾难、公共卫生事件等突发事件和意外伤害的预案,配备相应设施并定期进行必要的演练。未成年人在校内、园内或者本校、本园组织的校外、园外活动中发生人身伤害事故的,学校、幼儿园应当立即救护,妥善处理,及时通知未成年人的父母或者其他监护人,并向有关部门报告。”不仅如此,《全面推进依法治校实施纲要》也明确要求:“各级各类学校、幼儿园要根据学生的身心特点和认知能力,完善校园安全管理制度,落实对学生教育与管理的法定职责,健全学校安全事故、突发事件应急处理机制,切实保障学生、教师的人身权和财产权,维护学校秩序的稳定。……”

校园安全事故处置的具体流程,需根据学段和学校教学管理实际情况制定。一般来说,校园安全事故处置流程,应包含以下内容:

1. 紧急措施,即校园安全事故发生的第一时间应当做到的紧急处置措施,如控制、制止事态发展,医疗救治等。

2. 事后短期措施,即校园安全事故发生的当天,紧急处置措施实施后,应当启动的应对措施,如工作组组建、事件调查、伤情关注等。

3. 事后长期措施,即校园安全事故事态基本稳定后,应当持续跟进和启动的措施,如责任界定、保险理赔、心理疏导等。

本书提供《校园安全事故处置程序》的文本示例,详见本书第六章示例二。

(三)建立校内智库机制

校内人身损害事件通常具有偶然性,事件发生的事由用千奇百怪来形容并不为过。因此,仅仅依靠建立和完善校园安全管理制度、工作流程来防范校园侵权风险是不够的,还需要富有教学管理一线经验的人员协助学校去预判安全隐患、预设应对措施。从这一点来看,学校的资深教师、退休教师在执教数十年中所积累的大量教学管理经验,是学校的重要财富之一;若这些教学管理经验能够服务于学校的安全管理决策,则将有力提升校园安全工作的全面性、有效性。

因此,可以通过建立校内智库机制,选聘若干本校资深教师和退休教师以及法治副校长、法律顾问、专业机构人员等作为智库成员,定期或就某一安全事项进行研究和探讨,研讨结果可作为学校进行安全风险管理的重要参考。

(四)开展各种形式安全培训和演练,提升教职工安全事故处置能力

基于校园安全事故具有突发性、偶然性的特点,有些时候,即便学校已尽可能完善了事前安全风险防范工作,但仍有可能发生突发性校园安全事故。此时,在场教职工的应急处置能力至关重要。教职工的应急处置能力的提升离不开校园突发事件应对预案的完善和演练机制的有效运作。因此,学校应当在立足于制定完善校园安全事故处置程序的基础上,组织教职工开展各种形式的培训和演练,如心肺复苏、海姆立克急救、骨折判断与应对等,不断提升教职工应对校园安全事故的能力,确保在紧急情况下教职工有能力实施妥善的救护、保护措施。为了保证培训和演练的科学性,学校还可以借助社会力量,邀请法治副校长、法律工作者、红十字会、公安、消防等专业人员来开展培训讲座。

除此之外,学校开展校园安全事故处置程序的演练,还应当重视演练过程的评价和总结,从中发现问题、总结经验,并将这些经验融入安全培训和校园安全事故处置程序,不断进行完善。

第二节　教学活动及校园设备设施安全

校园安全工作是全面贯穿于学校日常工作的系统性任务，几乎每一项校园日常工作都能够分离出安全保障工作事项。在起因繁多的各类校园伤害事故中，教学活动或校园设备设施问题所导致的安全事故，是其中为数不多的能够通过事先的工作来防止事故发生或降低事故发生风险的安全事故。校园教学活动中融入安全保障要求、校园设备设施应符合安全要求，这本是学校安全保障职责项下的应然内容，但在校园管理实践中，却存在大量忽视安全保障要求、麻痹大意、对日常性安全工作得过且过的情况。

这种对日常性安全工作的忽视而导致的学生人身伤害事故不胜枚举。本节将通过学校忽视校园安全制度导致校园人身伤害的案例，识别和分析相应的法律风险，并针对教学活动及校园设备设施管理提出法律风险应对建议。

一、要点问题

学校应如何防范教学活动及校园设备设施所引起的校园安全风险？

二、案例：化学课上学生做实验时眼睛受伤

小洪是D高中一年级学生。为了代表D高中参加化学竞赛决赛，小洪与另外两名同学经常在课余时间一起在实验室做实验。一日，小洪根据指导老师倪老师的要求，为另外两名同学示范实验操作。实验时，倪老师并未在场。小洪将一定量的高锰酸钾加入盛有一定量浓硫酸的锥形瓶的过程中，突然发生了爆炸。事发时，3名同学均未佩戴护目镜，也未在通风橱内拉下安全门后进行实验，且实验室内没有指导老师在场，也无其他实验室安全管理工作人员或指导人员在场。

该实验事故导致小洪受伤，被诊断为二度化学性灼伤，眼和眼附属器化学性灼伤，多发性切割伤。司法鉴定意见为：小洪的右眼盲目5级，左眼重度视力损害，构成四级伤残；面部增生性皮肤瘢痕形成（累计面积达15.0cm^2），构成八级伤残；右侧眼睑轻度畸形，构成十级伤残；张口受限Ⅰ度，构成十级伤残；伤后可酌情予休息期至定残前一日、营养期240日、护理期240日；后期可遵医嘱行瘢痕整形治疗（颈部、胸腹部、双上肢、右大腿部）。

事发后，小洪将D高中诉至法院，要求D高中承担侵权责任。法院经审理认为，D高中未有效履行实验室安全管理职责，存在重大管理和教育疏漏，故判令D高中就小洪遭受的人身损害承担侵权赔偿责任。

三、法律风险识别与分析

(一)侵权风险

学生在校园内因教学活动及校园设施安全问题遭受人身损害的,学校将不可避免地面临侵权风险。

依据《民法典》第1199条和第1200条的规定,"无民事行为能力人在幼儿园、学校或者其他教育机构学习、生活期间受到人身损害的,幼儿园、学校或者其他教育机构应当承担侵权责任;但是,能够证明尽到教育、管理职责的,不承担侵权责任","限制民事行为能力人在学校或者其他教育机构学习、生活期间受到人身损害,学校或者其他教育机构未尽到教育、管理职责的,应当承担侵权责任"。从中不难看出,学校承担侵权责任的实质条件是"未尽到教育、管理职责"。这里"管理"的内涵,既包括对师生的行为约束,也包括对教育教学的开展过程和校园设施、环境等全方位的管理。《未成年人保护法》第35条第2款规定:"学校、幼儿园不得在危及未成年人人身安全、身心健康的校舍和其他设施、场所中进行教育教学活动。"因此,如果学生因学校教学活动存在安全疏漏或者校园内设备设施环境存在安全隐患等原因遭受人身伤害,学校可能承担侵权责任。

本案例中,学校在课余时间对小洪等学生开放实验室及设备、指导老师或实验室管理老师均不在场陪同、任由学生取用高风险化学试剂、未在实验室配备必要的护具,都体现出D高中未能充分尽到对校园设施、环境的管理职责。同时,小洪的指导老师未能就该实验的危险性和安全注意事项进行充分的提示和教育,对实验可能造成的危险预判不足,本应由指导老师示范的实验却由学生小洪示范,这些都体现出D高中在教育教学过程中未能尽到对学生、老师的管理职责,放任了安全风险的存在和伤害事故的发生。因此,D高中存在重大管理和教育疏漏,需承担相应的侵权赔偿责任。

(二)违法风险

如果学校对校园教学活动及校园设施安全未持续地尽到管理职责,学校还有可能因此面临违法风险。

《学生伤害事故处理办法》第5条规定:"学校应当对在校学生进行必要的安全教育和自护自救教育;应当按照规定,建立健全安全制度,采取相应的管理措施,预防和消除教育教学环境中存在的安全隐患;当发生伤害事故时,应当及时采取措施救助受伤害学生。学校对学生进行安全教育、管理和保护,应当针对学生年龄、认知能力和法律行为能力的不同,采用相应的内容和预防措施。"根据该规定及相关要求,学校有责任对教育活动和校园设施环境进行有针对性的安全管理,消除可能存在的安全隐患,采取各种措施预防安全事故发生。

本案例中,D 高中对校园实验室使用规定有一系列的管理制度,事发时涉案实验室墙壁上亦张贴有《D 高中实验室学生守则》《D 高中实验室日常管理规则》《D 高中实验室安全管理规定》,无论是指导老师、实验室管理人员还是学生,都没有严格依规行事。例如,《D 高中实验室安全管理规定》写明:“……必须设置一名安全员,负责宣传、监督和落实本实验室的各种安全措施。对每间实验用房应指定专人负责室内的安全,实验结束后负责对水、电、气、门窗及橱柜进行检查并做好记录……三、对初次进入实验室操作的师生员工和一切外来人员,必须由本实验室的安全员及有关领导先对他们进行安全教育,在掌握必要的安全操作知识后才能动手操作……”D 高中实验室指导老师未严格落实安全措施的行为本身是违反学校的规章制度的;而且学校作为校园安全管理的主体,有义务采取各种必要的措施确保教职员工和校园环境符合各类安全规定的要求。因此,D 高中未能依规落实安全措施的行为,将面临相应的违法风险。

四、法律风险应对

(一)建立教学活动及校园设备设施安全风险评估机制

教学活动及校园设备设施安全风险评估机制应当包括两个方面,分别是针对现状的安全风险评估和针对学校决策的安全风险评估。

1. 针对现状的安全风险评估

针对现状的安全风险评估,这里的“现状”包括:校园常规性的教学活动、日常管理工作、校内设备设施和环境。基于《学生伤害事故处理办法》第 8 条所规定的学校应承担学生伤害事故责任的事项及第 9 条的部分相关规定,针对校园现状的安全风险评估应至少包括以下事项:

(1)学校的校舍、场地、其他公共设施,以及学校提供给学生使用的学具、教育教学和生活设施、设备是否符合国家规定的标准,或者是否存在明显的不安全因素。

容易被忽视的安全问题举例如下:校园内已设立的滑梯、攀爬设施等大型运动设施的材质、设计、摆放是否存在安全风险;校内学具设备采购渠道是否可靠、是否经过必要的安全检验检测、供应商是否提供定期检修维护等。

(2)学校的安全保卫、消防、设施设备管理等安全管理制度是否存在明显疏漏;或者管理混乱,存在重大安全隐患,而未及时采取管理措施。

容易被忽视的安全问题举例如下:是否存在教职工在室内为电动车充电的情况;是否存在占用消防通道的情况;对高风险设备、物品是否建立了严格的管理制度等。

(3)学校卫生医疗器械、药品、食品、饮用水设备等是否符合国家或者行业的有关标准,是否妥善管理。

容易被忽视的安全问题举例如下:校园卫生室药品和医疗器械是否存在违规取用的情况;校园饮用水设备及其安装、水质管理是否严格落实国家及地方各类饮用水及设备建设维护标准等相关要求。

此外,还应评估的事项有:教学活动的场所、内容、方式,是否存在安全风险;教学活动所涉设备设施是否存在安全隐患。

容易被忽视的安全问题举例如下:体育教学器械是否已纳入严格管理,是否存在学生擅自使用的情况;手工课、劳技课的课程任务是否存在超出学生能力范围的事项;校内实验室管理制度是否严格执行,学生进行实验前是否已切实学习实验室管理制度和正确的实验操作步骤;教学实验如需使用动物,实验动物及实验动物的使用是否符合《实验动物管理条例》等相关规定。①

2. 针对学校决策的安全风险评估

针对学校决策的安全风险评估,指的是学校在物品采购、工作项目开展的决策中,应当将安全风险评估作为学校决策流程的必经环节。

例如,学校在进行设施设备、教学仪器、建筑材料、体育器械采购的过程中,应事先对供货商的背景资质进行必要的审查,对所采购教学用具是否符合国家强制性标准、是否具有相应的安全认证等进行审查;在对供应商和产品予以安全风险评估后,再行决定是否采购,协商采购签约细节。

(二)根据教学活动及校园设备设施安全风险评估结果,采取相应的应对措施

依据国务院办公厅《关于加强中小学幼儿园安全风险防控体系建设的意见》中"基本原则"的规定,校园安全风险防控应当坚持分类应对、突出重点,要区分风险的类型和特点,有针对性地构建安全风险防控机制。

因此,在前述教学活动及校园设备设施安全风险评估的基础上,学校应根据不同安全风险的特点,区分高风险事项、时间、环境和低风险事项、时间、环境,针对风险高低采取不同程度的管理、检查和监督措施。

以风险事项为例,针对具有安全风险的教学活动,学校要制定和执行相应的课程督导机制,强化对风险性教学活动中教师的教学规范和流程的监督检查。例如,年轻教师教授实验课程,每堂实验室课的首次授课,由教研组组长现场听课。

---

① 《高等学校实验室工作规程》第28条规定:"实验室所需要的实验动物,要按照国家科委发布的《实验动物管理条例》,以及各地实验动物管理委员会的具体规定,进行饲育、管理、检疫和使用。"

以时间为例，在学生上课时，楼道走廊处在低风险时间；而在课间、午休时间，由于学生在走廊中活动频繁，常常出现学生奔跑玩耍的情况，此时，楼道走廊处在高风险时间，学校应当对学生课间活动区域配备相应的安全保障老师，对学生活动情况予以安全监督。

以环境为例，学生日常上课的教室和空旷的走廊，属于低风险环境，日常管理中予以一般安全关注即可。学生实验室、体育锻炼游艺设施、食堂，属于高风险环境，对相关环境的管理，不仅应当制定相应的安全工作制度，并且应当对安全工作制度的落实情况进行日常检查，对违反安全工作制度的行为及时予以制止和批评教育。

第三节　学校组织文体活动适用"自甘风险"的界限

落实教育教学任务、培训德智体美劳全面发展的学生是学校的基本任务。开展丰富多彩的校园文体活动，是学校教育教学任务不可分割的一部分。如何平衡文体活动带来的安全风险，如何应对文体活动可能造成的法律风险，是学校始终无法回避的课题。如本章前述，学校对学生负有安全保障职责，如果学生在参加校园文体活动的过程中遭受人身伤害，学校将面临侵权风险和违法风险。《民法典》第 1176 条确立了"自甘风险"的损害归责原则①。有观点认为：学生自愿参加高风险的文体活动属于"自甘风险"，此时，学校无须承担安全保障责任。

本节将通过学生在高风险体育竞赛中受伤的案例，识别和分析相应的法律风险，探讨校园文体活动适用"自甘风险"的界限，并对校园文体活动的安全保障工作提出法律风险的应对建议。

一、要点问题

1. 适用"自甘风险"原则是否免除学校的安全保障职责？

2. 为了避免发生学生伤害事故，是否应当减少校园文体活动？

3. 学校组织文体活动，可以采取哪些防范措施？

二、案例：校园运动竞赛中，学生在跳高过程中意外骨折

小远是 S 中学初三年级学生，品学兼优，平时积极参加各类校内外文体活

---

① 《民法典》第 1176 条规定："自愿参加具有一定风险的文体活动，因其他参加者的行为受到损害的，受害人不得请求其他参加者承担侵权责任；但是，其他参加者对损害的发生有故意或者重大过失的除外。活动组织者的责任适用本法第一千一百九十八条至第一千二百零一条的规定。"

动。因不久后区里将召开中小学生运动会,为了选拔学生代表参赛,S中学在校内举办了预选赛。预选赛中,小远报名参加了跳高项目。比赛进行中,小远不慎发生意外,导致左胫骨骨折,先在区人民医院医治,后转至市级医院进行内固定手术治疗。事后经伤残鉴定,小远构成十级伤残。

为此,小远的父母作为其法定代理人,以小远为原告、S中学为被告提起诉讼,要求S中学就小远遭受的人身伤害承担侵权赔偿责任。S中学认为:小远自愿参加高风险体育活动,属于自甘风险行为。意外发生后,学校实施了妥善的应急处置。因此,学校不应承担赔偿责任。

一审法院经审理认为,小远自愿参加具有风险性的体育竞赛活动,因此发生意外伤害,属于自甘风险。事故发生后,学校第一时间通知家长、老师随"120"急救车陪同就医治疗,已尽了相关职责和义务,故S中学不应承担侵权法律责任。小远父母不服一审判决,提起上诉。二审法院经审理认为:首先,小远虽属于自甘风险,但是运动竞赛作为学校组织的集体活动,属于教学活动的组成部分,校方应妥善安排,有序管理,并提供必要的安全保障措施。对于跳高等强专业性、高风险性的体育项目,S中学未在赛前组织系统性的培训。因此,S中学对小远的人身伤害负有一定的过失责任。其次,小远参加预选赛的目的是代表S中学参加区学生运动会,系为S中学荣誉而受伤,根据《民法总则》第183条①的规定,因保护他人民事权益使自己受到损害的,没有侵权人的,受益人应当给予适当补偿。综合上述原因,二审法院酌定S中学就小远的人身损害承担20%的赔偿责任。

三、法律风险识别与分析

(一)侵权风险

在学校组织的具有一定风险性的文体活动中,即便是学生自愿参加、自愿承担风险的活动,学校仍可能面临侵权风险。

所谓自甘风险,是指行为人已经知道有风险而自愿冒风险,且当风险出现的时候,自己来承担责任、承担损害后果的原则。在校园人身伤害事故中,自甘风险原则可以解释为:如果学生自愿选择参加高风险活动,应由其自行承担参加该活动造成的损害和损失。基于该原则,不少人认为,学校可以基于自甘风险免除或减少安全保障责任。笔者认为,该观点虽有一定道理,但法律实务中并不尽然。

首先,学生自甘风险并不意味着免除了学校应承担的安全保障职责。《民

---

① 现为《民法典》第183条。

法典》第1176条第1款虽规定了自甘风险情况下,受害人不得请求其他参加者承担侵权责任,但该条第2款同时规定了“活动组织者的责任适用本法第一千一百九十八条至第一千二百零一条的规定”,其中包含了学校对学生安全保护责任的条款①。这意味着自甘风险原则与学校安全保障责任并存,可以同时适用。而且,根据《学生伤害事故处理办法》第12条的规定,学生在对抗性或者具有风险性的体育竞赛活动中发生意外伤害的,学校已履行了相应职责,行为并无不当的,无法律责任。不仅如此,《学生伤害事故处理办法》第9条中规定的学校应当依法承担相应责任的学生伤害事故类型中也明确包括“(六)学校违反有关规定,组织或者安排未成年学生从事不宜未成年人参加的劳动、体育运动或者其他活动的;(七)学生有特异体质或者特定疾病,不宜参加某种教育教学活动,学校知道或者应当知道,但未予以必要的注意的”。因此,即便在适用“自甘风险”原则的情况下,如果学校未尽到安全保障职责,仍需承担侵权责任。

其次,当学生作出超出其认知能力或显然不宜由该认知水平学生作出的自甘风险的决定,并不能产生自甘风险的效力。例如,小学艺术体操队编排节目时,为了提升节目效果,加入高难度空翻、高抛等动作,小学生虽自愿练习,但由于小学生的认知水平不足以预见相关动作的高危险性,一旦出现人身损害,不能认为小学生自愿参加行为成立自甘风险。

本案例中,小远作为中学生自愿参加跳高比赛,虽然成立自甘风险,但S学校对于小远的安全保障工作仍有一定程度的疏忽,因此法院判定学校承担一定比例的侵权赔偿责任。

(二)行为不当风险

学校组织学生参加具有一定风险性的文体活动,如果错误地适用自甘风险原则,那么学校将可能面临行为不当风险。

自甘风险原则作为一种免责事由,依法正确适用时,学校可以不承担或仅承担部分侵权责任。然而,基于上述“(一)侵权风险”的论述,自甘风险原则与学校安全保障责任是并存的,学生自甘风险的行为不等于学校不承担安全保障职责。由于对自甘风险原则的法律含义认识不足,部分学校和教师不免会错误

① 《民法典》第1199条规定:“无民事行为能力人在幼儿园、学校或者其他教育机构学习、生活期间受到人身损害的,幼儿园、学校或者其他教育机构应当承担侵权责任;但是,能够证明尽到教育、管理职责的,不承担侵权责任。”第1200条规定:“限制民事行为能力人在学校或者其他教育机构学习、生活期间受到人身损害,学校或者其他教育机构未尽到教育、管理职责的,应当承担侵权责任。”

地认为“学生自愿参加的活动,学校无须负责”,这种错误认识会导致学校对安全保障工作的忽视,进而未做好必要的安全提示和未做好充分的安全防护,最终可能酿成风险事故。

四、法律风险应对

为了防止学生因参与文体活动遭受人身伤害,有些学校有意减少校园文体活动,这种做法并不可取。教育部《关于完善安全事故处理机制 维护学校教育教学秩序的意见》中明确要求:“不得为防止发生安全事故而限制或取消正常的课间活动、体育活动和其他社会实践活动”。

笔者认为,学校应坚持正确的安全保障观念,不可因噎废食。面对校园文体活动所可能带来的学生安全管理风险,学校应当切实树立依法治校、依法办学理念,通过制度机制建设构建校园安全风险防控体系,通过法治思维和法治方式应对处置意外伤害事故、化解矛盾纠纷。例如,学校可以探索引入商业保险,通过投保体育运动人身意外险等方式,构建多元化的风险分担机制。下文主要介绍校园文体活动的防范机制和措施。

(一)开展校园文体活动前应事先做好风险评估

首先,在决定开展某项文体活动前,应对活动项目的适宜性进行研判。不同文体活动的内容应符合各年龄段学生身心状态特点,活动风险程度应适宜且不得超出学校和教师的教学管理经验。

其次,校园文体活动准备阶段,学校应对活动过程、方式进行安全风险研判,对活动每一个环节可能出现怎样的安全风险予以分析,并相应地配备安全保障措施,杜绝安全风险。

(二)校园文体活动应有较为严密的组织形式

要做好校园文体活动中意外伤害防范工作,活动过程组织周密、管理严谨当属关键。学生因校园文体活动发生意外伤害的,绝大多数都存在学校组织管理过失的问题。要做好校园文体活动组织管理,以下两个方面的工作必不可少:

1. 专业设备设施的配备与妥善使用。对于文体活动,尤其是高风险性、高对抗性的活动而言,专业的设施、防护设备是不可或缺的,如在跳高项目中必须配备足够厚度的垫子以保障学生的落地安全。同时,在活动开展前,应当对相关设备设施的适用性进行查验,排除设备设施老化损坏或无法使用的情况。除此之外,学校还应组织相关教师对相关设备设施的使用方式进行学习培训,避免因使用不当导致设备设施无法发挥应有的效用。

2. 有针对性地制定应急预案。活动开展前,学校应结合前期风险研判的结果，对该活动可能出现的安全风险制定专项应急处置预案。专项应急处置预案应当明确该活动中的安全工作负责人、安全工作分工、应急处置方式、相关设备设施备选与取用规则等。

(三)关注学生的个体适应性，做好风险告知工作

学校开展校园文体活动，应当留意学生的个体差异，尤其是特异体质学生，避免学生参加其身体情况无法适应的活动。对于自愿参加高风险文体活动的学生，应当结合该年龄段学生的认知水平，向学生充分揭示可能存在的活动风险。同时，还应征得学生家长的事先同意，并签署相应的安全风险书面承诺。承诺书的内容，应当至少体现活动内容告知、安全风险告知、自我安全防护事项告知、家长同意学生参加活动的承诺、学生不具有不宜参加该活动的身体状况的承诺等。不仅如此，学校还可以建议家长根据学生的情况购买保险，借助商业保险分担高风险文体活动的潜在风险。

第四节　学校教育惩戒应程序正当、结果公正

教育惩戒作为一种以教育为目的的惩罚手段，始终伴随教育理念发展变迁而革新。从过去以体罚为主，到现代教育理念中提倡以精神层面的训诫为主，教育惩戒的方式越来越体现人文关怀。《全面推进依法治校实施纲要》要求尊重和保护学生权利，“学生管理制度应当以学生为中心，体现公平公正和育人为本的价值理念，尊重和保护学生的人格尊严、基本权利。对学生进行处分，应当做到事实清楚、定性准确、依据充分、程序正当，重教育效果，做到公平公正”。从依法治校视角来看，教育惩戒法治化既要求惩戒程序正当、结果公平，也要求学生权利救济机制的健全，更要求在教育惩戒的全过程中尊重和保护学生的人格尊严和基本权利。

本节将通过学生因学校处分而自杀的案例，识别和分析学校实施教育处分不当可能面临的法律风险，并结合教育惩戒的法治化提出法律风险的应对建议。

一、要点问题

1. 教育惩戒的目的是什么？
2. 教育惩戒事前、事中、事后有哪些应当注意的事项？
3. 学校对学生进行教育惩戒，应当遵循怎样的流程？
4. 如何保障学生的救济权利？

二、案例:学生遭受学校记过处分后自杀

小辉是Q高中高二的学生。在一次校内考试中,小辉因夹带纸条被监考老师以作弊处理。监考老师当即没收纸条并令其交卷,并将纸条及试卷交与校教务处。

第二天上午,Q高中政教处依据《Q高中关于考试纪律规定》和《Q高中解除学生处分办法》作出了《关于对小辉同学考试违纪的处理决定》,决定对小辉进行违纪处分,并张榜公布。但学校处分小辉的过程并未严格依照学校自行制定的《Q高中解除学生处分办法》的规定由校政教处调查、报请校务会批准,并且作出处分决定前未对小辉的行为进行调查核实,作出处分决定后亦未通知小辉家长。

小辉在通过处分公示得知自己被处分后,找到监考老师及政教处主任,要求取消处分决定,但校方未予同意。12时,小辉正常离校回家。然而,这天下午,本应参加下午考试的小辉未到校参加考试。

小辉母亲在当日18时左右回到家时,发现家门被反锁,撬门进去时已近19时。小辉母亲进门后,发现小辉已用皮带系在脖子上,将自己吊在卧室门的把手上。家人当即将小辉送至医院抢救,到医院时小辉已无呼吸,一切反射消失,医院确定小辉已死亡。当地司法鉴定中心尸检后,作出法医司法鉴定书,确定小辉的死亡时间区间为当天12时30分至15时30分。

悲剧发生后,小辉的父母难忍悲痛,诉至法院,要求Q高中赔偿合计金额约25万元的各项赔偿。

本案经一审、二审后,二审法院作出终审判决,判决Q高中向小辉父母赔偿合计31,101.60元。判决理由概括如下:

第一,对于小辉夹带与考试科目相关的纸条进入考场的行为,无论作弊是否得逞,都属于作弊行为。第二,Q高中对小辉的作弊行为作出处分决定,并对处分决定予以公示,具有相应的规定依据和事实依据,不具有违法性。Q高中在校内张贴处分决定的行为,既是对违纪者的惩戒,也是对其他学生的警示,该行为并无不当。第三,小辉得知自己被处分后,曾向学校要求取消处分决定,因此,学校没有剥夺小辉对处分决定的申辩权。第四,小辉中午离校并非擅自离校。学生放学回家后应由家长进行管理,对于正常离校回家的学生,学校无法预见会发生什么样的危险。第五,Q高中在处分小辉的过程中违反自行制定的《Q高中解除学生处分办法》的工作要求,未对事件予以调查;未按《中小学德育工作规程》(已失效)第27条的规定将处分通知家长,使熟悉小辉个人情况的家长没有机会及时进行引导和教育,丧失了避免本案悲剧发生的可能。因

此,Q 高中存在一定的过错,应承担 20%的赔偿责任。

三、法律风险识别与分析

(一)违法风险

2021 年 3 月 1 日,《中小学教育惩戒规则(试行)》(以下简称《惩戒规则》)正式实施。《惩戒规则》第 2 条第 1 款规定:“普通中小学校、中等职业学校(以下称学校)及其教师在教育教学和管理过程中对学生实施教育惩戒,适用本规则。”

处分,作为一种针对严重违纪行为的惩戒方式被规定在《惩戒规则》中,即第 10 条第 2 款规定:“对违规违纪情节严重,或者经多次教育惩戒仍不改正的学生,学校可以给予警告、严重警告、记过或者留校察看的纪律处分。对高中阶段学生,还可以给予开除学籍的纪律处分。”因此,学校对学生实施包括处分在内的教育惩戒时,应当以《惩戒规则》的要求为依据。

如果本案例发生在《惩戒规则》实施之后,那么,学校在对学生教育惩戒的过程中,可能将在以下 3 个方面面临违法风险:

第一,未能依法制定并完善校纪校规导致的违法风险。《惩戒规则》第 5 条第 1 款规定:“学校应当结合本校学生特点,依法制定、完善校规校纪,明确学生行为规范,健全实施教育惩戒的具体情形和规则”,第 2 款规定:“学校制定校规校纪,应当广泛征求教职工、学生和学生父母或者其他监护人(以下称家长)的意见;有条件的,可以组织有学生、家长及有关方面代表参加的听证。校规校纪应当提交家长委员会、教职工代表大会讨论,经校长办公会议审议通过后施行,并报主管教育部门备案。”

学校依法对学生教育惩戒的前提,是学校已经制定了明确的校内教育惩戒制度规定:(1)在内容上,应当明确学生的行为规范、教育惩戒的具体情形和规则;(2)在制定程序上,应当经过必要的民主程序,听取教师、学生和家长的意见,提交家长委员会、教职工代表大会讨论,经校长办公会议审议通过;(3)在监管层面上,应报教育主管部门备案。如果学校未能依据上述规定,制定和完善校内教育惩戒制度规定,那么,学校对学生实施的教育惩戒,将可能被认定为不适当的教育惩戒,无法起到相应的教育作用。

第二,虽依法制定校内教育惩戒制度规定,但未按该规定实施教育惩戒导致的违法风险。如果学校已经依法制定了校内教育惩戒制度规定,却将制度规定束之高阁,在实施教育惩戒的过程中不依据相应的制度规定行事,那么同样将导致教育惩戒行为被认定为不适当的教育惩戒。本案例中,该学校自行制定的《Q 高中解除学生处分办法》规定:“对违纪学生的处分决定,经校政教处调查落实后，需报请校务会批准。”而该学校作出处分决定前既未对当事人小辉本人进行调查核实，听取其陈述，也未将处分决定报校务会批准。二审法院认为，虽然学校关于小辉的处分决定在实质上并无不当，但其工作方法确实存在简单、草率、不规范的问题，也违反了其自行制定的工作要求。这也正是法院最终判决学校承担赔偿责任的理由之一。

第三，未能充分保障学生的救济权利导致的违法风险。依据《惩戒规则》第 14 条、第 17 条的规定①，学校对于学生进行纪律处分的，学生享有陈述和申辩的权利，学生或者家长享有申请学校组织听证的权利。如果学生及其家长对学校给予的纪律处分不服，学生及其家长享有申诉的权利。对于学生和家长的申诉，学校应当成立由学校相关负责人、教师、学生以及家长、法治副校长等校外有关方面代表组成的学生申诉委员会，受理申诉申请，组织复查，并基于复查结果作出维持、变更或者撤销原教育惩戒或者纪律处分的决定。在学校拟对学生处分的过程中，如果学校未能对学生的以上救济权利予以充分保障，学校可能面临违法风险。

（二）侵权风险

《学生伤害事故处理办法》第 27 条规定：“因学校教师或者其他工作人员在履行职务中的故意或者重大过失造成的学生伤害事故，学校予以赔偿后，可以向有关责任人员追偿。”学校在对学生实施教育惩戒的过程中，如果教育惩戒不当或在教育惩戒过程中存在故意或重大过失，导致学生因教育惩戒遭受人身损害的，则依据上述法律规定，学校将可能承担相应的人身损害侵权责任。

本案例中，学校对小辉实施的处分本身虽无不当，但存在一定的程序瑕疵。而且，学校在决定处分的过程中更多是出于惩戒的时效性和整顿考场纪律的考虑，未能对小辉的心理承受能力予以足够关注，未能协同家长对小辉做好教育疏导工作，丧失了避免本案悲剧发生的可能。因此，学校的教育惩戒与小辉的

---

① 《惩戒规则》第 14 条规定：“学校拟对学生实施本规则第十条所列教育惩戒和纪律处分的，应当听取学生的陈述和申辩。学生或者家长申请听证的，学校应当组织听证。学生受到教育惩戒或者纪律处分后，能够诚恳认错、积极改正的，可以提前解除教育惩戒或者纪律处分。”第 17 条规定：“学生及其家长对学校依据本规则第十条实施的教育惩戒或者给予的纪律处分不服的，可以在教育惩戒或者纪律处分作出后 15 个工作日内向学校提起申诉。学校应当成立由学校相关负责人、教师、学生以及家长、法治副校长等校外有关方面代表组成的学生申诉委员会，受理申诉申请，组织复查。学校应当明确学生申诉委员会的人员构成、受理范围及处理程序等并向学生及家长公布。学生申诉委员会应当对学生申诉的事实、理由等进行全面审查，作出维持、变更或者撤销原教育惩戒或者纪律处分的决定。”

死亡存在一定的因果关系。

除了上述提到的人身损害侵权以外，教育惩戒不当或教育惩戒过程不当，还有可能造成学生人格权的损害，如隐私权、名誉权损害。

四、法律风险应对

本案例是学生因学校的惩戒行为遭受人身伤害的典型案例。案例中，我们看到Q高中在考试期间为了整顿考场纪律，“短、平、快”地作出了处分决定并予以校内公示，处分时未依照校内规定进行调查，处分后未协同家长对小辉进行教育引导，最终酿成了不可挽回的悲剧。

那么，教育惩戒究竟该如何开展呢？以下5点，将有可能降低因教育惩戒带来的违法风险和侵权风险：

（一）牢固树立正确的教育惩戒理念

教育惩戒的目的，应当是教育引导学生认识和改正错误。惩罚是手段，教育是根本。《惩戒规则》第2条第2款明确规定“教育惩戒”指的是“学校、教师基于教育目的，对违规违纪学生进行管理、训导或者以规定方式予以矫治，促使学生引以为戒、认识和改正错误的教育行为”。

学校在实施教育惩戒的过程中，应当树立以“教育为目的、以惩戒为手段”的教育惩戒理念，将正确的教育惩戒理念融入教育与惩戒全过程。例如，在决定惩戒措施时，应当更多地考虑该措施对学生违纪违规行为的矫治作用；又如，惩戒实施后，应当尤其重视对学生的教育引导，引导学生正确认识自己的错误行为并帮助学生予以改正。只有这样，才能真正发挥教育惩戒应有的作用，避免因不当的教育惩戒酿成违规、侵权风险。

（二）践行依法治校，实现教育惩戒法治化

教育惩戒法治化是依法治校的重要内涵之一。教育惩戒法治化，要求教育惩戒行为有规可依、有规必依、规则本身应合法且适当。

1. 学校对学生进行教育惩戒应当有规可依

我国《教育法》和《惩戒规则》都规定了学校的教育惩戒权，但这些规定往往仅具有原则性，更多地兼顾各学段学校的共性，无法完整规定学校教育惩戒的详细内容和具体流程。因此，学校仍需要结合自身情况制定具体的校内教育惩戒制度规范。

2. 学校对学生进行教育惩戒应当有规必依

一项制度只有真正施行，才能发挥作用。校内教育惩戒制度规范，不应被简单视为几张纸或一本小册子，也不应仅被视为依法治校要求下的一项工作。在学校对学生进行教学管理的过程中，遇到问题时，制度是应对问题的指引；不同教师面对不同学生或处理不同问题时，制度是统一处置尺度的标尺；遇到纠纷时，制度是厘清权责的依据。因此，学校在日常教学管理过程中，应当始终坚持依法治校的理念，依法依规实施各项工作，切实执行各类校内制度规范并不断用实践经验去完善制度规范。

3. 校内教育惩戒制度规范应当合法且适当

首先，校内教育惩戒制度规范不应违反相关法律规定。例如，我国《宪法》第37条规定："中华人民共和国公民的人身自由不受侵犯。……禁止非法拘禁和以其他方法非法剥夺或者限制公民的人身自由，禁止非法搜查公民的身体。"因此，剥夺学生人身自由或搜查身体，在任何情况下都不能作为教育惩戒的措施。

其次，在校内教育惩戒制度规范中，学生的合法权利应当得以保障。《全面推进依法治校实施纲要》明确指出"对学生进行处分，应当做到事实清楚、定性准确、依据充分、程序正当，重教育效果，做到公平公正。作出不利处分前，应当给予学生陈述与申辩的机会，对未成年学生应当听取其法定监护人的意见。对违反学校纪律的学生，要明确处分的期限与后果，积极教育挽救。要保障学生的人身权、财产权和受教育权不受非法侵害，杜绝体罚或者变相体罚、限制人身自由、侵犯人格尊严、违法违规收费，以及由于学校过错而造成的学生伤害等侵权行为，以及教师、学校工作人员对学生实施的违法犯罪行为"。

最后，《惩戒规则》第5条第2款规定，学校制定校规校纪，应当广泛征求教职工、学生和学生父母或者其他监护人的意见；有条件的，可以组织有学生、家长及有关方面代表参加的听证。校规校纪应当提交家长委员会、教职工代表大会讨论，经校长办公会议审议通过后施行，并报主管教育部门备案。也就是说，校内教育惩戒制度规范的制定过程，应当经过必要的民主程序，充分听取学生、家长和教职工意见，必要时还可以咨询法律专业人士意见，只有这样，才能保证校内教育惩戒制度规范内容合法、措施合理、流程可行。

在上述论述的基础上，本书提供《学生教育惩戒规定》的文本示例，详见本书第六章示例三。

（三）注重日常性事前教育

如上文所述，教育惩戒的目的是教育、引导学生认识和改正错误。基于此目的，如果教育惩戒工作仅着眼于如何实施惩戒，无异于亡羊补牢。虽犹未为晚，但绝非最佳模式。教育惩戒作为一种教育手段，更多地应当起到一种警示作用，警示学生不为不当行为，而非针对不当行为的报复。相比以事后惩戒为中心的教育惩戒,以事前教育为中心的教育惩戒更符合教育惩戒的目的,更加能够以一种柔性的方式发挥教育作用。

学校教育惩戒的工作重心应放在教育惩戒实施前,即学校应当采用各种方式,如入学教育、班会等,向学生充分宣讲学生道德规范、行为规范以及校内教育惩戒制度规范,引导学生不为某种行为。通过这种潜移默化的教育,培育道德高尚、品行良好、富有规则意识的学生,使教育惩戒规则更多地成为一种威慑,而非仅仅是戒尺。例如,某小学考虑是否就完成作业拖拉的问题惩戒学生时,关注惩戒的尺度、温度和限度,更为注重育人效果而非惩戒本身。该小学结合学生的个体情况,通过持续一段时间的引导、说服和家校互动,润物细无声地提升了学生完成作业的积极性,改善了学生学习偷懒和玩手机的问题。

(四)注重教育惩戒流程管理

1. 教育惩戒的通用流程管理

为了更好地保障学生的合法权利,防范可能出现的教学管理风险,学校在实施教育的过程中应当遵循必要的流程。教育惩戒的具体流程,应由学校结合自身情况制定。

2. 学生处分的流程管理

学生处分作为最为严厉的教育惩戒措施,应当遵循更为严谨审慎的程序,保证处分的决定正确、适当。因此,学校对学生进行处分的流程,在上文所述教育惩戒的通用流程的基础上,应至少增加以下环节:

(1)对于处分事由,学校不仅要查清事实,还要收集和保存证据。在处分事由调查过程中,应做好调查笔录,写明调查人员、被调查人信息等基本情况。调查结束后交被调查人核对,并由调查人员、被调查人签名,注明日期。

(2)引导学生采用书面方式行使陈述申辩权利,经学生和家长同意,还可以采用录音、录像的方式记录学生陈述申辩的内容。

(3)对学生的陈述申辩,学校应进行回应和答复,并且承诺不会因学生提出申辩而加重处分。

(4)向学生和家长出示处分的法律依据。

(5)制作处分决定书。处分决定书应载明:被处分学生的姓名、性别、年龄、专业、学号、班级等基本情况;经调查的事实情况;适用处分的理由和依据;作出的处分决定;被处分学生提出申诉的权利和期限。

(6)决定书应当直接送达被处分学生本人。

就教育惩戒流程的必要环节而言，本书提供图 2-1 作参考。

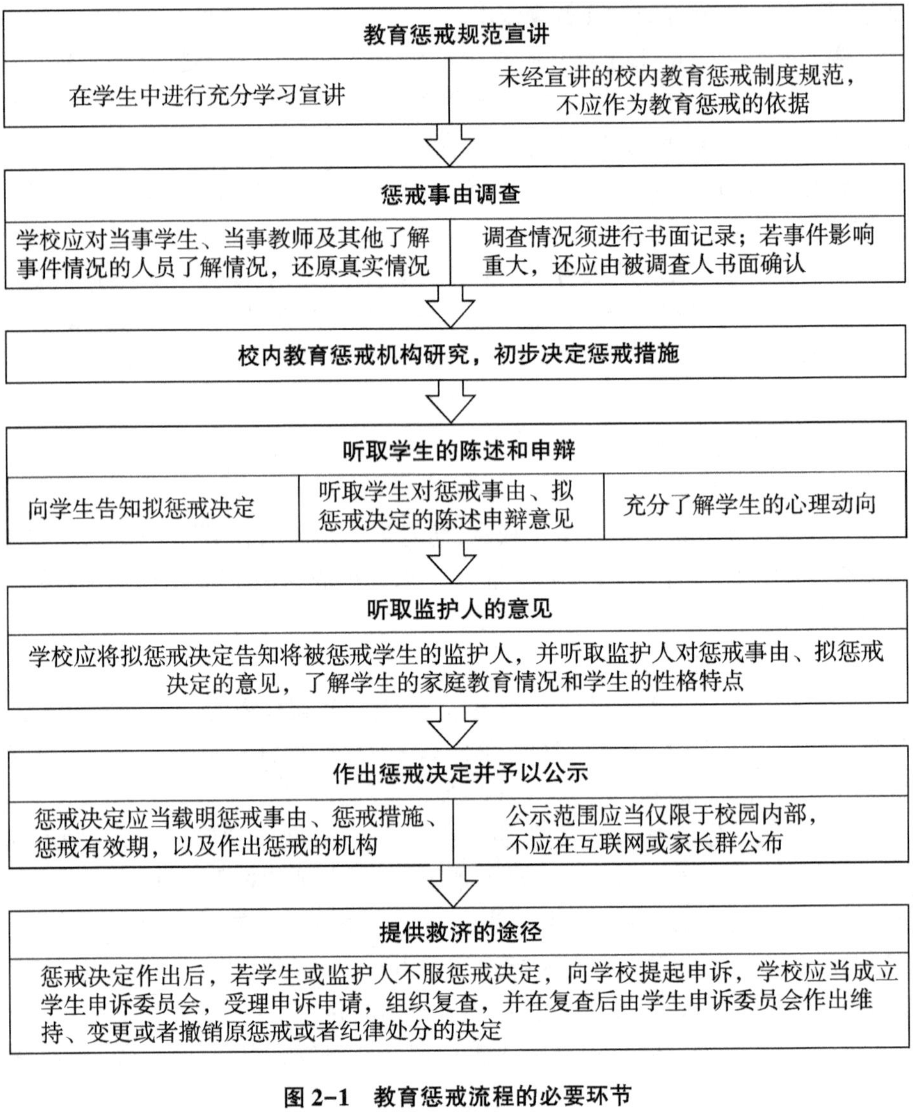

图 2-1　教育惩戒流程的必要环节

（五）制定实施学生校内申诉制度，为学生提供校内救济渠道

《全面推进依法治校实施纲要》中明确要求，要“完善学生申诉机制。学校应当建立相对独立的学生申诉处理机构，其人员组成、受理及处理规则，应当符合正当程序原则的要求，并允许学生聘请代理人参加申诉。学校处理教师、学生申诉或纠纷，应当建立并积极运用听证方式，保证处理程序的公开、公正”。

学校在校内层面,制定实施学生校内申诉制度,有助于及时发现和纠正学校的不当处分和不当行为,维护学生的合法权益,预防和化解可能出现的纠纷争议。

学生校内申诉制度,应由学校结合自身情况制定,并具备以下内容:

1. 申诉的条件,即学生在符合哪些条件的情况下,可以提起校内申诉。
2. 申诉处理机构,即由学校的哪个部门受理、决定学生提起的校内申诉。
3. 申诉受理范围,即学生可以基于哪些事项提起校内申诉。
4. 申诉的申请流程、申请方式。
5. 申诉的审查审议方式,包括答辩、调查、听证等方式。
6. 申诉决定的作出,即有权作出申诉决定的主体是校内哪个部门、申诉决定结果包括哪几种。

本书提供《学生申诉制度》的文本示例,详见本书第六章示例四。

第五节 关注和保护学生的人格权利

《全面推进依法治校实施纲要》明确指出,坚持以人为本,依法办学,积极落实教师、学生的主体地位,依法保障师生的合法权利。《教育法》第 30 条也明确规定“维护受教育者、教师及其他职工的合法权益”。这里的合法权益,既包括学校工作的核心受教育权,也包括学生作为公民所享有的公民基本权利、民事权利等;其中,学生的人格权利是尤为重要的一部分,也是常被忽视的部分。

本节将通过学生涉隐私事件的处置案例,识别和分析相应的法律风险,并对学校如何保护学生的人格权利提出法律风险的应对建议。

一、要点问题

1. 未成年人是否享有隐私权?
2. 学生依法享有哪些人格权利?
3. 学校在日常管理中如何保护学生的人格权利?

二、案例:学生在校内打闹伤及隐私部位

儿童小明,特别调皮,经常在幼儿园里与同学打闹推搡。小威是小明的同班同学。某天晚上,小威的家长愤怒地联系老师,称小威在幼儿园里遭遇了“性骚扰”。家长向老师反映,小威当天晚上在家出现了大便出血的情况,内裤上没有血迹。小威回忆称其当天下午在幼儿园上厕所时,小明用手触碰了小威的臀部。小威虽觉得有种被欺负的感觉,但因为没有疼痛,就没有告诉老师。家长认为,小威大便出血的状况,一定是小明造成的,而且,小明的行为属于性骚扰甚至是性侵。当天晚上,家长就送小威就医,医生表示:无法断定具体的原因,外伤和体质原因都有可能出现类似情况,开了一定的药物用于涂抹。

班主任回忆，小威一整天在园表现并无异样，正常参加幼儿园各个环节的活动。在离园前的穿着整理环节，小威也无异常表现，老师未发现小威身体不适迹象。下午盥洗时，班主任全程站在盥洗室门口位置，所有幼儿均在老师视线范围内，看见小明用腹部及身躯有意顶向前面的同伴，老师及时要求小明站立好，不要顶撞同伴，离开厕所时小威和小明均无异常，并进入班级。

第二天，园方与小威的家长进行了面谈。小威家长情绪非常激动，要求幼儿园严惩小明，命其退学，否则将报警。同时，校方也将小威受伤的情况告知了小明家长。经与小明家长面谈，小明家长平静地表示：小明承认有类似的行为，但仅仅是小朋友之间的打闹，已对其进行教育，但不认可小威便血是小明造成的。

三、法律风险识别与分析

（一）侵权风险

1. 人身损害侵权

当未满 18 周岁的学生在学校因其他学生的加害遭受人身伤害时，如果学校未尽到管理职责，学校将可能承担共同侵权责任。法律风险分析同本章第一节，此处不再赘述。

2. 人格权侵权

除了人身损害侵权风险，学生之间的伤害事故还有可能使学校面临人格权侵权的风险。

人格权是民事主体享有的生命权、身体权、健康权、姓名权、名称权、肖像权、名誉权、荣誉权、隐私权等权利。除了前述人格权外，自然人还享有基于人身自由、人格尊严产生的其他人格权益。公民人格权受法律保护，任何组织或者个人不得侵害。①

本案例中，小威隐私部位出现类似受伤的症状，小明恰好在当天触碰过该部位并有可能导致小威受伤。首先，对小威和小明任何一方来说，该事件具有隐私性。如果学校和老师在处理该事件的过程中，未能将知情范围控制在最小范围内，将可能侵害小威和小明的隐私权。其次，由于小明对小威实施触碰行为后，小威并未出现明显异样，小明的加害行为与小威受伤之间是否有必然的因果关系，无法确定。如果学校未能充分考虑小明的年龄、认知能力等情况，贸然地将事件性质认定为性骚扰或性侵，将有可能伤害小明的名誉权和人格

---

① 《民法典》第 990 条规定："人格权是民事主体享有的生命权、身体权、健康权、姓名权、名称权、肖像权、名誉权、荣誉权、隐私权等权利。除前款规定的人格权外，自然人享有基于人身自由、人格尊严产生的其他人格权益。"第 991 条规定："民事主体的人格权受法律保护，任何组织或者个人不得侵害。"

尊严。

《民法典》第995条规定:“人格权受到侵害的,受害人有权依照本法和其他法律的规定请求行为人承担民事责任。受害人的停止侵害、排除妨碍、消除危险、消除影响、恢复名誉、赔礼道歉请求权,不适用诉讼时效的规定。”如果学校在处理该事件的过程中,未能充分保护学生的人格权利,学校将有可能承担相应的人格权侵权责任。

(二)行为不当风险

当学生之间的打闹引发学生之间或家长之间的纠纷时,学校作为中立的一方、承担教育管理职责的一方,有义务调处化解纠纷。如果学校未能妥善调处化解纠纷,学校将面临行为不当风险。在调处化解纠纷的过程中,学校教师的任何不当言论、不当行为都可能导致学生家长之间、学生和学校之间纠纷加剧,从而导致事态逐步扩大、知情范围扩大,进而导致学生的隐私权、名誉权、人格尊严遭受侵害。

以本案例为例,小明的家长和小威的家长对小威便血的原因各执己见,如果学校未能在其中起到有效的协调作用,小威的家长愤然报警,那么,小威将面临的是一系列的验伤、鉴定等程序,小明也将面临警察的“谈话”。类似的经历极有可能在小威和小明的童年留下负面的记忆,甚至对小威和小明的成长造成不利的影响。

(三)违法风险

学校在应对学生打闹引发的纠纷、依法处置校内欺凌和暴力等工作中,如果未能有效保护学生隐私和个人信息,将可能面临违法风险。

根据教育部等九部门《关于防治中小学生欺凌和暴力的指导意见》的要求,学校就学生遭受欺凌和暴力向上级教育主管部门报告时,有义务保护未成年人合法权益,应保护遭受欺凌和暴力学生以及知情学生的身心安全,严格保护学生隐私,防止泄露有关学生个人及其家庭的信息。特别要防止网络传播等因素导致事态蔓延,造成恶劣社会影响,使受害学生再次受到伤害。

四、法律风险应对

(一)强化对于学生人格权利的保护意识

长期以来,无论是在家庭教育还是在学校教育中,对于未成年人人格权的关注与保护,始终都未给予足够的重视。在传统的教育观念中,为了实现教育管理的目的,对未成年人指责、公开批评、恶意比喻、禁止与同伴说话等行为,是普遍存在的,甚至不乏“儿童什么都不懂,除了不受伤以外,没有什么权利要保护”的错误论调。随着教育观念的革新和法治观念的提升,大部分学校已基本不采用可能伤害未成年人人格尊严的教育管理方式。

但这距离真正尊重和保护学生的人格权还有一定的距离,因为人格尊严仅是公民人格权的内容之一,除此之外的隐私权、肖像权、名誉权等仍未被给予足够的重视。

出现这种情况,并非学校及教师有意为之,更多是对学生人格权缺乏了解,对人格权侵权的法律后果缺乏认识。例如,教师擅自用手机记录下了学生有趣可爱的画面并将视频发布在其个人的社交媒体上,引起了网友围观热议。在该教师的观念中,这种做法无伤大雅,但其行为已经无意间侵害了学生的肖像权,更有可能侵害学生的名誉权、隐私权。又如,某幼儿园将学生身体测试结果,诸如身高、体重及是否存在肋骨外翻等,公布在家长微信群中,教师认为将体测结果逐个发给家长工作量较大,故通过微信群发布。幼儿园的该行为显然已侵害到幼儿的隐私权,而幼儿园事先并没有意识到该行为的不妥。

类似的情况无一不体现出教师对学生人格权利的保护意识亟须强化。基于此,学校应当通过各种方式,围绕未成年人人格权利的内容、权利边界、权利保护等开展专项法治讲座或法治培训,全面提升教师对未成年人人格权的保护意识。

(二)将保护学生人格权利融入各项日常管理工作

1. 校内管理制度的制定,应关注尊重和保护学生人格权

首先,学校的章程中,应当将尊重和保护学生的公民基本权利,包括学生人格权,作为学校开展各项工作的基本原则之一。

其次,在各类校内规章制度制定的过程中,应当做好教育教学管理、工作效率与尊重保护学生人格权的平衡。例如,在制定学生处分公示相关规定中,既要借由处分的公开警戒其他学生,又要注意公示的范围不宜超出同校学生范围,公示的内容应真实准确且不涉及学生个人隐私。又如,在校园心理咨询室工作制度中,应当对学生参与心理咨询、咨询内容等涉及学生个人隐私的内容,制定严格的保密规定。

2. 校内各项日常管理工作,应将学生人格权的保护纳入考量

在学校各项日常管理工作开展的过程中,有时候一个细节的疏忽,就有可能造成对学生人格权的侵害。希望以下列举事项能够对学校日常管理工作中如何将学生人格权的保护纳入考量提供启发:

(1)学生的个人宗教信仰及禁忌事项,学校和教师应予以必要的了解和关注。

(2)学校因教学管理等需要使用或在网站、微信公众号发布的带有学生肖

像的照片、视频，学校应当至少做好以下3个方面的工作：

首先，对学校使用学生肖像的必要性和由此给学生造成的影响进行必要的评估判断，尽可能地去平衡好、兼顾好学校教学管理需求与学生肖像权的保护。例如，某幼儿园为了有效监管幼儿来园、离园时段安全，原本设计了贴有幼儿照片的接送卡，但出于保护幼儿肖像权和个人信息的考虑，最终决定接送卡上不贴照片，而是写明幼儿姓名、班级以及接送者的姓名和联系方式。

其次，学校使用学生肖像应事先取得家长就照片、视频拍摄和公开的同意或授权。例如，在新生入学告知文件里面，可以包含一份授权委托书或者知情同意书，同意学校以宣传展示为目的，在学校网站、微信公众号、报告评选等文件材料中使用学生姓名、肖像等。

最后，学校使用学生肖像应尽可能确保使用学生肖像不会对学生造成不利影响。由于网络照片是可被下载的、网络文章是可以被转载的，学校在网络媒体中发布的含有学生肖像的照片，很可能会被他人不当使用，从而导致学生的肖像权甚至是隐私权、名誉权遭受侵害。

最高人民法院发布的《利用互联网侵害未成年人权益的典型案例》①中就有这样一则案例：未成年人付某某在某教育中心接受教育服务期间，被该教育中心口头同意采访的媒体拍下一张照片。该媒体与某网络公司签订协议，同意某网络公司转载该媒体的文章。该媒体将含有付某某肖像的照片作为配图刊登了一篇名为《探访北京戒网瘾学校》的文章，并将付某某描述为“一名上网成瘾的女孩”。因某网络公司在国内的影响力，该文章及其中的照片被大量点击和转载，造成付某某名誉权受损、隐私权受到侵害，给付某某成长带来不利影响。

因此，学校在网络媒体中发布含有学生肖像的照片，应对照片打好水印，防止他人盗用。同时，学校刊登负面信息时若含有学生肖像照，应模糊学生的面部特征，从而保护学生的个人隐私和名誉。

（3）学校引入互联网授课、各种作业手机软件、健康检测系统等信息化设备和模式时，学校所采购的第三方互联网平台服务、软件服务，是否已对供应商采集和使用学生个人信息进行必要的限制，是否通过合同约定违约责任及其他保障学生个人隐私不受侵害的措施。

（4）当学校或学生发生物品遗失时，教师不得以寻找遗失物为由自行或要

---

① 《利用互联网侵害未成年人权益的典型案例》，载中华人民共和国最高人民法院网2018年6月1日，https://www.court.gov.cn/zixun/xiangqing/99432.html。

求其他学生搜查学生身体和物品。

第六节 学生法治教育与网络安全教育

在互联网时代的大背景下,互联网早已成为我们每个人生活中不可或缺的一部分。近年来,未成年人网络用户基于其体量、活跃度和消费能力,成为不少商家的目标群体。与此相伴,未成年人也成为互联网犯罪的对象,成为网络暴力的施暴者和受害者。国务院办公厅《关于加强中小学幼儿园安全风险防控体系建设的意见》中明确要求,要“将安全教育与法治教育有机融合,全面纳入国民教育体系,把尊重生命、保障权利、尊重差异的意识和基本安全常识从小根植在学生心中。在教育中要适当增加反欺凌、反暴力、反恐怖行为、防范针对未成年人的犯罪行为等内容,引导学生明确法律底线、强化规则意识”。

本节将通过学生遭受网络诈骗的案例,识别和分析相应的法律风险,并围绕学生法治教育与网络安全教育工作提出法律风险的应对建议。

一、要点问题

1. 学校对学生是否负有网络安全教育职责?

2. 学校应如何开展网络安全教育?

3. 如何将网络安全教育与法治教育相融合?

二、案例:“网游开挂”骗局

小张是G小学五年级学生,平时酷爱玩网络游戏,也非常崇拜一些所谓的“代码大神”,因为他们能够发现游戏漏洞,轻松升级,玩转网络游戏。

暑假中的一天,小张在某论坛中看到一则信息,大致内容是该楼主可以收费教授网络游戏技术,并且可以通过楼主提供的游戏源代码在网络游戏中获益。于是,小张便通过QQ与该楼主阿刘取得联系,并且小张用其父亲的手机使用“支付宝”向楼主支付费用。之后,阿刘通过互联网多次向小张出售所谓的“网游外挂”及配套使用的“模块”,陆续收取小张13万余元。几天后,小张发现其购买的所谓的“网游外挂”并不能使用或不能发挥作用,想联系阿刘理论但发现已被其拉黑。同时,小张的父亲也发现了小张瞒着他向不明对象转账的情况。在听了小张讲述事情的来龙去脉后,小张父亲随即带小张前往派出所报案。

公安机关调查发现,阿刘多次在互联网上发布传授入侵他人电脑技术、教授外挂及教他人用代码开通永久会员等虚假信息,用以招收学员并骗取费用。阿刘到案后,在公安机关的讯问下,如实供述了其以虚假的代码骗取小张钱款的犯罪事实，其父母积极向小张父母退赔经济损失，取得了小张及其父亲的谅解。查清事实后，公安机关将案件移送检察机关审查起诉。

三、法律风险识别与分析

如果学校在日常的教育教学中未能对学生网络素养、网络使用安全和相关法律规定进行必要的教学、宣传与引导，学校将可能面临违法风险。

《未成年人保护法》第64条规定："国家、社会、学校和家庭应当加强未成年人网络素养宣传教育，培养和提高未成年人的网络素养，增强未成年人科学、文明、安全、合理使用网络的意识和能力，保障未成年人在网络空间的合法权益。"基于该规定的要求，学校对学生的互联网使用安全负有教育和安全保护职责。

不仅如此，《未成年人学校保护规定》对学校和教师如何引导和帮助学生正确使用互联网提出了具体的要求；若学校未能充分依规执行，也可能面临违法风险。具体要求如下：

1. 信息监管和过滤。学校为学生提供的上网设施，应当安装未成年人上网保护软件或者采取其他安全保护技术措施，避免学生接触不适宜未成年人的信息；发现网络产品、服务、信息有危害学生身心健康内容的，或者学生利用网络实施违法活动的，应当立即采取措施并向有关主管部门报告。

2. 禁止引导使用经营性网站。学校和教职工不得诱导、组织或者要求学生及其家长登录特定经营性网站，参与视频直播、网络购物、网络投票、刷票等活动。

3. 禁止引导前往经营性网络服务场所。学校及其教职工不得安排或者诱导、组织学生进入营业性互联网上网服务营业场所、电子游戏场所等不适宜未成年人活动的场所；发现学生进入上述场所的，应当及时予以制止、教育，并向上述场所的主管部门反映。

四、法律风险应对

（一）定期开展网络安全教育，提升学生的网络安全意识

《未成年人学校保护规定》第34条第1款规定："学校应当将科学、文明、安全、合理使用网络纳入课程内容，对学生进行网络安全、网络文明和防止沉迷网络的教育，预防和干预学生过度使用网络。"

就网络使用教育内容而言，学校应当结合本学段学生年龄和特点、网络使用喜好、网络行为特点等，有针对性地开展专题或系列教育课程。例如，围绕最高人民法院、最高人民检察院和公安部发布的利用互联网侵害未成年人合法权益案例，设计编制专题教育课程，以案说法，提升学生的法治素养和网络防范意识。又如，由学校心理健康辅导师开展防止沉迷网络游戏的专题课程，帮助学

生养成正确的网络行为习惯。

除此之外,学校还可以针对学生遭遇网络侵害的薄弱环节,提升学生的自我保护能力,增强学生对网络信息的获取和分析判断能力。不少恶意链接利用未成年人涉世未深、欠缺网络使用经验的特点,引导、欺骗其输入个人的身份证号、家庭住址、学校信息等,获取未成年人个人信息,并用该信息从事犯罪活动。例如,未成年人在社交媒体上不加保留地上传个人生活照、视频,他人只要对该学生的社交账号稍加关注就能够勾勒出该学生的基本情况。

(二)积极利用外部资源,将法治教育融入网络安全教育

国务院办公厅《关于加强中小学幼儿园安全风险防控体系建设的意见》提出,要"健全学校安全教育机制","鼓励各种社会组织为学校开展安全教育提供支持,设立安全教育实践场所,着力普及和提升家庭、社区的安全教育"。中央文明办等部门《关于规范网络直播打赏加强未成年人保护的意见》也明确要求,学校要"引导未成年人监护人主动学习网络知识,加强对未成年人使用网络行为的教育、示范、引导和监督。支持社会各界共同开展宣传教育,促进未成年人开阔眼界、提高素质、陶冶情操、愉悦身心"。

在法治教育和网络安全教育过程中,学校可以充分利用法治副校长、法律顾问、社区、图书馆、少年宫、学生家长等资源,利用各自的专业知识和社会资源,开展各类法治教育、网络安全教育活动。例如,某小学通过"家长职业课堂"活动,邀请任职于当地公安局网络安全保卫总队的学生家长周警官为学生展开主题为"网络安全那些事儿"的讲座。讲座中,周警官与同学们展开了积极的互动,从互联网聊到"王者荣耀",从"钓鱼网站"说到"网络诈骗",详细分析和解读了贴近学生生活的网络安全案例。又如,该小学另一位学生家长,是当地公安分局的民警刘警官。"六一"儿童节之际,刘警官借助单位开展"反诈宣传"活动的契机,邀请学生来到分局教育基地,开展了一场别开生面的学生实践活动。学生们聆听了警察叔叔关于反诈骗知识的介绍,了解了《网络安全法》,还参与了反诈儿童画的创作。

(三)将学生德育工作与法治教育、网络安全教育相融合,引导学生自觉抵御不良网络文化影响

虽然大多数情况下,未成年人容易成为网络犯罪的受害者,但在某些情况下,未成年人却是网络侵害的加害者,"饭圈"文化引发的网络暴力、网络欺凌等就是其中典型的例子。在"饭圈"网络文化中,粉丝出于对偶像的维护,在群体的裹挟下、在商家或有竞争关系的其他明星粉丝等别有用心之人的煽动下,为了所谓的群体利益、偶像利益等,在网络上攻击谩骂、暴露他人私人信息、进

行“人肉搜索”、非法获取航班信息、骚扰他人等，不仅侵害了他人的隐私权等民事权利，还有可能涉嫌触犯刑法，而且在不断升级的“饭圈”谩骂中，甚至滋生出否定革命英雄烈士事迹和精神、宣扬恐怖主义、破坏民族团结、宣扬邪教和封建迷信的错误言论。

因此，将学生德育工作与法治教育、网络安全教育相融合，具有迫切的现实意义。学校要着力于打造清朗文明的校园网络文化，高度重视并做好网络环境下学生德育工作，引导学生正确识网用网，提升网络素养，规范网络言行；不盲目“追星”，自觉抵御“饭圈”、极端“粉圈”等不良网络文化影响。①

（四）提升学生法治教育的深度与广度，开展内容丰富、形式多样的普法教育活动

为了取得更好的法治教育效果，学校可以结合本年龄段学生认知和行为特点及时事热点，不断挖掘法治教育的内容素材，开展内容丰富、形式多样的法治教育活动。例如，某幼儿园结合《道路交通安全法》的规定，以交通规则为主题开展绘画比赛、学唱交通规则儿歌、模拟道路通行场景游戏等，在潜移默化中增强幼儿的交通安全意识。又如，某小学通过开展“模拟小法庭”活动，令学生掌握了一定的法律知识，提升了学生明辨是非的能力和自我管理的能力。再如，某小学在各年级分别开展不同内容、形式的主题法治宣讲活动，一年级以“自护自救”为主题、以“游戏”形式进行宣讲；二年级以“交通安全”为主题、以“快板”形式进行宣讲；三年级以“消防安全”为主题、以“小品”形式进行宣讲；四年级以“放火自救”为主题、以“演讲”形式进行宣讲；五年级以“禁毒教育”为主题、以“知识竞赛”形式进行宣讲。

第七节　校园欺凌和暴力的预防与处置

近年来，网络社交媒体上时有流传的涉及校园暴力的视频，一次又一次引发网友愤慨。校园暴力作为一种典型的校园欺凌形式频频冲上热搜，社会各界对于校园欺凌的关注度日益提升。2018 年 9 月，最高人民法院发布《校园暴力司法大数据专题报告》。该报告显示：2015 年，全国各级人民法院一审审结校园暴力案件共计 1000 余件，2016 年案件量同比下降 16.51%，2017 年案件量同比下降 13.37%。涉嫌罪名中，故意伤害罪、抢劫罪、聚众斗殴罪依次分列前三位，其中故意伤害罪的比例高达 57.5%。而这仅是校园欺凌的冰山一角，由于

① 参见教育部《关于进一步加强新时代中小学思政课建设的意见》。

校园欺凌的隐蔽性、刑事犯罪追诉标准的限制，有大量校园欺凌行为未能被发现和制止，甚至每一天都在隐匿的角落中发生。校园欺凌是严重损害学生身心健康的行为，预防和遏制校园欺凌是学校履行安全保护职责的应有之义。

本节将通过因校园欺凌引发的人身伤害案例，识别和分析相应的法律风险，并围绕预防、发现和应对校园欺凌和暴力提出法律风险的应对建议。

一、要点问题

1. 学校如何防范校园欺凌和暴力？

2. 面对校园欺凌和暴力，学校该如何处置？

二、案例：学生之间打闹有可能不仅是玩耍

小培和超超同为N中学初三学生。小培从小就是性格活泼顽皮的学生，由于小学毕业前父母离婚，父亲经常对小培打骂，进入青春期后小培的性格越发倔强、叛逆，甚至有些张狂。升入初中后，因座位相近、住在相邻小区，小培和超超成了好朋友。超超是阳光开朗的男生，性格随和，习惯于谦让，并且家境优越，经常请同学吃好吃的。刚上初中第一年，由于多次考试成绩不理想，小培和超超都逐渐对学习失去兴趣。逐渐地，二人作业完成情况、考试成绩和上课纪律不佳，已成为老师眼中的“正常现象”，只要他们没有影响其他学生学习，老师不会专门对他们进行批评教育。

步入高年级后，小培结识了不少社会闲散人员和其他学校行为不良的学生，时不时旷课、迟到，与他人打架，夜不归宿，甚至向其他学生收取“保护费”。超超因为搬家，放学后由家长接回家，因此没有与社会闲散人员为伍。但在校期间，小培和超超仍时常一起玩耍。与过去不同的是，因为随和的性格和宽裕的经济条件，超超逐渐成为小培欺凌的对象。只要小培来到学校，小培就将超超当作“仆人”使唤并向其索要财物，否则就拳脚相向。不仅如此，小培和其他不良学生，还将超超当作戏弄取乐的对象，如让超超在地上爬行、喝奇怪的饮品、作为“靶子”练习飞踹，并将丑化后的超超的照片发到互联网上。超超也从原先的阳光开朗，变得畏畏缩缩。

由于害怕，超超并没有将他的遭遇告知父母和老师。超超的父母由于工作繁忙并未发现超超的转变，以为只是孩子青春期不愿意与家长交流。班主任知道小培等人经常在教室中打闹，时常予以制止，但只是将其视为学生间的打闹，并没有去了解背后问题。并且，由于超超是老师眼中的“后进”学生，老师并不真正关注超超的行为和心理状态，甚至认为超超和小培一样，是管也管不好的学生。班中的其他学生虽认为小培的行为不对，但都因惧怕报复不敢制止，甚至还有一同嬉笑取乐的。

一日,超超趁着给饮水机换水桶的机会,将从家里带来的毒鼠药放入饮用水中,目的是报复小培的欺凌和班中同学对欺凌行为的视而不见。当天,有8名同学饮用此水。之后,超超由于担心造成严重后果,便主动告知大家饮用水中被投放毒鼠药的情况,N中学立即将饮用过有毒水的学生送往医院观察治疗,未造成人员伤亡。

司法机关受理此案后,通过社会调查了解到,超超长期遭受同学的欺凌,但其性格内向而无法排解,故采取极端方式报复。针对超超长期受欺凌造成的心理问题,检察机关聘请专业人员迅速介入,对其进行心理疏导和干预,并依法对超超作出附条件不起诉决定。考验期满后,最终作出了不起诉的决定。

三、法律风险识别与分析

(一)违法风险

依据《未成年人保护法》第39条第2~3款的规定,面对学生欺凌行为,学校应当至少履行以下职责:(1)立即制止欺凌行为;(2)通知实施欺凌和被欺凌未成年学生的父母或者其他监护人参与欺凌行为的认定和处理;(3)对相关未成年学生及时给予心理辅导、教育和引导;(4)对相关未成年学生的父母或者其他监护人给予必要的家庭教育指导;(5)对实施欺凌的未成年学生,应当根据欺凌行为的性质和程度,依法加强管教;(6)对严重的欺凌行为,不得隐瞒,应当及时向公安机关、教育行政部门报告,并配合相关部门依法处理。

对教师知晓校园欺凌行为和可能存在的校园欺凌行为,学校和教师若未能依照《未成年人保护法》的规定,履行上述列明职责,学校将面临违法风险。

本案例中,小培对超超的欺凌行为并非偶然,教师也不止一次看到或听说小培与其他不良学生戏弄、推搡超超,教师除了制止"打闹"行为以外,并没有采取其他措施,违反了《未成年人保护法》的规定,其行为存在违法风险。如果教师在制止小培看似"打闹"的行为后,能够依据《未成年人保护法》的规定,对小培等相关学生进行必要的调查,与家长共同认定和处理,将能够尽早发现小培对超超的欺凌,并能够及时采取适当的措施加以干预,避免超超遭受更多的身体和心理伤害,避免超超为了自救或报复实施过激的行为。

(二)行为不当风险

基于《民法典》和《刑法》对于侵权行为和暴力行为追诉标准、责任承担标准的限制,大部分的校园欺凌并不能通过司法程序追究法律责任。然而,无法追究法律责任的校园欺凌,事实上正在对受害学生造成巨大的伤害,有些伤害甚至伴随学生一生。不仅如此,绝大部分涉校园欺凌犯罪中的被告人,都并非一夜之间成为犯罪者,而是在一次次"打闹"、辱骂其他学生的行为被纵容、被放任、未得到必要的教育后,一步步形成的,而伴随而来的是受害学生难以言喻的身心痛苦。

校园欺凌的发生,和学校、教师对于施害者有意或无意地放任是分不开的。校园欺凌行为,虽然具有隐匿性、伪装性,但也并非无迹可寻。当面对存在校园欺凌可能性的行为时,若学校未能给予足够的关注和适当的干预,则学校将面临行为不当风险。

本案例中,班主任不止一次制止小培对超超的"打闹"行为,但班主任却没有通过谈心等方式了解事情的前因后果,未能注意到超超性格的变化,没有将超超的性格变化与"打闹"行为联系起来,班主任的行为显属不当。

(三)侵权风险

校园欺凌行为,无论是采用暴力欺凌还是精神层面的欺凌,都有可能引发学生面临侵权风险的后果。一方面,校园欺凌中的暴力行为使受害学生遭受人身伤害;另一方面,校园欺凌中的精神层面的欺凌行为使受害学生产生严重的心理问题,进而有可能从受害者演变为加害者,给其他学生造成人身伤害。无论是上述哪种伤害,实施加害的学生均将承担相应侵权责任;如果学校未尽到管理职责,学校应承担相应的补充赔偿责任。

法律风险分析,同本章第一节,此处不再赘述。学校未尽到教育管理职责,须承担相应的侵权责任。

四、法律风险应对

《全国依法治校示范校创建指南(中小学)》第7.2.1条要求:"建立学生欺凌防控工作机制,成立学生欺凌治理委员会,定期开展防欺凌教育、欺凌调查,能够客观认定、及时有效处置学生欺凌事件。"具体来说,建立学生欺凌防控工作机制可以从以下3个方面的工作展开:

(一)校园欺凌和暴力的预防机制

1. 强化校园欺凌相关宣传教育

(1)针对学生,学校应当通过法治宣传教育、思想道德教育和心理教育,积极培养和践行社会主义核心价值观。一方面,引导学生建立平等、友善、互助的同学关系;另一方面,揭示校园欺凌的严重法律后果及正确的应对方式。不仅如此,学校还可以通过专题教育、编制分发专题指导手册等方式,增强学生的自我保护意识和能力。

(2)针对教职工,学校应当通过各种形式的法治宣传教育,促进教职工积极学习预防、发现、处理学生欺凌的相关政策措施和方法,以及如何根据情况给予相关学生家长必要的家庭教育指导。[①] 例如，教职工应当对因身体条件、家庭背景或者学习成绩等可能处于弱势或者特殊地位的学生给予足够的日常关注，若发现被孤立、排挤情形或情绪反常、身体损伤情形，应及时了解情况并适当干预；可能存在被欺凌情形的，应当及时向学校报告。

2. 重视校园欺凌排查与整治

为了及时发现和处置可能隐匿存在的校园欺凌，学校应当重视校园欺凌的定期排查与整治，从而做到早发现、早干预、早教育。依据《防范中小学生欺凌专项治理行动工作方案》的指引，校园欺凌的排查与整治应至少包含以下工作：

(1)面向全校学生进行欺凌事件排查。通过教师观察、学生谈话、家长交流等方式，了解并掌握学生心理状况、思想情绪和同学关系状况，排除校园欺凌事件的苗头或隐患点、风险点。

(2)及时进行干预教育。对排查中发现的校园欺凌风险点，应及时与家长进行深入沟通，调查了解原因，采取必要的干预措施。对早期发现的轻微暴力事件，实施必要的教育惩戒等。情况严重的，学校要及时向上级教育主管部门报告。对已发生的校园欺凌事件，依据《未成年人保护法》的规定采取适当的处置措施。

(3)针对排查中发现的问题，及时采取相应的措施，堵牢风险漏洞。例如，对于学生之间的矛盾，做好疏导化解工作；完善有关规章制度；加强日常管理；压实工作责任，完善工作流程，细化工作举措，防控化解风险，营造良好氛围，切实防止学生欺凌事件发生。

(二)校园欺凌和暴力的处置机制

针对已经发生的校园欺凌事件和疑似校园欺凌事件，学校和教师应当迅速作出反应，控制事态发展，尽可能将校园欺凌对学生身心健康的不良影响降到最低。学校采取的应对措施，应当包括：

1. 成立事件处置工作小组，并由校领导担任组长，明确职责、分工协作进行应对处置。

2. 落实校园欺凌事件应急处置预案。如发生校园人身伤害事故，立即依据相关处置流程予以处置应对。

---

① 《未成年人学校保护规定》第20条规定："学校应当教育、引导学生建立平等、友善、互助的同学关系，组织教职工学习预防、处理学生欺凌的相关政策、措施和方法，对学生开展相应的专题教育，并且应当根据情况给予相关学生家长必要的家庭教育指导。"

3. 对相关学生进行心理疏导和安抚,关注学生思想动向。

4. 借助司法机关、法治副校长、法律顾问、社区、心理咨询专家等社会资源,构建校园欺凌认定和处置会商机制,一事一议,认定学生欺凌的事件性质、发现潜在问题、商讨最有利于学生的处置对策。

5. 分析总结学校在校园欺凌事件中存在的问题和不足,有针对性地从管理制度完善、设备设施建设、知识理念强化等方面提升学校应对校园欺凌事件的能力。

(三)发挥各界力量、形成合力,构建校园欺凌和暴力防治体系

1. 成立由多方参与的校园欺凌防治组织

依据《未成年人学校保护规定》第 19 条第 1 款的规定,"学校应当成立由校内相关人员、法治副校长、法律顾问、有关专家、家长代表、学生代表等参与的学生欺凌治理组织,负责学生欺凌行为的预防和宣传教育、组织认定、实施矫治、提供援助等"。通过成立由校领导、法治副校长、法律顾问、家长和学生代表共同参与的校园欺凌防治平台,群策群力,具体负责校园欺凌防治各项工作的推进。

2. 健全责任机制

通过制定学生欺凌防治工作责任清单等方式,明确学校校长、班主任、教职工各岗位在校园欺凌防治工作中的责任,并将校园欺凌防治情况纳入工作考评和绩效考核。

3. 发挥学生自治在校园欺凌防治工作中的作用

制定学校或年(班)级反欺凌公约,形成师生联系、同学互助、紧急求救制度,积极探索在班级设置学生安全员制度。

第八节　预防和处置校园性侵害和性骚扰

校园理应是学生成长的安全港湾,任何校园性侵害和性骚扰行为都是绝对无法被容忍的。性侵害通常泛指各类非自愿的性接触和被强迫的性行为,包括强制性交、强迫亲吻、性虐待等;性骚扰通常指违背他人意愿,以含有性含义的言语、文字、图像、肢体行为等方式对他人实施的骚扰行为。校园性侵害和性骚扰,指的是以本校学生为侵害对象的发生在校园中的性侵害和性骚扰事件,以及虽发生在校园以外但受害方为本校学生、加害方为校内人员或与学校存在管理雇佣关系的其他人员的性侵害和性骚扰事件。校园性侵害和性骚扰的发生往往具有隐秘性、隐私性、敏感性,这给学校防范、发现和应对校园性侵害和性

骚扰带来较大的难度。

本节将通过学校违法处置校园性侵害案例，识别和分析相应的法律风险，并对防范校园性侵害和性骚扰提出法律风险的应对建议。

一、要点问题

1. 预防校园性侵害或性骚扰，学校可以采取哪些措施？

2. 当发生校园性侵害或性骚扰时，学校应如何处置？

二、案例：外聘后勤人员猥亵学生，学校企图掩盖私了

C小学外聘后勤人员邓某，在学校工作多年，从事后勤保障设施维护维修等工作。

某日上午，教师周某得知，有家长反映，邓某有猥亵儿童行为。教师周某经查看该校前一天监控视频发现，邓某趁四（3）班上体育课的时候，前往该班教室维修窗帘。当时教室中有3名学生因故没有去上体育课，留在教室自习。邓某维修窗帘时，以帮忙维修窗帘为由将小婷叫到窗帘后方。随后，邓某用窗帘将二人完全遮挡住，显然不像是在维修窗帘。据小婷指证，邓某在窗帘后方乘机触碰小婷敏感部位。

教师周某遂将该情况通知C小学副校长陈某，二人协商后，认为邓某作为外派人员在学校工作已经好几年，不至于对儿童作出性侵害的行为，视频里也没具体拍到邓某对小婷实施性侵害。小婷才10岁，哪知道什么是性侵害，最多是邓某不小心碰到了敏感部位罢了。学校对邓某加以批评，让他以后多注意就行了，没必要将此事闹大。

为了避免麻烦，副校长陈某使用教师周某找来的螺丝刀等工具将监控硬盘拆卸、隐匿，并联系学校安排安装监控的朱某，告知他学校某职工对女学生有"不规矩"的行为，与朱某串通说辞谎称学校没有监控硬盘，无法回看监控。

当天傍晚，小婷家长来到C小学要求查看学校监控，发现无法查看到前一天的监控视频。副校长陈某当场联系朱某，双方按照事先商量好的说辞谎称没有安装监控硬盘。随后，副校长陈某提出，邓某可能是在维修窗帘时不小心碰到了小婷，家长如果要追究责任，学校会要求邓某赔礼道歉，赔偿一些精神损失费。

对于学校的处理方式，小婷的家长愤怒不已，当场选择了报警。经警方调查，最终副校长陈某、教师周某和监控安装人员朱某如实供述了上述事实。最终，陈某、周某和朱某被判处包庇罪。邓某因涉嫌犯猥亵儿童罪被另案追究刑事责任。

三、法律风险识别与分析

(一)违法风险

当发生校园性侵害或性骚扰事件后,学校若没有依法处置,将面临违法风险。这里的违法风险包括:

1. 未及时向公安机关、教育行政部门报告的违法风险。《未成年人保护法》第40条第1款规定:“……对性侵害、性骚扰未成年人等违法犯罪行为,学校、幼儿园不得隐瞒,应当及时向公安机关、教育行政部门报告,并配合相关部门依法处理。”当学校知晓校园性侵害或性骚扰事件后,应当第一时间依法上报并进行报案、举报,以便及时查清事实,制止侵害,避免性侵害或性骚扰再次发生。

2. 擅自调查处置、隐瞒真实情况,可能面临犯罪风险。涉性侵害犯罪的调查和定性是具有高度专业性的工作,依法属于公安机关和司法机关的专属职权。学校及校领导并不具备调查处置校园性侵害或性骚扰事件的能力,也不具备为其定性的职权;若擅自处置应对,将面临触犯窝藏包庇犯罪的风险。

本案例中,副校长陈某自信可以凭借经验判断邓某不会对学生实施性侵害,出于“不想事情闹大”“多一事不如少一事”的想法,隐匿相关证据,其行为已涉嫌包庇罪。与此同时,副校长陈某的行为,也违反了教育行政部门的相关规定——教育部办公厅《关于进一步加强中小学(幼儿园)预防性侵害学生工作的通知》明确规定“对于教育行政部门工作人员、学校管理人员失职渎职造成性侵害学生案件发生的,或者发现性侵害学生案件瞒报、谎报的,要依法依规予以处分或者移送有关部门查处”。

(二)侵权风险

依据《民法典》第1010条第2款的规定,机关、企业、学校等单位应当采取合理的预防、受理投诉、调查处置等措施,防止和制止利用职权、从属关系等实施性骚扰。针对校园性侵害和性骚扰,学校应当承担的法定职责包括:(1)合理的预防义务,即采取适当的措施预防、制止校园性侵害和性骚扰。(2)及时救济的义务,即当发生校园性侵害或性骚扰时,及时发现、制止、开展调查。例如,日常教学管理和学生心理咨询中发现可能存在性侵害事件的上报机制等。

一旦发生校园性侵害或性骚扰,学校将可能面临侵权风险。

当未满18周岁的学生因校园性侵害或性骚扰遭受人身损害时:

1. 如果加害者是学校内的人员,如本校学生、教职工,那么根据受害学生的年龄和学校是否尽到教育、管理职责的情况,学校将可能与加害者共同承担侵权责任。此时,可用于判断学校是否尽到教育、管理职责的事项,如教职工入职时是否进行必要的背景审查、是否进行师德培训、班主任接到学生反馈投诉之后是否及时上报和调查等。对于该侵权风险的识别与分析,本章第一节已详述,本节不再赘述。

2. 如果加害者是学校以外的第三人,如其他学生家长、擅自闯入学校的人员,那么依据《民法典》第 1201 条的规定,学校应当在其未尽到管理职责的情况下,承担相应的补充责任。幼儿园、学校或者其他教育机构承担补充责任后,可以向第三人追偿。此时,可用于判断学校尽到管理职责的事项有学校是否严格落实值班、巡查制度,是否积极配合相关部门做好校园周边治安综合治理,是否严格实行外来人员、车辆登记制度和内部人员、车辆出入证制度等。①

四、法律风险应对

(一)强化预防校园性侵害和性骚扰法治教育

校园性侵害和性骚扰是性质恶劣的严重违法行为,近年来,各级立法和司法机关相继出台各类政策、措施,严厉打击针对未成年人的性犯罪。要让这些法律规定和政策、措施最大限度地发挥示范、警示和指引作用,广泛且专业的法治宣传教育是不可或缺的。

各地教育部门要将预防性侵犯教育作为安全教育的重要内容,在开学后、放假前等重点时段集中开展,纳入新上岗教职工和新入学学生的培训教育中。

针对教职工和可能接触到学生的人员,首先,学校负责人应当具备基本的法律素养,对与校园性侵害和性骚扰相关的法律规定及法律后果有充分的认知,从而能够正确防范、尽早发现、妥善应对校园性侵害和性骚扰事件。其次,学校应当定期组织面向全体教职工的普法讲座和法治学习,提升法治意识,明确行为界限、法律后果,杜绝侥幸心理。

针对学生,学校同样应当根据学生年龄的不同,开展相应的法治教育和自我保护教育。《未成年人保护法》第 40 条第 2 款明确要求:"学校、幼儿园应当对未成年人开展适合其年龄的性教育,提高未成年人防范性侵害、性骚扰的自我保护意识和能力。……"

防范校园性侵害和性骚扰教育的内容应包括:(1)向学生揭示未成年人在哪些情况、哪些环境下可能遭受性侵害和性骚扰,尤其是近年来出现越来越多的利用网络实施的针对未成年人的性犯罪;(2)一旦遭受性侵害、性骚扰,学生

① 教育部、公安部、共青团中央、全国妇联《关于做好预防少年儿童遭受性侵工作的意见》第 3 条规定:"……加强人防、物防和技防建设,完善重点时段和关键部位的安全监管。严格落实值班、巡查制度,加强校园周边治安综合治理。严格实行外来人员、车辆登记制度和内部人员、车辆出入证制度。"

应如何正确应对,因为在许多校园性侵害、性骚扰案件中,未成年人由于害怕、羞耻心理等原因未及时告知家长、老师,未立即报警,客观上放任了加害行为,不仅造成了更严重的受害后果,也导致司法机关调查取证困难。

防范校园性侵害和性骚扰教育的形式可以包括:(1)在思政课、生物课中,引入学生自我保护的教育内容。(2)现实案例学习与讨论。(3)借助法治副校长、学校法律顾问等社会资源,开展专项教育讲座。例如,某幼儿园配备了检察官作为法治副校长,法治副校长赴幼儿园为大班孩子开展有关幼儿性教育的主题活动,帮助幼儿了解自我保护的正确方法。

(二)落实教职工入职调查和品行考核

在校园教职工招聘环节,学校应当严格做好入职人员犯罪和不良记录调查,防止具有性侵害、虐待、拐卖、暴力伤害等违法犯罪记录的人员在学校任职。对于学校在任的教职工,学校也应当每年定期进行犯罪及不良记录调查。[①] 与此同时,学校要将师德教育、法制教育纳入教职工培训内容及考核范围,加强考核和评价,落实管理职责。要加强对教职工的品行考核;对品行不良、侮辱学生、影响恶劣的,由县级以上教育行政部门撤销其教师资格。[②]

对于因项目或工作需要,短期和临时性进入校园的人员,学校也应当采取相应审查和管理措施。例如,必要的无犯罪记录和背景调查、身份核查、监督陪同,避免其出现在学生活动区域内。

(三)关注学生异常表现和教职工心理状态

学校应当严格落实国务院办公厅《关于加强中小学幼儿园安全风险防控体系建设的意见》和教育部、公安部、共青团中央、全国妇联《关于做好预防少年儿童遭受性侵工作的意见》等文件要求,严格执行各类校园安全管理规定。

在学生层面,学校应当关注和及时发现学生的异常表现。学校要定期进行安全隐患排查,特别关注学生有无学习成绩突然下滑、精神恍惚、旷课等异常表现。全面落实日常管理制度,尤其是寄宿制学校的安全规范管理和学生宿舍管理。同时,学校还应积极通过家访、家长会、开办家长学校等方式,一方面,让家长了解必要的未成年人安全保护知识和防范性侵害或性骚扰知识,并且通过适当方式对孩子进行教育引导;另一方面,提醒家长注重与孩子的相处交流,尤其

---

① 《未成年人保护法》第62条规定:"密切接触未成年人的单位招聘工作人员时,应当向公安机关、人民检察院查询应聘者是否具有性侵害、虐待、拐卖、暴力伤害等违法犯罪记录;发现其具有前述行为记录的,不得录用。密切接触未成年人的单位应当每年定期对工作人员是否具有上述违法犯罪记录进行查询。通过查询或者其他方式发现其工作人员具有上述行为的,应当及时解聘。"

② 参见《关于做好预防少年儿童遭受性侵工作的意见》第5条。

要做好学生离校后的监管看护教育工作。不仅如此，学校还应通过各种方式，与学生家长随时保持联系，沟通及掌握孩子情况。对孩子的异常表现，如学生在绘画中展现对火和鲜艳的颜色有强烈反应、学生短期内经常在噩梦中惊醒等，家校双方要及时沟通，深入了解学生的表现情况，共同分析异常原因，及时采取应对措施。

在教职工层面，根据《关于做好预防少年儿童遭受性侵工作的意见》的规定，学校要关注教职工队伍心理状况及工作状况，加强心理辅导，防止个别教职工出现极端心理问题，及时预防个别教职工出现的不良行为。

（四）建立投诉受理和及时报告制度

基于校园性侵害或性骚扰具有隐蔽性、隐私性的特点，在许多案例中，学生出于羞耻心理、畏惧心理不敢或不愿将自己受害的情况告知家长、教师或报警。这一客观情况是学校制止校园性侵害或性骚扰所面临的难题。为了做到对校园性侵害或性骚扰的早发现、早制止，学校有必要建立校园性侵害和性骚扰的投诉受理和及时报告制度。这类制度应当包含学生投诉举报和教职工举报。针对学生投诉举报，学校可以向学生公示投诉电话和受理部门及人员，并明确承诺对投诉举报保密，畅通投诉举报渠道，帮助学生打消顾虑。针对教职工举报，学校可以通过教职工培训、制定成文的制度规定等方式，明确要求教职工发现校园性侵害或性骚扰案件或线索的，应当立即向校长报告，再由校长立即报警、告知家长并向教育局报告。①

第九节　学校手机管理与学生自治能力培养

随着社会生活水平的提高和移动互联网的发展，学生持有手机已不是少数情况；并且，在当前移动支付广泛普及的社会背景下，手机不仅是通信或娱乐的工具，更是生活、学习所不可或缺的工具。这一系列现实背景，对学校开展学生手机的管理提出了新的要求，过去常见的严禁学生在校园中使用手机的“一刀

① 《关于做好预防少年儿童遭受性侵工作的意见》第7条规定：“妥善处置中小学生性侵犯事件。各地教育部门要建立中小学生性侵犯案件及时报告制度，一旦发现学生在学校内遭受性侵犯，学校或家长要立即报警并彼此告知，同时学校要及时向上级教育主管部门报告，报告时相关人员有义务保护未成年人合法权益，严格保护学生隐私，防止泄露有关学生个人及其家庭的信息，避免再次伤害。教育部门和学校要与共青团、妇联、家庭和医院等积极配合，向被性侵犯的学生及其家人提供帮助，及时开展相应的心理辅导和家庭支持，帮助他们尽快走出心理阴影。被性侵犯的学生有转学需求的，教育部门和学校应予以安排。对性侵学生者，各地要依法严惩，决不姑息。”

切”管理方式，已经不再符合时代要求。如何更好地进行校园手机管理，既能满足学生使用手机的合理需求，又能避免学生在校期间被手机占用学习精力，是很多学校当前面临的难题。

本节将通过高中学生手机管理案例，识别和分析相应的法律风险，并以学生自主参与学校管理的视角，对校园手机管理工作提出法律风险的应对建议。

一、要点问题

1. 学校实施学生手机管理制度会侵犯学生的合法权利吗？

2. 如何引导学生科学、合理、适度地使用手机？

3. 如何提升学生的自治能力？

二、案例：学生暑期使用手机发微信朋友圈，遭到学校处分

X 高中为了让学生远离网络，全身心投入学习，在全校范围内开展了学生手机治理专项工作。为此，X 高中下发了《X 高中加强学生手机管理工作的通知》，并发布了《X 高中学生手机管理制度》《X 高中学生违规使用手机惩戒办法》。

《X 高中学生手机管理制度》包含以下规定：

1. 学生不得使用智能手机，鼓励学生不使用手机，若确有需要使用，则只能使用非智能手机。

2. 学生手机号唯一化，不得持有多个手机号。

3. 学生通信信息需上报。学生应将每月通话记录、短信和流量详单打印一份，提交班主任，并将手机卡密码告知班主任，以便监督检查。

4. 学生在家期间，禁止学生在家上网或使用手机。

同时，《X 高中学生违规使用手机惩戒办法》规定：学生如违反《X 高中学生手机管理制度》，第一次违反，给予记过处分，回家反省 3 天并没收手机；第二次违反，给予留校察看处分，回家反省 5 天，没收手机；第三次违反，开除学籍。

X 高中学生小娜，学习成绩优异，进入高中以来一贯勤勉努力学习，期待考上理想的大学。X 高中公布《X 高中加强学生手机管理工作的通知》等相关制度后，小娜也能够严格执行学校的手机管理规定。

进入暑假后，小娜随父母外出游玩。旅途中，小娜使用母亲的手机发了一条微信朋友圈，感叹祖国的大好河山并配了自己的自拍照片。令人意想不到的是，由于小娜母亲与小娜的班主任是微信好友，班主任看见小娜使用母亲手机发朋友圈后，认为小娜违反了《X 高中学生手机管理制度》。第二天，班主任在班级群中发布了学校对小娜作出处分的通报，处分内容为：记过处分。

一贯品学兼优的小娜对此感到十分委屈，难以接受学校作出的处分，并担心会影响未来的高考。以至于小娜在之后的旅途中郁郁寡欢，险些因为心事重重与父母走散。

三、法律风险识别与分析

X 高中处分小娜的行为以及该校的学生手机管理制度均有不当之处，学校将面临行为不当风险。

本案例发生在暑假，小娜在校外使用手机，并且没有迹象显示小娜使用手机时间过长或影响其完成学习任务。学校对小娜作出的处分具有以下明显不当之处：

首先，X 高中对小娜的处分依据并不充分。虽有校内规章制度作为依据，但相关的校内规章制度并没有明确规定学生在暑假期间不得使用手机、学生不得使用家长的手机。

其次，X 高中的手机管理制度的内容不适当。一方面，该校手机管理制度可能侵害学生的个人隐私。《X 高中学生手机管理制度》规定："学生通信信息需上报。学生应将每月通话记录、短信和流量详单打印一份，提交班主任，并将手机卡密码告知班主任，以便监督检查。"《民法典》第 1032 条第 2 款规定："隐私是自然人的私人生活安宁和不愿为他人知晓的私密空间、私密活动、私密信息。"X 高中要求学生上报的学生个人通话记录、短信和流量详单，以及手机卡密码，均属于学生的私密信息，学生有权拒绝提供前述信息。而学校在制定和实施《X 高中学生手机管理制度》的过程中，并没有考虑到学生私密信息的保护问题，并且，若学生不予提供前述隐私信息，可能将依据《X 高中学生违规使用手机惩戒办法》遭到处分。另一方面，该校手机管理制度规定的处分规定，明显超出合理范围。依据《X 高中学生违规使用手机惩戒办法》的规定，学生第一次违反，就将面临停学停课的处分；第三次违反，就将面临开除学籍处分。依据《惩戒规则》的规定，停课停学和开除学籍的处分，适用于"违规违纪情节严重或者影响恶劣"的情形。① 学生违反规定使用手机，显然不属于"违规违纪

---

① 《惩戒规则》第 10 条规定："小学高年级、初中和高中阶段的学生违规违纪情节严重或者影响恶劣的，学校可以实施以下教育惩戒，并应当事先告知家长：（一）给予不超过一周的停课或者停学，要求家长在家进行教育、管教；（二）由法治副校长或者法治辅导员予以训诫；（三）安排专门的课程或者教育场所，由社会工作者或者其他专业人员进行心理辅导、行为干预。对违规违纪情节严重，或者经多次教育惩戒仍不改正的学生，学校可以给予警告、严重警告、记过或者留校察看的纪律处分。对高中阶段学生，还可以给予开除学籍的纪律处分。对有严重不良行为的学生，学校可以按照法定程序，配合家长、有关部门将其转入专门学校教育矫治。"

情节严重或者影响恶劣”,不应适用最为严厉的停课停学和开除学籍的处分。

最后,X高中的手机管理目的存在偏差。学校限制学生使用手机的本意是为了避免学生因不当使用手机而影响学习,因此,学生手机管理的落脚点是学生的学习而非手机本身,学生使用手机的正常需求同样值得尊重和保护。X高中“一刀切”的手机管理方式,一味追求严管手机,不仅无法真正解决学生手机管理难题,反而可能引发学生的抵触情绪,进而对学生的学习专注度和学校的管理造成不利影响。

四、法律风险应对

(一)宽严有度,正确把握学生手机管理与学生合法权利的界限

近年来,关于如何平衡学校正常教学管理秩序与学生正常使用手机的权利之间的矛盾的问题日益突出。大部分学校都遇到过学生在校内、在课堂上随意使用手机而严重影响教学秩序的问题,甚至还存在学生使用手机作弊的情况。为了规范学生在校使用手机的行为,不少学校制定了严格的手机管理规定并采取没收手机等强有力的措施。而强有力的手机管理制度又引发了新的问题。例如,某初中学生因学校离家过远选择住校,为了与家长保持联系而携带手机入校,却因此遭到学校处分并没收手机。又如,某高中学生因被班主任没收手机,一气之下走出教室欲跳楼,所幸被老师阻止,才未酿成悲剧。

那么,学校应如何正确把握学生手机管理与学生个人合法权利的界限呢?

首先,学校应当树立正确的学生手机管理观念。学生手机管理目标,应当是保证学校正常教学管理秩序不受影响,避免过度使用手机对学生身体、心理和学习精力造成影响。学生手机管理的对象,不仅是手机本身,更是学生的行为。

其次,学生手机管理制度应当区分在校期间和非在校期间的手机管理要求。对于在校期间的手机管理,可以采用一定的强制性方式,强化管理制度的执行力。例如,教育部办公厅《关于加强中小学生手机管理工作的通知》明确要求,学校应当告知学生和家长,原则上不得将个人手机带入校园。学生确有将手机带入校园需求的,须经学生家长同意并书面提出申请,进校后应将手机交由学校统一保管,禁止带入课堂。又如,教育部办公厅等六部门《关于进一步加强预防中小学生沉迷网络游戏管理工作的通知》明确要求,学校对经申请带入校园的手机等终端产品进行统一管理,严禁带入课堂。对于非在校期间的手机管理,则可以通过明确家庭教育职责,引导家长加强对孩子使用手机的督促管理。

再次,学校进行学生手机管理,应当注意避免侵犯学生隐私权。学生手机

中所载有的内容,属于学生的个人隐私,未经学生本人同意,学校不得要求查看。

最后,学生手机管理制度不能忽视人情事理。学生手机管理制度中,应当留有一定的制度空间,满足学生在特殊情况下使用手机的合理需求。

（二）多措并举,形成引导为主、惩罚为辅的学生手机管理机制

学校在进行学生手机管理的过程中,除了应当制定和实施学生手机管理制度,还应当采取以下措施,引导学生养成良好的学习习惯、自觉远离手机:

1. 强化校园通信设施配备,减少学生使用手机的场景。例如,教育部办公厅《关于加强中小学生手机管理工作的通知》提出,学校应通过设立校内公共电话、建立班主任沟通热线、探索使用具备通话功能的电子学生证或提供其他家长便捷联系学生的途径等措施,满足学生与家长通话需求。加强课堂教学和作业管理,不得为了减少工作量用手机布置作业或要求学生利用手机完成作业。

2. 发挥家校共育合力,通过引导家长充分认识学生沉迷手机的危害性,促使家长切实履行家庭教育职责。学生过度使用手机问题,其背后往往伴随家庭教育的缺位。许多家长自身存在的沉迷手机等不良习惯,对学生具有严重的不良影响。对此,《关于进一步加强预防中小学生沉迷网络游戏管理工作的通知》明确提出,学校要督促家长履行好监护责任,发挥好榜样作用,安排好孩子日常学习生活,有意识地让孩子多从事一些家务劳动、户外活动、体育锻炼,帮助孩子养成健康生活方式。学校和家长发现学生有沉迷网络游戏、过度消费等苗头的,要相互告知,共同进行教育和引导,及时矫正不良行为,帮助其恢复正常的学习和生活。

（三）健全学校民主管理机制,提升学生的自治能力

学校在开展学生手机管理工作中所遇到的种种问题和阻碍,在一定程度上可归因于学校未能以学生的视角来审视手机管理工作,从而导致学生手机管理制度存在局限性,无法精准地发现本校学生手机管理问题的症结所在,无法兼顾学生使用手机的合理需求。那么,如何运用法治的思维来化解此类问题呢?

首先,学校在作出与学生权益有关的决定或出台制度前,应当主动听取学生意见。这不仅是《未成年人学校保护规定》的明确要求①,也是依法治校的重要标志。

---

① 《未成年人学校保护规定》第45条规定:"学校在作出与学生权益有关的决定前,应当告知学生及其家长,听取意见并酌情采纳。学校应当发挥学生会、少代会、共青团等学生组织的作用,指导、支持学生参与权益保护,对于情节轻微的学生纠纷或者其他侵害学生权益的情形,可以安排学生代表参与调解。"

1. 校园饮食管理工作。依据《学校食品安全与营养健康管理规定》，学校在食品采购、食堂管理、供餐单位选择等涉及学校集中用餐的重大事项上，应当听取学生代表大会意见。①

2. 校服定制相关工作。依据教育部等部门《关于进一步加强中小学生校服管理工作的意见》的要求，学校在校服选用、采购过程中，应当健全相关工作机制，保障学生的参与权、决定权和知情权。

3. 学生家庭困难补助相关工作。教育部等部门《关于做好家庭经济困难学生认定工作的指导意见》中明确要求"各中等职业学校、普通高中、初中、小学、幼儿园要成立家庭经济困难学生认定工作组，负责组织实施本校家庭经济困难学生认定工作。成员一般应包括学校领导、资助工作人员、教师代表、学生代表、家长代表等"。

其次，学校应当结合本校实际情况，建立、健全学生参与学校民主管理的机制，充分发挥学生的主体作用，通过学生自治管理和参与学校决策等方式，助力学校的各项管理工作。《全面推进依法治校实施纲要》明确要求，"要积极拓展学生参与学校民主管理的渠道，进一步改革完善高等、中等学校的学生代表大会制度，推进学生自主管理。制定涉及学生利益的管理规定，要充分征求学生及其家长意见。要扩大有序参与，加强议事协商，充分发挥教职工代表大会、共青团、学生会等群众组织在民主决策机制中的作用，积极探索师生代表参与学校决策机构的机制"。

最后，学校还可以通过引导学生制定班级公约、设置学生值日岗等方式，激发学生的主观能动性，培养自治能力。例如，某中学围绕学生将"关东煮"带进教室并不小心打翻所导致的一系列分歧问题，组织学生开展了一系列"校园法治"行动。考虑到学生外带食品进校园不是个例，并且涉及食品安全、校园管理等问题，学校将该议题作为该校"模拟调解""模拟听证"的主题，由学生担任"模拟调解"和"模拟听证"的当事人、调解员、听证人。这一系列"校园法治"行动，为师生搭建了畅所欲言的平台，为学校决策提供了建议，培育了学生的独

---

① 《学校食品安全与营养健康管理规定》第21条规定："学校在食品采购、食堂管理、供餐单位选择等涉及学校集中用餐的重大事项上，应当以适当方式听取家长委员会或者学生代表大会、教职工代表大会意见，保障师生家长的知情权、参与权、选择权、监督权。学校应当畅通食品安全投诉渠道，听取师生家长对食堂、外购食品以及其他有关食品安全的意见、建议。"

立思考能力、演讲能力和法治思维。[①] 在师生的共同努力下，该校制定《学生外带食品进校园管理若干规定》，运用依法治校的思维化解了学生外带食品管理的难题。

第十节　校园突发事件防范和处置

《突发事件应对法》第 3 条第 1 款规定，“突发事件”是指“突然发生，造成或者可能造成严重社会危害，需要采取应急处置措施予以应对的自然灾害、事故灾难、公共卫生事件和社会安全事件”。学校作为学生集中学习、生活的专门场所，具有学生人员密度大、自救能力弱的显著特点，一旦发生校园突发事件，将对学生和学校造成重大损害和损失，造成严重的社会危害。《全面推进依法治校实施纲要》明确要求：“健全安全管理及突发事件的应急处理机制。各级各类学校、幼儿园要根据学生的身心特点和认知能力，完善校园安全管理制度，落实对学生教育与管理的法定职责，健全学校安全事故、突发事件应急处理机制，切实保障学生、教师的人身权和财产权，维护学校秩序的稳定。”

本节将通过校园内学生踩踏事故的案例，识别和分析相应的法律风险，并针对校园突发事件的防范和处置提出法律风险的应对建议。

一、要点问题

1. 校园突发事件有哪些类型？

2. 如何制定校园突发事件的应急预案和演练方案？

3. 如何构建校园突发事件的应对机制体系？

二、案例：小学校园内学生踩踏事故

2014 年 9 月 26 日 14 时左右，M 小学一、二年级的学生午休结束。下午上课的预备铃响后，学生从位于二楼的午休室一拥而出，返回位于一楼的教室。当时，学生必经的楼梯旁边有两个长约 3 米的体育课使用的垫子靠墙倚放。个别同学经过垫子时，出于好玩上前击打，致垫子翻倒在地并将两个学生压在下面，将另一些学生绊倒。走在后面的同学着急返回教室，又不知道有人被垫子

---

① 《长宁一位中学生带了份关东煮进教室，没想到这事竟然上了“法庭”……》，载网易网 2018 年 12 月 25 日，https://www.163.com/dy/article/E3STQ90O0514C79Q.html。长宁法宣：《外带食物进校园 YES or NO？这所学校用“校园立法”来解决》，载微信公众号“长宁法宣”2018 年 12 月 31 日，https://mp.weixin.qq.com/s?src=11&timestamp=1694073838&ver=4759&signature=WMdN9HRsV8Y9bNpr79aSESyqdha-U05UalKh-6-6-q6WcZnfKuWvTGGovHh-*QFf6cf9kBKbjOXtM4RfHRZ2uWfPZ5tkS4IjCVWBkUCJ7--QDfFUBHGFKAUf9*9-AWEE&new=1。

盖住了，就踩了上去。这时候后面还有正在下楼的学生不断地从三楼、二楼往一楼走，走在前面的学生被绊倒后，后面的学生又继续往下走。一时间，同学们有的哭、有的喊、有的叫，现场一片混乱，发生了踩踏事故。据学生回忆，当时有老师在现场。

这次踩踏事故，导致6名学生死亡，26名学生受伤，主要是一、二年级学生。当日17时前，受伤学生已全部送往医院，其他学生也陆续被家长接走。

三、法律风险识别与分析

（一）侵权风险

由于校园内学生人员密度大，学生自救能力和应变能力相对较弱等特点，发生校园踩踏事故等校园突发事件导致学生死亡或遭受人身伤害的，学校将面临侵权风险。

本案例中，M小学的日常管理存在明显的疏漏，包括：（1）应当预见但未能预见学生大量涌入楼道存在发生踩踏事故的风险，未采取有效的措施让学生错峰、分批进入楼道；（2）楼道内随意放置物品，导致事故发生；（3）事发时，现场老师未能采取有效的措施来控制事态、减少事故危害。前述疏漏致使踩踏事故发生并造成6名学生死亡、26名学生受伤的严重损害结果。因此，M小学应当就学生遭受的人身损害承担侵权责任。对于该侵权风险的识别与分析，本章第一节已详述，本节不再赘述。

如果校园突发事件是由学校以外的第三人所引起，如校外人员潜入学校劫持学生造成学生人身伤害的事件、学生家长因学生遭遇校园霸凌而潜入学校企图杀害学生的事件，若学校未尽到管理职责，其承担补充责任后，可以向第三人追偿。

（二）违法风险

《未成年人保护法》《突发事件应对法》《未成年人学校保护规定》均规定了学校就防范和处置校园突发事件的相关职责。如果学校未能切实履行校园突发事件防范和处置职责，则学校将面临违法风险。

《未成年人保护法》第37条第1款规定："学校、幼儿园应当根据需要，制定应对自然灾害、事故灾难、公共卫生事件等突发事件和意外伤害的预案，配备相应设施并定期进行必要的演练。"《突发事件应对法》第30条第1款规定："各级各类学校应当把应急知识教育纳入教学内容，对学生进行应急知识教育，培养学生的安全意识和自救与互救能力。"另外，根据《未成年人学校保护规定》第29条第1款的规定，学校应当提供符合标准的教育教学设施、设备等，制定自然灾害、突发事件、极端天气和意外伤害应急预案，配备相应设施并定期组织必要的演练。

本案例中，M小学午休后学生集中涌入楼道的现象想必每天都会出现。但是，M小学显然未意识到这一现象的危险性，学生对踩踏事故风险也缺乏足够的安全意识，当发生踩踏事故时，无论是学生自己还是在场教师均缺乏必要的自救和互救能力。M小学并未能严格依据相关法律规定，切实履行校园突发事件防范和处置职责，因此，M小学面临违法风险。依据《未成年人学校保护规定》的相关规定，学校有可能面临主管教育部门作出的通报批评；情节严重的，学校主要负责人和直接负责人有可能面临相应的处分。①

四、法律风险应对

（一）构建"四维一体"的校园突发事件应对机制

《突发事件应对法》第2条列举了4个维度的突发事件应对活动，分别是：预防与应急准备；监测与预警；应急处置与救援；事后恢复与重建。这4个维度构成了全方位应对突发事件的机制体系。学校在开展校园突发事件应对工作时，应当以上述4个方面作为构建校园突发事件应对机制的立足点，并制定规范有效的防范和处置措施。

（二）建立完善校园突发事件预防与应急准备机制

由于校园突发事件的偶然性特点，绝大部分学校虽然未必会遭遇校园突发事件，但发生校园突发事件的可能性却时刻存在。而且，由于学校是学生集中学习生活的场所，校园突发事件不发生则已，一旦发生，就有可能造成重大的社会危害。因此，学校应当将校园突发事件的预防与应急准备作为校园日常管理的重要方面，制定相应制度，科学开展校园突发事件的预防与应急准备。

在校园突发事件应急准备工作中，如何构建行之有效的校园突发事件应急预案与演练机制，将被动处置校园突发事件转变为主动应对校园突发事件，当属其中最为复杂、最具有难度的工作。从依法治校的视角来思考校园突发事件的应急预案与演练，学校至少可以从以下4个方面来建立和完善校园突发事件的应对流程，具体参见图2-2。

---

① 《未成年人学校保护规定》第59条规定："学校未按本规定建立学生权利保护机制，或者制定的校规违反法律法规和本规定，由主管教育部门责令限期改正、给予通报批评；情节严重、影响较大或者逾期不改正的，可以对学校主要负责人和直接负责人给予处分或者责令学校给予处分。"

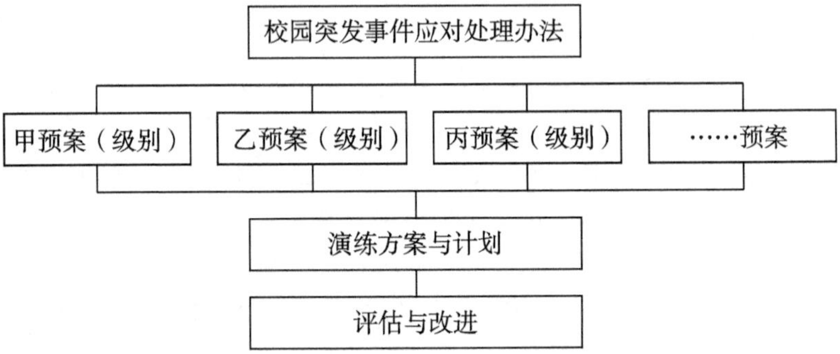

图 2-2　校园突发事件应对流程

1. 制定校园突发事件应对处理办法,明确组织规则和权责分工

校园突发事件应对处理办法应当对本校校园突发事件的应对作出整体描述和提出纲领性的要求,包括目的、范围、制度要求、领导机制、组织管理、权责分工、信息报告等。本书提供《校园突发事件应对处理办法》的文本示例,详见本书第六章示例五。

2. 设计制定应急预案和各类具体制度

校园突发事件应急预案,应当针对不同类型校园突发事件,有针对性地设计制定。[①] 校园突发事件,通常包括以下类型:(1)自然灾害类,如地震、火灾、台风;(2)事故灾难类,如学生集体外出遭遇车祸或其他遇险;(3)公共卫生事件,如重大传染病疫情、化学与危险品外溢等;(4)社会安全事件,如校外风险入侵事件、校园财产损失事件、恐怖事件或战争事件、重大舆情事件;(5)校园特有突发事件,如学生出走、学生坠楼、校园欺凌、学生被食物阻塞气道引发窒息死亡等。

在此基础上,在应急预案的制定过程中,还应当根据校园突发事件的危害程度、影响范围等因素,对应急预案划分相应的类型级别。同时,制定应急预案还应当重视应急措施、流程的可操作性、科学性,符合本学段学生身体、心理特点。

校园突发事件应对的各类具体制度,一般包括应急预案管理制度、演练制度。其中,演练制度应当明确应急预案的演练计划、演练周期以及人员和物资

① 《全国依法治校示范校创建指南(中小学)》第 8.2.2 条规定,"健全学校安全事故预防与处置机制,构建学校安全风险管理体系,有应对安全风险、自然灾害、突发事件的预案,建立有效警校联动机制完备,可及时妥当处置各类突发事件"。

保障事项。①

3. 制定演练方案与计划，构建应急预案定期演练机制

校园突发事件应急预案的生命力在于学校、教师和学生都能切实运用应急预案，在遭遇校园突发事件时挽救生命，将突发事件带来的伤害降到最低。因此，应急预案的演练工作与应急预案的制定具有同等重要性。

学校应当做到按计划定期实施应急预案的演练。每次演练前，应当详细制定演练方案，包括假设场景、演练方式、演练流程、参与人员、演练预期目标等。在演练方式选取上，除了传统的模拟演练外，学校还可以借助校外实训基地或各类技术条件，模拟突发事件环境，令学生和教师能够身临其境地实施演练，取得更好的演练效果。例如，学校可以运用虚拟现实（virtual reality, VR）技术模拟校园突发事件场景，学生置身于虚拟的风险环境中，对画面中出现的突发情况，由学生通过手持遥控设备作出选择。这类新颖的演练方式，可以令原本抽象的应急演练变得鲜活起来，不仅提高了学生的兴趣，还有助于触发学生的身体记忆，提升学生应对突发事件的能力。

4. 构建应急预案评估与改进机制

校园突发事件应急预案评估与改进机制，是确保应急预案科学性、可行性的重要保证。通过对应急预案演练过程和结果的分析，总结经验、发现不足，并基于这些经验融合不足，不断改进已有的应急预案和相关制度，提升学校应急预案与演练机制的整体水平。

（三）构建校园突发事件监测与预警机制

构建校园突发事件监测与预警机制，可以从两个方面的工作展开。

1. 构建严格校园封闭管理机制

学生在校期间，学校应当对校园实行封闭管理，禁止无关人员和车辆进入校园。校园封闭管理机制应当包含以下工作机制：(1)校园出入证机制；(2)入校排查、登记和领入机制；(3)入校车辆管理机制；(4)入校检查机制；(5)规范快递管理。

2. 构建专业的校园安保管理机制

校园安保人员，必须具备必要的专业技能，并且通过必要的背景调查如性

---

① 《未成年人保护法》第37条第1款规定："学校、幼儿园应当根据需要，制定应对自然灾害、事故灾难、公共卫生事件等突发事件和意外伤害的预案，配备相应设施并定期进行必要的演练。"《未成年人学校保护规定》第29条第1款规定："学校应当建立健全安全风险防控体系，按照有关规定完善安全、卫生、食品等管理制度，提供符合标准的教育教学设施、设备等，制定自然灾害、突发事件、极端天气和意外伤害应急预案，配备相应设施并定期组织必要的演练。"

侵违法犯罪信息查询等①。学校要聘用专业保安服务公司提供的保安员，在岗保安员要具备处置突发事件、履行学校日常安保职责的身体素质和专业技能，无犯罪记录，具备保安资质，经过必要的培训。

在此简要描述上海市政府对于该市校园安保工作的要求，希望可以为读者提供思路。上海市人民政府办公厅《关于本市加强中小学幼儿园安全风险防控体系建设的实施意见》明确要求："小学、幼儿园在上学、放学高峰时段，要在'一门两保安'的基础上，叠加聘请 2 名保安员协同守护，并建立健全接送安全管理制度，因地制宜设置家长接送、等待区域。""学校根据校园及周边治安、交通环境实际，合理设置防冲撞设施"。

(四)构建校园突发事件应急处置与救援机制

构建校园突发事件应急处置与救援机制，整体上可以分为 3 个层面：

第一个层面是依据校园突发事件应对预案，实施各类紧急应对措施，防止学生遭受人身伤害，降低人身伤害风险，防止已经出现的伤害结果扩大。

第二个层面是妥善应对校园突发事件带来的学生人身伤害以外的负面影响，如负面舆情应对、纠纷化解、损失分担等。有关校园突发事件引发网络舆情的应对，具体内容详见本书第五章第五节。

第三个层面是依法及时做好信息报送和信息公开，通过畅通的信息渠道提高校园突发事件的应急处置效率，同时避免因信息通报不及时引起负面舆情。例如，某学校意外发现校内存在放射性物质，当即向上级教育主管部门、公安部门、卫生行政部门和环境保护行政部门报告，并在配合相关执法人员开展现场调查后，及时向学生和家长通报调查过程和结果。

(五)构建事后恢复与重建机制

校园突发事件只是暂时的，校园突发事件的主要影响消除后，学校还是需要正常运转的。那么，学校应如何通过构建校园突发事件事后恢复与重建机制，科学地做好管理工作呢？

1. 要做好不良影响评估工作

对校园突发事件中的人员伤亡和财产损失等情况进行评估，不仅要评估显性的人身伤害和物质层面的损失，更要重视对隐性的学生、教职工心理层面影响的评估。在评估的过程中，要客观面对现实，杜绝弄虚作假。

---

① 最高人民检察院、教育部、公安部《关于建立教职员工准入查询性侵违法犯罪信息制度的意见》第 5 条第 1 款规定："学校新招录教师、行政人员、勤杂人员、安保人员等在校园内工作的教职员工，在入职前应当进行性侵违法犯罪信息查询。"

2. 要重视对学生的心理救援

依据《未成年人保护法》的规定，学校有义务对学生进行心理健康辅导。① 校园突发事件的事后恢复与重建工作中，针对学生的心理救援工作是不容忽视的重要工作之一。初步的心理救援，以心理安抚为主，可以由学校心理健康辅导教师、班主任、专业心理咨询师，通过谈话的方式，安抚学生情绪、协助重建积极乐观的心理状态，并且及时发现学生中可能存在的心理异常。对于心理状况有异常的学生，学校应及时会同学生家长，寻求更为专业的心理指导。在此简要介绍深圳市某学校开展心理救援的做法。深圳市某学校联系所属街道，希望对相关学生及时进行心理危机干预，以维护学生的心理健康，降低突发事件的不良影响。街道立即启动危机干预联动机制，联系街道心理服务机构开展心理危机干预工作。心理服务机构收到消息后立即进行了紧急调配，成立危机干预行动小组，分 6 个小组对 3 个班级的学生进行心理评估和团体危机干预。②

3. 关注学校声誉的恢复

校园突发事件的发生有时会使学校被社会舆论包围，学校的社会声誉可能因此受损，甚至有一些谣言会影响学校和社会的稳定。因此，消除这些不良的社会舆论对学校来说也是事后恢复工作的重要内容。关于学校声誉恢复的具体措施详见本书第五章第五节。

本章小结

本章以 10 个案例为切入点，围绕学校对学生的教育教学职责、学籍管理职责和安全保障职责所衍生出的各项工作，识别相应的法律风险并提出应对建议。诚然，围绕学校与学生之间的法律关系，值得探讨的事项远不止本章提及的内容。本章更多地希望通过探讨学校与学生之间法律关系中最具代表性的事项，抛砖引玉，为学校依法治校工作和风险管理提供启发和思路。

---

① 《未成年人保护法》第 30 条规定："学校应当根据未成年学生身心发展特点，进行社会生活指导、心理健康辅导、青春期教育和生命教育。"

② 《【华康简讯】9 月 18 日学校突发事件危机干预》，载微信公众号"深圳华康心理"2021 年 9 月 18 日，https://mp. weixin. qq. com/s? __biz = Mzg4NTg5NDQ3MQ = = &mid = 2247499360&idx = 1&sn = 2a51c812e5c074bbf6cedf4334c950d8&source = 41#wechat_redirect。

第三章　学校与教职工

本章概要

百年大计，教育为本；教育大计，教师为本。教职工是依法治校的直接推动者和具体实践者。学校严格教职工管理，维护教职工权益，保障教职工参与民主管理和民主监督权利，是深入推进依法治校、实现学校现代化管理的重要内容。

本章将围绕学校日常管理中可能遇到的法律风险提出应对建议。例如，依照《教师法》《教师资格条例》的规定认定教师资格；依法聘任具有相应资格的教师；依法与教职工签订聘用合同，尊重教师权利，落实和保障教师待遇；建立校内教职工申诉渠道，依法公正、公平解决教职工与学校的争议，维护教师合法权益等。在法律依据方面，虽然《事业单位人事管理条例》对事业单位工作人员的聘用及聘用合同的履行、终止和解除等内容作出了规定，但各省市在事业单位聘用合同管理方面仍存在一定的差异。因此，本章在对上海市的相关案例进行分析时，分别在第二节、第三节和第六节引用了《上海市事业单位聘用合同管理办法》的相关规定；在第五节引用了《上海市人口与计划生育条例》和《上海市女职工劳动保护办法》的相关规定。

第一节　学校应确保从事教育教学工作的人员具备教师资格

教师资格是国家对从事教育教学工作人员的基本要求，取得教师资格是从事教师工作的前提条件。1994 年 1 月 1 日起施行的《教师法》首次以法律形式正式确立了教师资格制度；之后，国务院和教育部又分别颁布了《教师资格条例》和《〈教师资格条例〉实施办法》，标志着我国正式开始全面实施教师资格制度；2010 年 7 月，国务院发布的《国家中长期教育改革和发展规划纲要（2010—2020 年）》提出“完善并严格实施教师准入制度，严把教师入口关”，进一步明确了教师资格准入的基本要求。因此，各级各类学校应当在教师人事管理中，严格落实教师资格准入制度。

本节主要从教职工招聘实务角度出发，简要介绍学校录用未取得教师资格人员从事教育教学工作的法律风险，以及学校如何通过健全的教职工聘用制度和招聘流程规避相应的法律风险。

一、要点问题

1. 学校应当如何建立教师聘用制度？

2. 招聘教师应当遵循何种程序？

3. 教师资格准入如何融入日常人事管理工作？

二、案例：教师因伪造教师资格证书被学校解除聘用合同

2018 年 5 月，Y 市教育系统的事业单位向社会公开招聘教师。李某通过招聘考试的笔试及面试后，在对应的资格审核环节，向资格审核小组提供了 Z 市教育局签发的日期为 2018 年 7 月 25 日的幼儿园教师资格证书，并顺利通过了招聘资格审核。同年 9 月，李某进入 C 幼儿园担任教师，双方签订了《事业单位聘用合同书》，合同期限为 2018 年 9 月 1 日至 2021 年 8 月 31 日。

2019 年 1 月，李某被举报在教师资格审核中提交的教师资格证书涉嫌造假。C 幼儿园针对举报人反映的情况，与李某进行了谈话。李某陈述其在教师资格审核时提供的签发日期为 2018 年 7 月 25 日的幼儿园教师资格证书已在搬家时遗失，并向 C 幼儿园提供了补办的签发日期为 2018 年 8 月 20 日的教师资格证书。为证实李某的陈述，C 幼儿园就李某提供的两份不同日期的幼儿园教师资格证书向 Z 市教育局致函核实。Z 市教育局复函称，李某持有的日期为 2018 年 8 月 20 日的幼儿园教师资格证书为其签发，但日期 2018 年 7 月 25 日的幼儿园教师资格证书并非其发出的证书，李某也从未申请补办证书。

最终，C 幼儿园以李某在应聘过程中提供虚假信息，违反了《2018 年 Y 市教育系统事业单位公开招聘教师公告》中关于“报考人员须诚信报名。提交虚假报考材料的，一经查实，即取消报考、考试或聘用资格。有伪造、变造学历、学位、职称等证件或工作经历证明等行为的，按规定追究个人责任，涉嫌犯罪的，移送司法机关处理”的规定，解除了与李某的人事聘用合同。

李某不服 C 幼儿园的处理决定，先后向劳动人事仲裁委员会和人民法院申请仲裁和起诉，要求 C 幼儿园继续履行聘用合同。

法院经审理认定，李某在参加 2018 年教师招聘的资格审核时事实上未取得教师资格证书，并不具备应聘的资格条件，李某持伪造的教师资格证书通过资格审查，即便在签订聘用合同时李某已经取得了教师资格证书，也不能改变前述事实。C 幼儿园依据《2018 年 Y 市教育系统事业单位公开招聘教师公告》和《事业单位人事管理条例》的相关规定，与李某解除聘用合同具有充分的法律依据和事实依据。因此,法院对李某继续履行聘用合同的诉讼请求不予支持。

三、法律风险识别与分析

(一)违法风险

安排未取得教师资格的人员从事教育教学工作,学校将面临违法风险。

根据《事业单位人事管理条例》的规定,C幼儿园作为事业单位,新聘用教职工,应当面向社会公开招聘,并通过制定公开招聘方案,公布招聘岗位、资格条件等招聘信息,审查应聘人员资格条件,考试、考察等一系列程序合格之后方能订立聘用合同,办理聘用手续。另外,根据《教育法》和《教师法》的规定,我国实行教师资格制度,在各类学校和其他教育机构中从事教育教学工作的前提条件是依法取得教师资格。此外,针对民办学校,《民办教育促进法》和《民办教育促进法实施条例》同样规定,民办学校聘任的教师或者教学人员应当具备相应的教师资格或者其他相应的专业资格、资质。由此可见,禁止聘任未取得教师资格人员从事教育教学工作是学校在人事管理工作中不得逾越的一条红线。除此之外,不同学段学校对应的教师资格也有严格的区分,不得随意混用。《教师资格条例》第4条第1款将教师资格细分为7类(见表3-1):

表3-1 教师资格分类

序号	分　类
1	幼儿园教师资格
2	小学教师资格
3	初级中学教师和初级职业学校文化课、专业课教师资格(以下统称初级中学教师资格)
4	高级中学教师资格
5	中等专业学校、技工学校、职业高级中学文化课、专业课教师资格(以下统称中等职业学校教师资格)
6	中等专业学校、技工学校、职业高级中学实习指导教师资格(以下统称中等职业学校实习指导教师资格)
7	高等学校教师资格

取得教师资格的公民,可以在本级及其以下等级的各类学校和其他教育机构担任教师;但是,取得中等职业学校实习指导教师资格的公民只能在中等专业学校、技工学校、职业高级中学或者初级职业学校担任实习指导教师。高级

中学教师资格与中等职业学校教师资格相互通用。

本案例中，李某明知自己不具备应聘幼儿园教师的资格条件，却提供伪造的幼儿园教师资格证书通过资格审查，继而签订人事聘用合同，其行为违反法律规定，C 幼儿园据此解除人事聘用合同，符合《事业单位人事管理条例》的相关规定。李某因使用伪造的教师资格证书，也应当承担相应的法律后果，教育行政部门依据《〈教师资格条例〉实施办法》的规定，按弄虚作假、骗取教师资格处理，撤销李某的教师资格，并自撤销之日起 5 年内不得重新申请认定教师资格。

人力资源和社会保障部、教育部、司法部等七部委曾于 2020 年发布《关于应对新冠肺炎疫情影响实施部分职业资格"先上岗、再考证"阶段性措施的通知》，明确"对中小学、幼儿园、中等职业学校教师资格实施'先上岗、再考证'阶段性措施，凡符合教师资格考试报名条件和教师资格认定关于思想政治素质、普通话水平、身体条件等要求的高校毕业生，可以先上岗从事教育教学相关工作，再参加考试并取得教师资格"。在其后的 2021 年和 2022 年，不少省份的教职工招聘工作仍然延续了"先上岗、再考证"政策，使大量考试受影响的应届高等学校毕业生有机会先进入学校上岗从事相关工作，再参加考试并取得教师资格。但"先上岗、再考证"政策并不意味着突破了教师资格准入制度的红线。首先，应届高等学校毕业生上岗后，在取得教师资格之前，应当主要从事辅助性的工作，不宜独立承担一门课的讲授任务或幼儿园带班任务。其次，应届高等学校毕业生在学校签订聘用合同时，需约定试用期(一般为 1 年)，并在试用期内取得教师资格；未能取得教师资格的，学校应依法解除聘用合同。因此，"先上岗、再考证"政策对学校的招聘及后续人事管理工作也提出了更高的要求。

(二)侵权风险

除了前述违法风险外，聘任不具备教师资格的人员从事教育教学工作，还可能导致学校面临侵权风险。

教师作为高度专业化的职业，需要经过较长时间的专门职业化训练，需要具备教育的专业知识和技能，这不仅要求教师熟练掌握所教授学科的知识，也要求教师了解学生的成长规律。只有这样才能做到"行为世范，学为人师"。不具备教师资格的人员，囿于专业能力的缺乏，在工作中更容易由于失职发生学生校园人身伤害事故。如果校园人身伤害事故进入诉讼程序，法院有较大的可能会因学校违反教师资格准入制度，聘用不具备教师资格的人员从事教育教学工作，从而认定学校未充分尽到教育机构的教育、管理职责，进而判决学校承担相应的侵权责任。

四、法律风险应对

(一)建立和完善教职工聘用制度

学校是教师资格准入制度的具体执行者,但是受到编制、经费等因素制约,实务中有些学校还是存在未取得教师资格证书的人员从事教育教学工作的客观情况。对此,学校可以通过制定完善教职工聘用制度,对聘用组织机构和工作程序作出具体规定,在招聘过程中更严格地落实教师资格准入制度,具体如下:

1. 设立专门的聘用工作组织机构

学校可以设立校内聘用工作组织机构,专门负责教职工的聘用工作。聘用工作组织机构一般由学校人事部门负责人、学科负责人和工会代表组成,根据需要也可以聘请教育专家和法律顾问参加。学校公开招聘教职工应实行回避制度,学校负责人员和招聘工作人员对涉及与本人有亲属关系或者其他可能影响招聘公正情况的,应当予以回避。

2. 规范招聘和录用程序

学校聘用教职工应遵循公开招聘、公平竞争、择优录用的原则,并可按照以下程序执行:

(1)学校独立开展或配合上级教育行政部门开展教职工招聘都应制定招聘计划。

(2)向社会公开发布招聘岗位及其职业资格、聘用条件、工资待遇等招聘信息。学校公开招聘教职工,不应设置诸如性别、民族、党派、宗教信仰等歧视性条件,以免引发不必要的平等权法律纠纷。

(3)受理应聘人员的申请,对其资格、条件进行初审。在初审过程中,学校应落实对应聘人员提交的教师资格证书的审查,有必要的,可以向签发教师资格证书的教育行政部门进行函证,确认资格证书的真实性。

(4)对通过初审的应聘人员进行考试、考核。

(5)安排通过考试、考核的应聘人员接受身体检查。

(6)根据考试、考核结果,确定拟聘人员名单并公示。

(7)公示期满后,学校与受聘人员签订聘用合同,办理聘用手续等其他工作程序。对于适用“先上岗、再考证”政策的应届高等学校毕业生,可在签订聘用合同时,约定为期1年的试用期,并明确约定在试用期内未能取得教师资格的,学校将依法解除聘用合同。

(二)将教师资格准入融入日常人事管理工作

1. 对于不具备教师资格的人员,安排从事辅助性工作

对于尚未取得教师资格的教职工,学校应当安排其主要从事辅助性的工

作，不应安排其独立承担单独的课程讲授任务或幼儿园带班任务，对于实验课、体育课等存在一定风险的课程，应尽量避免尚未取得教师资格的教职工参与。同时，学校可以安排教龄长、教育经验丰富的教师对尚未取得教师资格的教职工进行带教，提高其教育专业能力。

2. 进行教师资格的定期核查

学校应当根据《教师资格条例》《〈教师资格条例〉实施办法》《中小学教师资格定期注册暂行办法》等法律法规，定期对聘用教师的教师资格进行核查，对于不具备法定资格、资质的教师提请教育行政部门分别采取暂缓注册、撤销教师资格等措施。

第二节　聘期未届满，教职工是否有权解除聘用合同

学校作为事业单位实行教职工聘用制度，应当按照国家有关法律和政策的要求与受聘教职工在平等自愿、协商一致的基础上签订聘用合同，明确双方与工作有关的权利和义务。虽然有关合同变更和终止的条件、违反聘用合同的责任等条款是法定的聘用合同的必备内容，但通常情况下却容易被学校忽视。

本节通过教职工违反聘用合同中关于提前解除合同的特别约定的案例，简要介绍学校在面对教职工提前解除聘用合同时的法律风险，并探讨学校通过教职工管理和解聘制度应对相关法律风险的可能性。

一、要点问题

1. 聘期未届满，教职工是否有权解除聘用合同？

2. 教职工提前解除聘用合同，学校是否有权要求教职工支付违约金？

3. 学校应当如何完善教职工人事管理和解聘制度？

二、案例：教职工未按照聘用合同约定，单方面提前解除聘用合同

S 小学系上海市一家事业单位。袁某于 2011 年 7 月入职 S 小学担任教师，属于在编人员。双方先后签订多份聘用合同，最后一份聘用合同期限为 2020 年 7 月 1 日至 2023 年 6 月 30 日。在聘用合同中，双方约定如下事项：“1. 根据学校工作的特点，乙方（教师）须在每年的 5 月底，向甲方（学校）提出解除聘用合同的申请，双方协商一致后，甲方将于当年的六月给予乙方明确答复。2. 根据学校工作的特点，乙方在学年初或学年中提出解除聘用合同，未能与甲方协商一致，对学校正常教育教学秩序造成影响的，乙方应承担相应的违约责任，并支付违约金 20,000 元。”

2021 年 8 月 13 日，袁某因个人原因向 S 小学提交辞职报告，并自 2021 年

8月23日起未再上班。S小学于2021年8月16日收到辞职报告，于2021年9月1日回复袁某，经学校校务会议讨论，由于学校工作需要，不同意袁某的离职申请。

2021年9月16日，袁某向劳动人事争议仲裁委员会申请仲裁，要求S小学办理退工手续；S小学提出反申请，要求袁某支付违约金20,000元。

劳动人事争议仲裁机构作出裁决，对双方的请求均不予支持。袁某和S小学不服裁决，分别向法院起诉。法院经审理认为，按照国务院《事业单位人事管理条例》的规定，事业单位工作人员提前30日书面通知事业单位，可以解除聘用合同，但是，双方对解除聘用合同另有约定的除外。现双方在聘用合同中明确约定，根据学校工作特点，教师须在每年5月底提出解除聘用合同的约定。袁某既已签订聘用合同，理应知晓并遵守该约定。同时，根据《上海市事业单位聘用合同管理办法》的规定，聘用合同对受聘人员的违约行为约定违约金的，仅限于违反服务期约定和违反保守单位秘密约定两种情形。S小学与袁某的聘用合同中未约定服务期，袁某单方面解除聘用合同的行为也未违反保守单位秘密的义务。因此，法院最终判决：对袁某要求S小学办理退工手续的诉讼请求，不予支持；对S小学要求袁某支付违约金20,000元的诉讼请求，不予支持。

三、法律风险识别与分析

（一）违法风险

学校与教职工订立的聘用合同应当符合法律法规的规定，否则将面临违法风险。本案例中，正是由于聘用合同约定的违约金条款违反了《上海市事业单位聘用合同管理办法》的规定，法院才对S小学要求袁某支付违约金的诉讼请求不予支持。

学校作为事业单位实行教师聘用制度。根据《关于在事业单位试行人员聘用制度的意见》的规定，学校与教职工应当按照国家有关法律和政策的要求，在平等自愿、协商一致的基础上，通过签订聘用合同，明确双方与工作有关的权利和义务。聘用合同必须包含聘用合同期限、岗位及其职责要求、岗位纪律、岗位工作条件、工资待遇、聘用合同变更和终止的条件及违反聘用合同的责任等条款，且相关条款的具体约定应当符合《教师法》《事业单位人事管理条例》等有关法律法规的规定。

《上海市事业单位聘用合同管理办法》第18条规定："聘用合同当事人可以对由聘用单位出资招聘、培训或者提供其他特殊待遇的受聘人员的服务期作出约定。"第20条第1款规定："聘用合同对受聘人员的违约行为约定违约金的,仅限于下列情形:(一)违反服务期约定的;(二)违反保守单位秘密约定的。"本案例中,在袁某在职期间S小学并未对其进行过培训,双方的聘用合同也未约定服务期;同时,袁某也未违反保守单位秘密的义务,因此,法院未支持S小学主张袁某支付违约金的请求。

(二)违约风险

在聘用期间,任何一方不得随意解除聘用合同,教职工非因法定或聘用合同约定的事由或违反程序解除聘用合同的,则教职工构成违约,学校将面临违约风险。

《事业单位人事管理条例》第17条规定:"事业单位工作人员提前30日书面通知事业单位,可以解除聘用合同。但是,双方对解除聘用合同另有约定的除外。"本案例中,双方的聘用合同中明确约定,根据学校工作的特点,教职工须在每年的5月底,向学校提出解除聘用合同的申请,双方协商一致后,学校于当年的6月给予明确答复。基于教育工作的特殊性,学校在安排教师工作时,需要考虑课程安排,保障学年教学稳定,因此教师与其他事业单位员工工作性质有所不同。一般学校每年会在每学年的第二学期期末前安排好下一学年的师资,6月召开新生家长会,暑假进行新生家访,因此,S小学才会与袁某约定提出辞聘的时间为每年5月底。双方聘用合同中约定该条款是合理且符合教学特点的,若教师可随时提出辞聘,将影响学校的正常教学安排及学生的学习进度,学校也难以开展教学管理。

四、法律风险应对

(一)建立和完善教职工聘用和管理制度

为了避免教职工在聘用期间随意解除聘用合同,保证教学安排的稳定,学校可通过制定教职工聘用和管理制度,对教职工辞聘的理由和程序等事项作出明确规定。具体而言,有下列情形之一的,受聘教职工可以单方面解除聘用合同:(1)在试用期内的;(2)考入全日制普通高等院校或科研院所的;(3)被录用、选调或聘任到国家机关工作的;(4)依法服兵役的;(5)学校未按照聘用合同约定支付工资报酬、提供工作条件和福利待遇的;(6)学校以暴力、胁迫或者非法限制人身自由等手段强迫工作的。

除以上情形外,受聘教职工需要提前解除聘用合同的,应当在学期结束前的一定期限内提前书面通知学校,方可在学期结束时解除聘用合同。受聘教职工违反规定解除聘用合同,给学校造成损失的,应当承担赔偿责任。学校可以根据自身教学的实际需要,对提前解除的时限予以约定,例如,学校和教职工可以在聘用合同中作以下具体约定:"基于乙方(教职工)工作岗位的特殊性,若乙方(教职工)提前提出解除聘用合同的,除本聘用合同约定的情形外,乙方(教职工)需在学期结束前的至少3个月向甲方(学校)递交书面解除申请,在学期结束后乙方方可离职。”此外,学校在与教职工订立聘用合同时,也应当注意聘用合同相关解除条款的约定与教职工聘用和管理制度的规定保持一致性。

除此之外,对于学校提供培训或者其他特殊待遇的受聘教职工,学校还可以通过在聘用合同中增加服务期及违约金的约定,约束受聘教职工随意提前解除聘用合同的违约行为。

(二)加强教职工的教育培训

实务中,学校在教职工违约解除聘用合同时往往处于被动地位,相关的聘用和管理制度对于教职工随意解除聘用合同的约束力薄弱。因此,学校要加强教职工聘用和管理制度的宣传和教育工作,提高教职工的合规诚信意识。例如,在教职工签订聘用合同时,就向教职工明确在受聘期间的权利与义务,并告知违约提前解除聘用合同的影响和后果。同时,学校可在日常人事管理中发挥工会的积极作用,及时了解和掌握教职工辞聘原因,做好教职工的沟通引导和挽留工作,提前化解矛盾纠纷。

(三)规范教职工离职的管理

对于符合法定或约定事由解除或终止聘用合同的教职工,学校可以参考企业的离职管理流程,要求教职工在离职前完成学校已交办的工作;做好家长和学生的沟通解释工作;配合办理与接任教师的交接工作,并且协助学校处理各项未了事宜,尽量减少对教学工作的影响;履行保密和个人信息保护义务,不得发布有损学校或师生的言论。

对于因辞职、辞退发生纠纷的,学校应当与教职工协商解决,也可提请校内纠纷调处委员会或上级教育行政部门进行调解。无法通过协商、调解的方式解决纠纷的,可向劳动人事争议仲裁机构提起仲裁,对仲裁裁决结果不服的,可依法向人民法院提起诉讼。

第三节　学校是否有权解聘违法违纪教职工

在上一节中,我们讨论了教职工在聘用期满前单方面解除聘用合同的情形。实践中,除了教职工提前解除聘用合同外,还会遇到学校需要单方面解除聘用合同的情形。根据《上海市事业单位聘用合同管理办法》的规定,当受聘人员存在过错行为时,聘用单位单方面解除聘用合同的情形可区分为“可以解除”和“应当解除”两种情况。

本节通过学校违反法律规定程序解除聘用合同的案例,具体介绍学校解除聘用合同的不同情形,以及学校在行使法定解除权时的法律风险,并探讨应对相应法律风险的措施。

一、要点问题

1. 在哪些情形下,学校可以或应当解除聘用合同?

2. 学校是否有权直接解聘违法违纪的教职工?

3. 对于违法违纪的教职工,学校应当遵循何种处分程序?

二、案例:在教职工处分立案调查期间,学校不得解除聘用合同

魏某系上海市 B 高中教师,属于编制内事业单位工作人员。2019 年 8 月 29 日,魏某因在朋友家中参与赌博被公安机关抓获。当日,公安机关对魏某作出行政拘留 10 日并处罚款 500 元的处罚决定,并将相关情况通报 B 高中。

2019 年 9 月 9 日,B 高中将教师魏某因赌博受到行政处罚一事呈报上级教育行政主管部门 N 区教育局。2019 年 9 月 16 日,N 区教育局根据人事管理权限向 B 高中下发行政处分立案通知书,主要内容为:“B 高中:根据《事业单位工作人员处分暂行规定》第 24 条有关规定,经研究现决定对魏某的违法违纪问题立案调查。依照相关规定,立案调查期间,未经立案机关同意,不得批准被调查人出境、出国、出差、辞职或对其进行调动、提拔、奖励;被调查人暂不参加年度考核。请你单位对调查工作予以配合,特此通知。”

2019 年 11 月 22 日,B 高中召开教职工周会,会议内容为“教师魏某就错误行为作检讨”。会议中,魏某表示对参与赌博和行政拘留处罚均不认可,并因情绪失控与主持会议的校长陆某发生语言冲突。当日,B 高中向魏某发出解除聘用合同通知书,内容为“鉴于魏某在聘用期间存在因赌博受到行政拘留处罚等情形,严重违反教师职业道德,我单位于 2019 年 11 月 22 日解除与魏某的聘用合同”。2019 年 11 月 25 日,B 高中将与魏某解除聘用合同的情况呈报 N 区教育局。

N 区教育局收到 B 高中与魏某解除聘用合同的相关情况后,立即通知 B 高中,N 区教育局已对魏某违法违纪行为立案调查,根据《事业单位工作人员处分暂行规定》第 25 条(现为《事业单位工作人员处分规定》第 26 条)的规定,“立案调查期间,不得解除聘用合同”,并责令 B 高中恢复与魏某的聘用合同。

2020 年 1 月,N 区教育局下发《关于给予魏某降低岗位等级处分的决定》,内容为“根据《事业单位工作人员处分暂行规定》第 5 条、第 21 条(现为《事业单位工作人员处分规定》第 4 条、第 22 条)的规定,经研究决定,给予魏某降低岗位等级处分,处分期为 24 个月。本决定自 2020 年 1 月 20 日起生效。如对

本决定不服,可自收到本决定之日起30日内向本机关申请复核”。

三、法律风险识别与分析

学校作为事业单位,应当严格遵守法律规定行使聘用合同解除权,在非法定解除情形或暂缓解除的情况下,学校单方面与受聘教职工解除聘用合同将面临违法风险。

事业单位是为了社会公益目的,由国家机关举办或者其他组织利用国有资产举办的,专门从事教育、科技、文化、卫生等活动的社会服务组织,因此,事业单位的人事管理有别于一般的企业,主要依据《事业单位人事管理条例》《关于在事业单位试行人员聘用制度意见》《事业单位岗位设置管理试行办法》等规定,实行特别的事业单位人事管理制度(事业单位仅指适用《事业单位人事管理条例》的一般事业单位,参照《公务员法》管理的事业单位除外)。

根据《上海市事业单位聘用合同管理办法》的规定,事业单位单方面解除聘用合同的法定情形可区分为“非过失性解除”“可以解除”“应当解除”。非过失性解除,是指《上海市事业单位聘用合同管理办法》第32条规定的情形,具体为:“受聘人员具有下列情形之一的,聘用单位可以解除聘用合同,但是应当提前30日以书面形式通知受聘人员,或者额外支付受聘人员一个月工资:(一)受聘人员患病或者非因工负伤,医疗期满后,不能从事原工作也不能从事聘用单位安排的其他工作的;(二)受聘人员年度考核不合格且不同意调整工作岗位,或者连续两年年度考核不合格的;(三)聘用合同订立时所依据的客观情况发生重大变化,致使原聘用合同无法履行,经当事人协商不能就变更聘用合同达成一致的。”

“可以解除”,又称过失性解除,具体情形规定在《上海市事业单位聘用合同管理办法》第31条中。受聘人员具有下列情形之一的,聘用单位可以书面通知受聘人员,单方面解除聘用合同:(1)在试用期内被证明不符合本岗位要求又不同意单位调整其工作岗位的;(2)连续旷工超过15个工作日或者1年内累计旷工超过30个工作日的;(3)未经聘用单位同意,擅自出国或者出国逾期不归的;(4)违反工作规定或者操作规程,发生责任事故,或者失职、渎职,造成严重后果的;(5)严重扰乱工作秩序,致使本单位、其他单位工作不能正常进行的;(6)被判处拘役、管制的;(7)法律、法规规定的其他情形。

与“可以解除”情形相对,“应当解除”的具体情形规定在《上海市事业单位聘用合同管理办法》第29条中。受聘人员具有下列情形之一,聘用单位应当解除聘用合同:(1)试用期满考核不合格的;(2)被判处有期徒刑(含)以上刑罚的;(3)受到开除处分的;(4)在公开招聘中违反规定存在违规违纪行为的;

(5)法律、法规规定的其他情形。

事业单位工作人员的行为受《事业单位工作人员处分规定》的规制，任何违法违纪行为，都应依法受到处分。本案例中，根据《事业单位工作人员处分规定》第26条第2款的规定，被调查的事业单位工作人员在案件立案调查期间，不得解除聘用合同、出境，所在单位不得对其交流、晋升、奖励或者办理退休手续。《上海市事业单位聘用合同管理办法》第34条也作出了类似规定："受聘人员在行政处分立案调查期间或正在接受纪律审查或监察调查尚未作出结论的，暂缓办理解除、终止聘用合同手续，受聘人员的工资福利待遇，依法依规进行确定。"因此，本案例中魏某因参与赌博活动被上级教育行政部门立案调查期间，属于法定的暂缓解除情形，B高中无权擅自解除聘用合同。立案调查期间，B高中仅可以根据人事管理权限暂停魏某职务，待上级教育行政部门调查完毕并根据魏某行为的情节严重程度对其作出给予警告、记过、降低岗位等级或开除处分决定后，再对魏某进行考核、工资待遇、解聘等人事管理。如果魏某就B高中的解聘行为向劳动人事争议仲裁机构申请仲裁，要求B高中支付赔偿金，则劳动人事争议仲裁机构可能认定B高中构成违法聘用合同，并裁决B高中按照《劳动合同法》第47条和第87条的相关规定，按魏某在B高中的工作年限计算经济补偿的2倍标准向魏某支付赔偿金。[①]

四、法律风险应对

(一)完善教职工聘用管理制度，细化过失性解除的情形

虽然《事业单位人事管理条例》《上海市事业单位聘用合同管理办法》等都对受聘人员存在过错行为时，事业单位可以或应当单方面解除聘用合同的情形作出了规定，但学校基于教学工作的特殊性，依然有必要通过校内聘用管理制度对法定的解除情形进行细化，以下通过表3-2列举对《上海市事业单位聘用合同管理办法》第31条的部分款项的细化建议作示例说明：

---

① 《劳动合同法》第47条规定："经济补偿按劳动者在本单位工作的年限，每满一年支付一个月工资的标准向劳动者支付。六个月以上不满一年的，按一年计算；不满六个月的，向劳动者支付半个月工资的经济补偿。劳动者月工资高于用人单位所在直辖市、设区的市级人民政府公布的本地区上年度职工月平均工资三倍的，向其支付经济补偿的标准按职工月平均工资三倍的数额支付，向其支付经济补偿的年限最高不超过十二年。本条所称月工资是指劳动者在劳动合同解除或者终止前十二个月的平均工资。"第87条规定："用人单位违反本法规定解除或者终止劳动合同的，应当依照本法第四十七条规定的经济补偿标准的二倍向劳动者支付赔偿金。"

表 3-2 《上海市事业单位聘用合同管理办法》对法定解除情形的细化建议

法律规定		细化建议
第 31 条:受聘人员具有下列情形之一的,聘用单位可以书面通知受聘人员,单方面解除聘用合同(部分款项)	连续旷工超过 15 个工作日或者 1 年内累计旷工超过 30 个工作日的	根据教学工作安排的需要,本条所指 1 年期限按照学年计算,不包含寒暑假
	违反工作规定或者操作规程,发生责任事故	教职工工作不负责任,发生教学责任事故,给学校或学生造成较大损失,或者造成其他严重后果的
	失职、渎职,造成严重后果的	在教育教学活动中遇突发事件、面临危险时,不顾学生安危,擅离职守,自行逃离
		在招生、考试、推优、保送及绩效考核、岗位聘用、职称评聘、评优评奖等工作中徇私舞弊、弄虚作假
		其他严重违反教师职业道德的行为(可参考本章第十节的相关内容)

（二）严格遵循教职工违法违纪处分程序

除通过建立和完善学校聘用管理制度,进一步明确学校在哪些情况下有权单方面解除聘用合同外,对于存在违法违纪的教职工,学校应当遵循《事业单位工作人员处分规定》中关于调查处理的权限和程序的要求,在处分决定生效后,依法执行处分决定。对于受到开除处分的受聘教职工,学校应当解除聘用合同,终止人事聘用关系。从本案例结果看,魏某最终受到了降低岗位等级的处分,B 高中应当自处分决定生效之日起对魏某降低一个以上岗位等级聘用,并调整其工资待遇。

对违法违纪的教职工的处分,学校可按照图 3-1 所示的程序进行处理:

图 3-1 学校对违法违纪的教职工的处分程序

1. 学校发现教职工存在违法违纪行为，需要进一步查证的，及时向上级教育行政部门报告，由上级教育行政部门按照人事管理权限进行立案。

2. 立案后，对被调查的教职工的违法违纪行为作进一步调查，收集、查证有关证据材料，并形成书面调查报告。

3. 将调查认定的事实及拟给予处分的依据告知被调查的教职工，听取其陈述和申辩，并对其所提出的事实、理由和证据进行复核，记录在案。被调查的教职工提出的事实、理由和证据成立的，应予采信。

4. 按照处分决定权限，对教职工作出以下决定：给予警告、记过、降低岗位等级或撤职、开除的处分，免予处分，或者撤销案件。

5. 将处分决定以书面形式通知受处分的教职工，并在一定范围内宣布，受到开除处分的，学校应与其解除聘用合同。

6. 执行处分，并将处分决定存入受处分事业单位工作人员的档案。

第四节　学校应妥善安置患不适宜从事教学工作疾病的教师

教师的重要职责是教书育人，他们是学生的引导者。教师身心健康，是教师整体素质提高与教育教学质量提升的基础和保障。

本节通过教师患有精神性疾病，学校将其调离教学工作岗位的案例，简要介绍教师患有哪些疾病是不适宜从事教学工作的，并探讨学校遇到此类情况的应对措施。

一、要点问题

1. 不适宜担任教育教学工作的疾病有哪些？

2. 教师因患有不适宜从事教学工作的疾病，造成学生人身损害的，学校是否承担侵权责任？

3. 教师身患不适宜从事教学工作的疾病，学校可采取哪些应对措施？

二、案例：教师患有精神性疾病，学校将其调离教学工作岗位

曹某 2017 年 3 月进入 K 小学任教，担任语文教师。双方签订书面聘用合同，聘用期限为 2017 年 3 月 15 日至 2020 年 3 月 14 日。

2018 年下半年开始，曹老师由于工作压力经常出现失眠、头痛、心烦多虑等症状，精神状态十分不好，甚至影响到日常教学工作。因此，曹老师向学校请假就医，后经医院诊断为重度抑郁症，伴精神病性症状。K 小学遂安排曹老师病假休养。病假期间，学校工会定期组织探望曹老师。

2019 年 4 月，曹老师康复后向 K 小学申请恢复教师工作岗位，但 K 小学认

为曹老师的身体状况不适宜从事教学工作,因此将其调岗到学校档案室担任管理工作。曹老师不服学校决定,向K小学教职工申诉委员会提出申诉。教职工申诉委员会受理申诉后,积极组织沟通调解,耐心地给曹老师分析相关法律规定,并联系学校工会解决其工作上、思想上的困难。最终,曹老师接受了学校的调岗工作安排。

三、法律风险识别与分析

(一)违法风险

从事教育教学工作的教师应具备相应的身体条件。一般而言,不适宜担任教学工作的疾病一般可分为两类:一类是传染性疾病,诸如肺结核、病毒性肝炎、性病类等;另一类是可能产生暴力倾向或心理扭曲的精神疾病或有精神病史、癔症史。学校应当确保从事教育教学工作的教师无传染性疾病或精神病史,否则将面临违法风险。

《教师资格条例》第6条规定:"教师资格条件依照教师法第十条第二款的规定执行,其中'有教育教学能力'应当包括符合国家规定的从事教育教学工作的身体条件。"《〈教师资格条例〉实施办法》第8条第3项进一步明确,教育教学能力应当"具有良好的身体素质和心理素质,无传染性疾病,无精神病史,适应教育教学工作的需要,在教师资格认定机构指定的县级以上医院体检合格"。《中小学幼儿园安全管理办法》第35条第1款规定:"学校教职工应当符合相应任职资格和条件要求。学校不得聘用因故意犯罪而受到刑事处罚的人,或者有精神病史的人担任教职工。"不仅是教师,在幼儿园从事保育、医务工作的人员和其他工作人员也应当符合无传染性疾病和精神病史的要求。例如,《幼儿园管理条例》第9条第2款规定:"慢性传染病、精神病患者,不得在幼儿园工作。"《托儿所幼儿园卫生保健管理办法》第14条第3款规定:"精神病患者、有精神病史者不得在托幼机构工作。"

因此,学校有义务保证担任教学工作的教师未患有传染性疾病且无精神病史。如学校未履行对教师患传染病情况及精神病史的监督管理职责,导致学生身心受到严重侵害,主管教育部门应当依据《未成年人学校保护规定》第58条的规定,对学校主要负责人和直接责任人给予处分或者责令学校给予处分;情节严重的,应当移送有关部门查处,构成违法犯罪的,依法追究相应法律责任。因监管不力、造成严重后果而承担领导责任的校长,5年内不得再担任校长职务。

本案例中,曹老师患精神疾病,K小学认为其不适宜从事教学工作,因此对其进行调岗的行为符合法律规定。

(二)侵权风险

根据《学生伤害事故处理办法》第 9 条第 5 项的规定,学校知道教师或者其他工作人员患有不适宜担任教育教学工作的疾病,但未采取必要措施造成的学生伤害事故,学校应当依法承担相应的责任。因此,如学校明知教职工患有精神疾病或有精神病史,仍然安排其从事教学工作,给学生造成伤害,则该行为属于《民法典》规定的学校未尽到教育、管理职责的行为,学校将承担相应的侵权责任。

四、法律风险应对

(一)定期组织教师健康检查,建立教师健康档案

生活中,很多对教师工作没有实际体验的人会认为,教师工作轻松,每天无非上几节课,每年还有寒暑假休息。殊不知教师由于平时教学工作量大,往往忽视自身的健康状态,加之缺乏体育锻炼、饮食结构不合理等生活方式因素,以及社会经济地位、社会支持、婚姻、家庭等社会因素的综合影响,教师已然成为各类疾病的高发人群。《教师法》第 29 条规定:"教师的医疗同当地国家公务员享受同等的待遇;定期对教师进行身体健康检查,并因地制宜安排教师进行休养。医疗机构应当对当地教师的医疗提供方便。"《托儿所幼儿园卫生保健管理办法》第 14 条第 2~3 款规定:"托幼机构应当组织在岗工作人员每年进行 1 次健康检查;在岗人员患有传染性疾病的,应当立即离岗治疗,治愈后方可上岗工作。精神病患者、有精神病史者不得在托幼机构工作。"第 19 条进一步规定,"聘用未进行健康检查或者健康检查不合格的工作人员的"或"未定期组织工作人员健康检查的","由卫生行政部门责令限期改正,通报批评;逾期不改的,给予警告;情节严重的,由教育行政部门依法给予行政处罚"。由上述法律规定可见,定期组织教师健康检查是学校的法定义务。学校应当将教师身心健康列为重要工作内容,通过定期教师健康检查,排查教师是否患有不适宜从事教学工作的疾病。学校可制定相应定期健康检查制度,明确教师体检的范围、项目和标准等,特别是将精神性疾病一并列入检查项目。学校还可以建立教师健康档案,对教师的身心健康状况进行动态跟踪,了解教师的健康变化趋势,使教师能够及时了解自身的健康状况,做到有疾病早治疗,无疾病早预防。同时,学校应当注重对患病教师的隐私和个人信息的保护,不得歧视或区别对待患病教师,以免给患病教师造成心理上的二次伤害,导致病情加重或久治不愈。

(二)缓解教师日常工作压力,解决教师身心健康隐患

除通过定期健康检查外,学校工会可以通过组织形式多样的教职工文体竞赛活动,加强教师体育锻炼,丰富教师业余生活,缓解教师日常工作压力。此

外,学校还可以不定期地邀请医疗专家、心理咨询专家开展讲座及咨询活动,帮助教师了解心理疾病和精神疾病的基础知识,使教师清楚认识到精神疾病是可以治疗的疾病,缓解教师情绪。

(三)完善教职工岗位管理制度

"具有良好的身体素质和心理素质,无传染性疾病,无精神病史,适应教育教学工作的需要"是从事教学工作的基本要求,根据《未成年人学校保护规定》第37条的规定,学校发现拟聘人员或者在职教职工有精神病史的,有严重酗酒、滥用精神类药物史的,有其他可能危害未成年人身心健康或者可能造成不良影响的身心疾病的,应当对有关人员是否符合相应岗位要求进行评估,必要时可以安排有专业资质的第三方机构进行评估,并将相关结论作为是否聘用或者调整工作岗位、解聘的依据。因此,学校应当通过教职工岗位管理制度明确规定,如教职工患有不适宜担任教学岗位工作的疾病,学校有权采取下列措施:(1)要求教职工到指定的第三方机构进行评估;(2)依据教职工的评估结论,决定教职工担任教学岗位或非教学岗位工作;(3)对于原担任教学岗位工作,但不适宜继续从事教学工作的教职工进行调岗;(4)对于拒不配合第三方机构评估或调岗的教职工,将按照旷工处理;(5)对于隐瞒病史或患病情况的教职工,解除聘用合同。

此外,学校还需要对教学岗位和非教学岗位的岗位要求、职责规范、工作内容、薪酬待遇等分别予以规定,以避免发生人事争议。

第五节　学校应规范教职工的休假管理

2021年修正的《人口与计划生育法》明确规定"国家支持有条件的地方设立父母育儿假"。根据《人口与计划生育法》的要求,《上海市人口与计划生育条例》于2021年11月进行了修订,特别将生育假由原先的30日延长到了60日,并增设了育儿假。但新修订的《上海市人口与计划生育条例》施行后,实务中育儿假的实施情况却不尽如人意,有的教职工不清楚育儿假如何休,有的学校搞不懂育儿假如何放,造成了"有假难休"的尴尬局面。

本节通过教职工申请休育儿假的案例,探讨学校根据教学工作的需要,通过规章制度合理安排教职工育儿假的可能性,并延展探究学校如何健全完善教职工休假管理相关制度。

一、要点问题

1. 学校可以不批准教职工的育儿假申请吗?

2. 学校有权根据教学管理需要安排教职工的休假日期和休假天数吗?

3. 学校如何提高教职工休假管理制度的可执行性?

二、案例:学校拒绝教职工的育儿假休假申请

王老师是 P 小学三年级一班的班主任。2022 年 1 月 3 日,王老师向学校人事部门负责人项老师申请在 1 月 18 日休育儿假,原因是想为 2 岁的女儿庆祝生日。由于没有遇到过此类在临近学期末申请休育儿假的情况,所以项老师没有立即同意王老师的休假申请,而是答复此事需要向学校领导汇报。随后,针对王老师的育儿假申请是否应当准假的问题,P 小学特别召开了行政会议进行讨论。会议中,校长指出依据《P 小学的休假管理制度》的规定,由于学校工作的需要,每学期的第一周和最后一周教职工原则上不休假或调休。王老师提出的育儿假申请虽然具有合理性,但不属于婴幼儿需要照护的紧急情况,而且考虑到班主任在学期末还有学生考评、假期安全教育等学期结束工作需要完成,最终行政会议还是决定对王老师的育儿假申请不予批准。

王老师对学校不批准休育儿假的决定表示不理解,认为自己平时教学任务繁重,工作之余鲜有时间陪伴女儿,现在要请假为女儿庆生是人之常情,况且育儿假是《上海市人口与计划生育条例》明确规定的 3 周岁以下婴幼儿父母应当享有的假期。虽然学期结束前工作确实较多,但自己提前十多天申请休假,学校完全可以作出相应的调整安排,因此学校应当予以准假。

学校人事部门负责人项老师向王老师解释了休假管理制度的规定以及学期结束相关工作的重要性,并为王老师的女儿订了生日蛋糕和祝福卡片。王老师也表示愿意克服困难,另外安排时间陪女儿过生日。

同时,项老师从申请休育儿假的这件事中也发现学校现有的休假管理制度对育儿假的申请时间、申请流程等都未作出具体规定。因此,项老师就修订完善《P 小学的休假管理制度》一事向学校工会提交书面提案,并交由学校教职工代表大会审议。最终,经过广泛听取意见、讨论和投票表决通过后,P 小学对《P 小学的休假管理制度》进行了修订完善。

三、法律风险识别与分析

实行计划生育是我国的基本国策,育儿假、生育假和婚假等作为积极生育支持措施,对推动实现适度生育水平、优化人口结构、促进人口长期均衡发展发挥着至关重要的作用。因此,落实执行育儿假、生育假和婚假等休假制度是各机关、企事业单位协助计划生育管理的法定义务。如学校不依法执行育儿假、生育假和婚假等休假规定,在没有合理理由的情况下,直接拒绝教职工的休假申请,将面临违法风险。

《上海市人口与计划生育条例》第31条第3~4款规定："符合法律法规规定生育的夫妻,在其子女年满三周岁之前,双方每年可以享受育儿假各五天。育儿假期间的工资,按照本人正常出勤应得的工资发给。鼓励用人单位采取有利于照顾婴幼儿的灵活休假和弹性工作措施,支持家庭生育、养育。"育儿假的增设旨在缓解父母育儿困难,引导和强化父母双方共同育儿的理念,促进男女共担育儿责任,共同平衡工作与家庭责任,提高育龄群体生育意愿和生育水平。虽然《上海市人口与计划生育条例》对育儿假的享受条件、天数和休假期间的工资作出了规定,但是对于员工申请育儿假的方式、材料提交,以及用人单位的审批流程等都未作出具体规定,这就对用人单位的休假管理提出了较高的要求,用人单位需要在法律规范的框架内,按照单位实际用工需求,制定内部规章制度对育儿假的申请与安排、审批与驳回、提交材料的标准等事项进行细化,切实落实育儿假的执行,保障员工的合法权益。因此,学校有权根据自身教育教学的实际需要安排教职工休育儿假。

本案例中,教师在学期末申请育儿假虽然是P小学在教职工休假管理中遇到的新问题,但学校依据相对完善的休假管理制度,最终及时妥善化解了教师申请育儿假与教学工作安排之间发生冲突的问题,并且在制度执行中,学校也通过给过生日的教职工子女订蛋糕和祝福卡片的方式,体现了管理的人性化一面,充分体现了制度管理和人文关怀的和谐统一。同时,学校及时发现了现有休假管理制度的不足之处,并通过民主程序对制度进行了优化和完善,切实保障了教职工的权益。

在教职工的休假管理实务中,除育儿假外,学校还会可能遇到如婚假、丧假、产前假、哺乳假、病假、探亲假、调休等休假安排问题。一些学校对于休假的管理相对简单,仅在规章制度中规定教职工休假按照国家相关法律法规的规定执行,这可能为将来发生人事劳动争议埋下隐患。

四、法律风险应对

(一)建立完善的教职工休假管理相关制度

规章制度是学校科学管理、依法治校的根本保障。休假管理作为学校人事管理中的一项重要内容,关系着每一位教职工的切身利益。因此,建立与学校教育教学需求相符的具有可执行性的教职工休假管理制度,是学校应对人事劳动争议法律风险最为行之有效的措施。实务中,教职工的休假管理与考勤管理密不可分,因此,多数学校会将休假管理的相关内容纳入考勤管理制度,本书提供《学校考勤管理制度》的文本示例,请参见本书第六章示例六。

具体而言,学校应当基于教育工作的特殊性,有针对性地对不同休假情形的适用条件、申请方式、审批流程、证明材料提交要求、休假期间工资待遇等问题作出相应的规定。除法定休假日和寒暑假外，教职工的休假一般包括下列情形：

1. 事假

事假一般指劳动者因处理私人事务或其他个人原因休假。学校实行寒暑假制度，教职工一般可利用寒暑假期办理私人事务。因此，实务中多数学校在事假申请方面都规定，教职工原则上应利用寒暑假期、法定休假日和休息日办理私人事务，只有在发生紧急性事务需要处理的情况下，方可申请事假。对于教职工的事假申请，学校应当根据教职工请假的具体情况，遵循一事一议、特事特批的原则进行审批。

2. 病假

教职工患病或非因工负伤需要治疗或休息的，应当休病假。教职工申请病假的，应当向学校提供医疗机构出具的诊断证明和病休证明书。对于长期病休的教职工病愈要求恢复工作的，学校可要求其提交书面复工申请和医疗机构出具的可恢复工作的诊断证明。教职工在病假期间的工资应当按照国务院《国家机关工作人员病假期间生活待遇的规定》的规定计发。

3. 婚育假

(1)婚假

教职工申请婚假的，应当自婚姻登记之日起 1 年内提出。考虑到学校教学工作的特殊性，学校可以在休假管理制度中对教职工申请婚假的时间作出相应规定。例如，规定在学期开始和学期末等教学任务较重时教职工不得申请婚假，以避免因教职工休婚假对教学工作安排造成影响。

(2)产假、生育假

女教师生育可享受 98 天产假，其中产前可以休假 15 天；难产的，增加产假 15 天；生育多胞胎的，每多生育 1 个婴儿，增加产假 15 天。女教师怀孕未满 4 个月流产的，享受 15 天产假；怀孕满 4 个月流产的，享受 42 天产假。另外，根据原国家教育委员会《关于女教师产假有关问题的复函》的规定，女教师产假若正值寒暑假期间，其寒暑假休假时间可以顺延。

由《上海市人口与计划生育条例》的规定可知，符合法律法规规定生育的女教师，除产假外，还可以再享受 60 天生育假；男教师陪产的，可享受 10 天陪产假。

(3)产前假、哺乳假

除此之外，根据《上海市女职工劳动保护办法》和上海市卫生健康委员会

《关于本市医疗机构依法开具产前假和哺乳假有关疾病证明的通知》的规定，女职工妊娠28周以上，如工作许可，经单位批准，可以请产前假两个半月；经二级及以上医疗保健机构证明有习惯性流产史和严重的妊娠并发症、妊娠合并症等可能影响正常生育的，本人提出申请，单位应当批准其产前假；产假结束后，女职工若有困难且工作许可，经单位批准，可以请哺乳假6个半月；经二级及以上医疗保健机构证明患有产后严重影响母婴身体健康疾病的，本人提出申请，单位应当批准其哺乳假。产前假和哺乳假期间的工资按女职工原工资的80%计发。

(4)育儿假

学校可以根据教学工作安排的需要对育儿假的申请时间和单次使用天数等问题作出规定。如果教职工因婴幼儿照护方面的紧急事由申请育儿假的，学校可根据实际情况，遵循一事一议、特事特批的原则进行审批。

4. 丧假

一般情况下，教职工的直系亲属（父母、配偶、子女、祖父母、外公婆、兄弟姐妹）、直系姻亲（公婆、岳父母）死亡时，可以申请丧假。学校可根据具体情况，批准1~3天的丧假。

值得注意的是，对于一些学校聘请的外籍教职工，他们和普通教职工一样依法享受病假、产假、产前假和哺乳假等休假待遇，但是婚假、陪产假、生育假和育儿假，这类基于计划生育政策的奖励休假并不完全适用于外籍教职工。学校可以通过与外籍教职工的劳动合同，对婚假、陪产假、生育假和育儿假等休假作出明确约定。

(二)贯彻执行休假管理相关制度

好的制度不应只流于纸面，休假管理相关制度只有真正在实务中贯彻落实，才能起到提高学校科学管理水平、依法保障教职工合法权益的作用。因此，学校在人事管理中应当始终坚持依法治校理念，严格执行休假管理的规定，特别是需要落实学校人事部门的管理主体责任，加强对休假申请与审批流程的管理，对于未按照规定请假的教职工应当依规作旷工处理。同时，在休假管理中应当突出“以人为本”的理念，对于确有特殊情况的教职工，应当遵循一事一议、特事特批的处理原则，既要落实制度规范，也要体现对教职工的人文关怀，真正做到管理制度与人文关怀的协调统一，提高教职工的幸福感和归属感。

(三)不断优化休假管理制度

好的制度不应是一成不变的，只有经过实践不断完善的制度才能焕发更长久的生命力。对于休假管理实践中出现的新情况、发现的新问题，学校应当及时启动规章制度修订程序，通过教职工代表大会等民主程序对休假管理相关制度进行调整和完善,更好地维护教职工的劳动权益。

第六节　学校应维护因工受伤教职工的合法权益

工伤,顾名思义是因工受伤,具体是指职工在从事职业活动或与职业活动有关的活动时所遭受的意外伤害。在普遍认知中,在工作时间、工作场所因工作原因导致的伤害属于工伤,但在实践中,涉及工伤的情形可能复杂多样,在上下班途中遭遇交通事故是否属于工伤?参加单位旅游受伤能否认定为工伤?

本节通过教职工参加学校组织的体育训练活动导致受伤的案例,简要介绍法定的工伤及视同工伤的情形,以及学校在教职工发生工伤时面临的法律风险,并探讨学校可以通过哪些具体措施来应对相关的法律风险。

一、要点问题

1. 哪些情形属于工伤,哪些情形又视同工伤?
2. 学校有义务为受伤教职工提出工伤认定申请吗?
3. 教职工被认定为工伤后,学校作为用人单位应当承担哪些责任?

二、案例:教职工参加学校组织的体育训练活动导致工伤

2019 年 12 月,W 中学下发《关于举办 Z 区教育系统单位迎新羽毛球比赛的通知》,教师顾某积极响应号召报名代表 W 中学参加比赛。2019 年 12 月 20 日,W 中学通知参加比赛的教职工下班后可在学校体育馆进行训练。当日下班后,顾某和其他 3 位报名参加羽毛球比赛的教职工来到学校体育馆训练。训练中,顾某不慎摔倒导致右膝关节受伤,送医后诊断为"右膝半月板损伤,右膝交叉韧带损伤"。

2020 年 1 月,顾某要求 W 中学为其申请工伤认定。但 W 学校认为,顾某参加羽毛球训练是在下班以后的非工作时间,且该训练活动是自愿参加的非强制性活动,与工作无关,不属于工伤,因此拒绝申请工伤认定。2020 年 4 月,顾某自行向 W 中学所在地的社会保险行政部门提出工伤认定申请。2020 年 5 月,社会保险行政部门向顾某作出《不予认定工伤决定书》,决定书主要内容为:"顾某系 W 中学教师。2019 年 12 月 20 日 18:30 许,顾某在 W 中学体育馆参加打羽毛球活动中,摔倒导致右膝关节受伤。顾某受到的事故伤害,不符合《工伤保险条例》第十四条、第十五条认定工伤或视同工伤的情形,决定不予认定或视同工伤。"

顾某不服社会保险行政部门作出的《不予认定工伤决定书》,遂向法院提起行政诉讼。法院经审理后认定,虽然顾某参加的是羽毛球比赛前的训练,但

训练的目的是代表 W 中学参加教育系统的羽毛球比赛,且训练场地为学校体育馆,共同参与训练的同伴也都是报名参加羽毛球比赛的教职工,因此顾某的行为应当作为参加单位组织活动,视为工作原因。社会保险行政部门作出不予认定工伤的决定的行政行为事实不清、证据不足,应予以撤销。最终,法院判决:撤销社会保险行政部门作出的《不予认定工伤决定书》,责令对顾某的事故伤害重新作出认定。

三、法律风险识别与分析

根据《工伤保险条例》第 17 条第 1 款的规定,职工发生事故伤害或者按照《职业病防治法》规定被诊断、鉴定为职业病,所在单位应当自事故伤害发生之日或者被诊断、鉴定为职业病之日起 30 日内,向统筹地区社会保险行政部门提出工伤认定申请。遇有特殊情况,经报社会保险行政部门同意,申请时限可以适当延长。由此可见,为受伤或患职业病的职工提出工伤认定申请是用人单位的法定义务,用人单位未在法定时限内提交工伤认定申请,则将面临违法风险。如用人单位未在事故伤害发生之日或被诊断、鉴定为职业病之日起 30 日的法定期限内申请工伤认定,则需要负担因此产生的工伤待遇等有关费用。

此外,根据《上海市事业单位聘用合同管理办法》的规定,因工负伤,经治疗伤情相对稳定后,经劳动能力鉴定机构鉴定为 1~4 级伤残等级的,聘用单位不得依据该管理办法第 31 条第 1 项、第 32 条解除聘用合同。可见,对于鉴定结果为丧失或部分丧失劳动能力(1~4 级伤残)的因工负伤教职工,学校作为用人单位不得随意解除聘用合同,否则将面临违法解除聘用合同的法律风险。

具体哪些情形才属于工伤?《工伤保险条例》第 14 条和第 15 条分别规定了 7 种应当认定为工伤和 3 种视同工伤的情形(见表 3-3)。

表 3-3 应当认定为工伤和视同工伤的情形

应当认定为工伤的情形	视同工伤的情形
在工作时间和工作场所内,因工作原因受到事故伤害的	在工作时间和工作岗位,突发疾病死亡或者在 48 小时之内经抢救无效死亡的
工作时间前后在工作场所内,从事与工作有关的预备性或者收尾性工作受到事故伤害的	在抢险救灾等维护国家利益、公共利益活动中受到伤害的
在工作时间和工作场所内,因履行工作职责受到暴力等意外伤害的	职工原在军队服役,因战、因公负伤致残,已取得革命伤残军人证,到用人单位后旧伤复发的

续表

应当认定为工伤的情形	视同工伤的情形
患职业病的	
因工外出期间，由于工作原因受到伤害或者发生事故下落不明的	
在上下班途中，受到非本人主要责任的交通事故或者城市轨道交通、客运轮渡、火车事故伤害的	
法律、行政法规规定应当认定为工伤的其他情形	

从表3-3中我们可以看出，工伤认定必须具备“工作时间”“工作场所”“工作原因”3个要素，即职工受到的伤害须是在工作时间和工作场所内，由工作原因引起的。但对这3个要素也并不能单单作狭义上的理解。对于“工作时间”的理解，除了通常的劳动时间外，还包括上下班途中、加班期间、临时接受工作任务期间、因工外出期间等，其中因工外出期间，既包括职工受用人单位指派或者因工作需要在工作场所以外从事与工作职责有关的活动期间，也包括职工受用人单位指派外出学习或者开会期间以及职工因工作需要的其他外出活动期间①。关于“工作场所”，也不仅仅指狭义上的劳动场所，还包括指派外出的工作场所及上下班途中等。其中，上下班途中主要包含在合理时间内往返于工作地与住所地、经常居住地、单位宿舍的合理路线的上下班途中，在合理时间内往返于工作地与配偶、父母、子女居住地的合理路线的上下班途中，从事属于日常工作生活所需要的活动且在合理时间和合理路线的上下班途中等情形②。关于“工作原因”，值得特别注意的是，在工作过程中职工解决或满足合理必需的

---

①　最高人民法院《关于审理工伤保险行政案件若干问题的规定》第5条规定：“社会保险行政部门认定下列情形为‘因工外出期间’的，人民法院应予支持：（一）职工受用人单位指派或者因工作需要在工作场所以外从事与工作职责有关的活动期间；（二）职工受用人单位指派外出学习或者开会期间；（三）职工因工作需要的其他外出活动期间。职工因工外出期间从事与工作或者受用人单位指派外出学习、开会无关的个人活动受到伤害，社会保险行政部门不认定为工伤的，人民法院应予支持。”

②　最高人民法院《关于审理工伤保险行政案件若干问题的规定》第6条规定：“对社会保险行政部门认定下列情形为‘上下班途中’的，人民法院应予支持：（一）在合理时间内往返于工作地与住所地、经常居住地、单位宿舍的合理路线的上下班途中；（二）在合理时间内往返于工作地与配偶、父母、子女居住地的合理路线的上下班途中；（三）从事属于日常工作生活所需要的活动，且在合理时间和合理路线的上下班途中；（四）在合理时间内其他合理路线的上下班途中。”

生理需要如喝水、用餐、上厕所等,因与职工的正常工作密不可分,一般认为属于工作原因的延伸。

发生上述法定的工伤或视同工伤的情形,是否一定会被认定为工伤呢?答案显然是否定的,这不得不提到工伤认定的另一项重要原则——无过错原则。根据《工伤保险条例》第16条的规定,如果职工是因故意犯罪、醉酒或者吸毒、自残或者自杀导致事故而受伤,不得认定为工伤或者视同工伤。此外,在上下班途中遭遇交通事故,必须是非职工主要责任,否则也无法认定为工伤。

本案例中,教师顾某为代表W中学参加羽毛球比赛而在训练中受伤,应当视为符合工伤认定的三要素。根据人力资源和社会保障部《关于执行〈工伤保险条例〉若干问题的意见(二)》第4条的规定,职工在参加用人单位组织或者受用人单位指派参加其他单位组织的活动中受到事故伤害的,应当视为工作原因,但参加与工作无关的活动除外。此外,原国务院法制办公室也就类似问题发出《对〈关于职工参加单位组织的体育活动受到伤害能否认定为工伤问题的请示〉的复函》(国法秘函〔2005〕311号):"作为单位的工作安排,职工参加体育训练活动而受到伤害的,应当依照《工伤保险条例》第十四条第(一)项中关于'因工作原因受到事故伤害的'的规定,认定为工伤。"W中学没有在教师顾某受伤之起30日内为其申请工伤认定,将要负担自顾某受伤之日起至顾某自行提出工伤认定申请之日止的工伤待遇等有关费用。

四、法律风险应对

(一)事前依法缴纳工伤保险费

根据《社会保险法》和《工伤保险条例》的规定,用人单位应当参加工伤保险,为本单位的全部职工缴纳工伤保险费;应当参加工伤保险而未参加工伤保险的用人单位的职工发生工伤的,由该用人单位按照法律规定的工伤保险待遇项目和标准支付费用。虽然发生工伤属于小概率事件,但如果用人单位未依法缴纳工伤保险费,哪怕只要发生一次工伤事故,用人单位都将可能面临医疗费用、伙食补助费、生活护理费用、一次性伤残补助金等费用的巨额支出。实务中,绝大多数情况下学校已经为建立聘用关系的教职工依法缴纳工伤保险费,但对于劳务派遣、劳务外包等未实际和学校建立劳动关系的其他用工关系,却往往疏于管理,导致发生工伤后,学校无奈涉诉,成为工伤保险待遇纠纷仲裁或诉讼的被申请人或被告。对此,建议学校加强劳务派遣、劳务外包类用工关系的管理,在相关用工服务协议中明确约定派遣服务单位和外包服务单位的工伤保险费(社会保险费)缴纳义务,并督促派遣服务单位和外包服务单位依法为职工缴纳工伤保险费。

(二)事中规范工伤处置流程

1. 积极救治工伤的教职工

根据《工伤保险条例》第 4 条第 3 款的规定,职工发生工伤时,用人单位应当采取措施使工伤职工得到及时救治。由于教职工的工伤事故多发生在学校,因此学校作为用人单位应当承担及时救治的责任,如采取必要的急救措施防止伤情加重、及时将职工转移至医院、必要时垫付职工的医疗费等。

2. 及时上报事故

如果发生工伤的事故现场是在校园内,且导致教职工死亡或受重伤,学校首先应根据《生产安全事故报告和调查处理条例》第 9 条第 1 款的规定,在 1 小时内向事故发生地县级以上人民政府安全生产监督管理部门和负有安全生产监督管理职责的教育行政部门报告。报告事故应当包含事故发生单位概况,事故发生的时间、地点,以及事故现场情况、事故的简要经过等。

3. 提出工伤认定申请

学校作为用人单位是工伤保险的“第一责任人”,需要根据《工伤保险条例》的规定判断发生事故的职工是否构成工伤。

如果教职工的受伤构成工伤,学校应当在事故发生之日起 30 日内向社会保险行政部门提出工伤认定申请;如果是劳务派遣或劳务外包职工受伤构成工伤,学校应责成派遣服务单位或外包服务单位提出工伤认定申请。学校作为用人单位申请工伤认定时需要向社会保险行政部门提交工伤认定申请表、聘用合同等证明教职工与学校存在聘用关系或劳动关系(包括事实劳动关系)的材料、医疗诊断证明等。

如无法确定教职工受伤是否构成工伤,学校可建议教职工本人或家属确认发生事故的时间、经过等情况并就上述情况形成详细的书面文件,然后向社会保险行政部门提出工伤认定申请,并在社会保险行政部门调查取证时积极配合,如实陈述事故发生情况,由社会保险行政部门确认是否构成工伤。

如学校可以确认教职工的受伤不构成工伤,建议学校及时告知教职工或家属可在事故发生之日起 1 年内自行申请工伤认定。必要时,学校也可以委托法律顾问向教职工或家属释明自行申请工伤认定的途径和需要收集的相关证据。

(三)事后保障工伤待遇

1. 支付停工留薪期工资福利待遇

根据《工伤保险条例》第 33 条第 1 款和第 3 款的规定,职工因工作遭受事故伤害或者患职业病需要暂停工作接受工伤医疗的,在停工留薪期内,原工资福利待遇不变,由所在单位按月支付。生活不能自理的工伤职工在停工留薪期需要护理的,由所在单位负责。教职工在停工留薪期内应当视为正常出勤,因此学校应当依法保障原工资福利待遇不变。这里的工资是指教职工在发生工伤前 12 个月的平均工资。如果教职工工伤导致生活不能自理,学校可采取派人护理、购买护理服务或对受伤教职工护理的亲属给予补贴的方式解决。

2. 协助办理工伤待遇兑付和劳动能力鉴定申请

对于因公受伤、行动不便的教职工,学校可接受委托到社会保险行政部门申领医疗费用、住院伙食补助费、辅助器具费、一次性医疗补助金等工伤待遇,并将申领到的工伤待遇及时发放给教职工。对于发生工伤可能导致残疾或影响劳动能力的教职工,学校可在治疗伤情相对稳定后及时向劳动能力鉴定委员会提出鉴定申请。

3. 定期探望、关怀停工留薪期的教职工

学校可发挥工会的探望帮扶职能,定期组织探望慰问,帮助停工留薪期的教职工解决实际生活困难;对有需求的教职工,还可以进行心理疏导和情绪支持,帮助他们渡过难关。

4. 妥善安置因工致残的教职工

对于因工致残的教职工,学校应当依据不同的伤残等级,根据《工伤保险条例》的规定,对教职工作出工作安排,具体如下:

(1)对于因工致残被鉴定为 1~4 级伤残的教职工,学校应当保留与其的聘用关系(劳动关系),教职工退出工作岗位,由工伤保险基金按月支付伤残津贴,直至到达法定退休年龄并办理退休手续。

(2)对于因工致残被鉴定为 5 级和 6 级伤残的教职工,学校应当保留聘用关系(劳动关系),安排适当工作。难以安排工作的,学校应当依法按月发放伤残津贴。教职工本人提出解除或终止聘用合同(劳动合同)的,学校应当依法支付一次性伤残就业补助金。

(3)对于因工致残被鉴定为 7~10 级伤残的教职工,学校应当在聘用合同(劳动合同)期满终止,或教职工本人提出解除聘用合同(劳动合同)时,向教职工支付一次性伤残就业补助金。

第七节　发挥校内教师申诉委员会的调处职能

随着教师资格制度和教师聘任制度的广泛推行,教职工与学校之间因聘用、职务评聘、学术评价、年度考核、奖惩、教职工待遇等方面的纠纷也不断增加。因此,建立校内教职工申诉机制,对于依法妥善、便捷地内部处理教职工与学校之间的纠纷、保护教职工的合法权益及促进和谐校园的建设，具有十分重要的意义。

本节通过教师对职务评聘结果不服提出申诉的案例，探讨建立和完善校内教职工申诉机制的相关问题。

一、要点问题

1. 教职工权益被侵害，该去哪里申诉？

2. 校内教师申诉委员会由哪些成员组成？

3. 学校应当如何建立和完善校内教职工申诉机制？

二、案例：教师对职务评聘结果不服，向教师申诉委员会提出申诉

2020年9月，S市教育评估院下发《关于开展2020年S市中小学教师高级职称评审工作的通知》，其中高级职称的评审程序分为：(1)个人申报；(2)学校审核；(3)上级教育行政部门的学科评审；(4)教师高级专业技术职务任职资格评审委员会的最终审定。

H高中数学教师吕某参加当年度中学教师高级职称评聘，并向H高中聘任委员会提交了申报材料，聘任委员会在对吕某的教育教学能力进行评定后，认为其未达到评聘条件，因此没有向区教育局推荐报送吕某。吕某不服H高中聘任委员会的决定，遂向H高中教师申诉委员会提出复核学校审核过程的申诉。

H高中教师申诉委员会受理吕某的申诉后，组织了听证会。除申诉人吕某、被申诉部门聘任委员会的代表外，各年级数学教研负责人作为专家、学校法律顾问作为旁听人员也参加了听证会。听证会中，教师申诉委员会听取了吕某的陈述和聘任委员会代表的答辩，对吕某提供的高级职称申报材料、聘任委员会提供的吕某教育教学能力评定意见进行了调查，并咨询了各年级数学教研负责人的意见，最终认定吕某教学课时量不足，聘任委员会作出的吕某教育教学能力未达到高级职称评聘条件的评定意见正确，应予以维持。

三、法律风险识别与分析

校内教职工申诉机制是学校管理中专门针对教职工的权利救济机制，它是指教职工对学校作出的处分决定或者考核结论不服，或者认为学校的处理及其他管理行为侵害其合法权益的，依据校内申诉制度向学校提起申诉，请求处理或重新决定，从而使教职工的合法权益依法受到保护的一种机制。

2012年11月，教育部在《全面推进依法治校实施纲要》中明确要求“学校要设立教师申诉或者调解委员会，就教师因职责权利、职务评聘、年度考核、待遇及奖惩等，与学校及有关职能部门之间发生的纠纷，或者对学校管理制度、规范性文件提出的意见，及时进行调处，做出申诉结论或者调解意见。教师申诉或者调解委员会应当有广泛的代表性和权威性，成员应当经教职工代表大会认可”。该纲要虽然不具备法律的强制力，但是依然推动了学校纷纷建立校内教职工申诉渠道，并将其作为健全校内纠纷解决机制的重要措施。

2021 年 11 月，教育部发布《教师法（修订草案）（征求意见稿）》（以下简称《草案》），向社会公开征求意见。相较于现行的《教师法》中仅规定教师可以“向教育行政部门提出申诉”的校外申诉渠道，《草案》特别增设了校内教师申诉的相关规定。《草案》第 49 条规定：“教师对学校或者其他教育机构做出的处分决定或者考核结论不服，或者认为学校的处理及其他管理行为侵害其合法权益的，可以在六十日内向学校或者其他教育机构提起申诉。学校或者其他教育机构应当设立由学校相关负责人、教师代表、有关专业人员组成的教师申诉处理委员会，负责处理教师提起的申诉并做出决定。”虽然该《草案》仍然处于修订草案阶段，但全国人民代表大会常务委员会已将其列入预备审议项目。

虽然校内教职工申诉机制目前尚没有明确的法律规定，但是校内教职工申诉机制作为教职工权利救济的有效途径，其建立和实施在化解学校与教职工之间纠纷、依法维护教职工合法权益方面发挥着重要作用，教育部也将“建立教师申诉制度并有效运行”列为全国依法治校示范校创建的具体标准之一。因此，建立和实施校内教职工申诉制度应当成为学校管理工作的重要内容，教职工申诉机制的缺失可能导致学校面临违法风险。

本案例中，H 高中教职工申诉委员会按照教职工申诉制度受理教师吕某的申诉后，组织听证充分调查，并依法作出处理决定，保障了教师行使申诉权，依法维护自身权益。

四、法律风险应对

（一）建立和完善校内教职工申诉制度

建立和完善校内教职工申诉制度是及时化解校内矛盾纠纷、保障教职工合法权利、营造校园和谐环境的基础，本书提供《教职工校内申诉调解制度》的文本示例，详见本书第六章示例七。完备的校内教职工申诉制度一般应当具备 4 个方面的基本内容。

1. 教职工申诉处理机构

学校应当设立专门的教职工申诉委员会，处理各类教职工申诉。教职工申诉委员会可以通过教职工（代表）大会选举产生，由学校校长、党组织负责人、工会负责人及教职工代表组成，也可以聘请法治副校长和法律顾问共同参与。教职工申诉委员会的人数应以单数为宜，避免出现表决僵局。

2. 教职工申诉受理范围

校内教职工申诉制度应当对申诉的受理范围作出规定，教职工认为学校或学校内部职能部门作出的行政管理行为在教职工聘用、职务评聘、学术评价、职责权利、年度考核结果、奖惩、教职工待遇等方面侵害教职工合法权益的，可以向教职工申诉委员会提出申诉。

3. 教职工申诉的处理程序

教职工的申诉一般由提出申请、受理、审查、调解、作出决定等环节组成，并依次序进行。整个申诉处理程序应当遵循公平与效率兼顾的原则，对涉及的各个环节作出规定，具体如下：

(1)提出申诉申请。教职工提出申诉申请的，可参照行政复议、学生申诉等制度的规定，要求申诉人在知道或应该知道合法权益受到侵害之日起的一定时效内向教职工申诉委员会提出申诉。教职工应当提交书面申诉申请书，明确申诉人的基本情况、被申诉部门、申诉请求和申诉事实与理由，并提供有关证明材料。

教职工提出申诉应当遵循"一事不再理"的原则，对教职工申诉委员会已经作出处理的，不得就同一事实和理由再次提出申诉。

(2)申诉的受理。申诉委员接收到教职工申诉申请后，应当审查申诉是否符合受理条件，并在一定时限内根据提出申诉的不同情况分别作出处理，即予以受理、不予受理，或申诉材料不齐备，限期补正。

(3)申诉的审查。教职工申诉委员会对受理的教职工申诉，应先行书面核查申诉事项的事实、理由及有关证据，听取被申诉部门的答辩意见。必要时，可召开由申诉人和被申诉部门参加的听证会调查情况，并听取申诉人和被申诉部门的意见。所有调查和听证会均应当制作笔录，并由参与人员签名后存档。

(4)调解。教职工申诉委员会可以遵循妥善、便捷的处理原则，做好有调解意愿的申诉人和被申诉部门的沟通工作，并组织双方进行调解，提高解决校内利益纠纷的效率和效果。调解不成的，教职工申诉委员会应当及时对申诉作出处理决定。

(5)申诉的处理。教职工申诉委员会对受理的申诉，可参照《教师法》第39条的规定："教师对学校或者其他教育机构侵犯其合法权益的，或者对学校或者其他教育机构作出的处理不服的，可以向教育行政部门提出申诉，教育行政部门应当在接到申诉的三十日内，作出处理。教师认为当地人民政府有关行政部门侵犯其根据本法规定享有的权利的，可以向同级人民政府或者上一级人民政府有关部门提出申诉，同级人民政府或者上一级人民政府有关部门应当作出处理。”

申诉人对教职工申诉委员会作出的决定不服的,可以向上级教育行政部门提出申诉,或向人事争议仲裁委员会申请仲裁。

4. 申诉程序中的回避制度

回避,是指存在可能影响教职工申诉公正处理的相关人员及时退出申诉程序。将回避制度纳入校内教职工申诉程序,能够更充分地发挥教职工申诉的纠纷解决功能,防止申诉程序流于形式。为此,可参照《民事诉讼法》的相关规定,在校内教职工申诉制度中对应当回避的情形、回避提出的方式和时间等作出具体的规定。

(二)加强教职工法治观念,提高维权意识

虽然校内教职工申诉制度为在学校内部化解纠纷矛盾提供了制度上的保障,但不少教职工仍然对依法维权缺乏信心,在发生校内矛盾纠纷时往往采取举报或信访的方式反映问题,更有甚者采取缠访、闹访等过激行为。对此,学校应当加强教职工维权意识的法治教育。例如,聘请法律顾问开展相关培训,帮助教职工树立权利法定的观念,引导教职工在合法权利受到侵害时,积极通过校内教职工申诉机制进行权利救济,维护自身权益。

(三)加强对校内教职工申诉机制的优化改进和监督管理

由于教职工和学校之间存在管理与被管理的关系,学校在教职工申诉过程中可能存在既当“裁判员”又当“运动员”的情况,这也导致不少教职工担忧校内申诉机制的公信力。为保障校内教职工申诉机制的公正性,应当不断优化校内教职工申诉机制,如教职工申诉委员会成员进行定期改选,对申诉调解流程进行公示,广泛听取教职工的修改建议等措施。同时,还必须加强对校内申诉程序的监督,通过教职工(代表)大会的民主监督和上级教育行政部门的外部监督,确保教职工申诉委员会公平、公正地作出处理决定,且申诉处理决定得到及时、有效的执行。

第八节 保障教职工(代表)大会的民主管理和监督职能

教职工代表大会制度作为学校民主管理和民主监督的基本形式,在保障教职工行使民主权利、参与学校管理,促进学校依法治校、科学决策,维护学校稳定发展方面发挥着不可替代的重要作用。《教育法》第31条第3款规定,学校及其他教育机构应当按照国家有关规定,通过以教师为主体的教职工代表大会等组织形式,保障教职工参与民主管理和监督。该条规定为学校建立和完善教职工代表大会制度奠定了法律基础。

本节通过教职工代表大会对教职工绩效工资发放方案审议的案例,简要介绍教职工代表大会的职权,并探讨如何健全教职工代表大会的工作机制。

一、要点问题

1. 什么情况下需要建立教职工代表大会?

2. 教职工(代表)大会行使哪些职权?

3. 如何完善教职工(代表)大会工作机制?

二、案例:教职工代表大会对教职工绩效工资发放方案进行审议

2020 年 5 月,W 中学召开教职工代表大会,组织教职工代表就《W 中学 2020—2021 学年度教职工绩效工资发放方案(草案)》的提案进行讨论。但会议中,教职工代表对该提案的讨论并不积极,不少教职工代表都表示绩效工资发放方案每一年都会进行微调,但并没有实质性变化,既然绩效工资发放方案的修订程序合规,大家就都没有意见。学校汪校长见讨论现场冷清,提议暂不进行该绩效工资发放方案(草案)表决,而是由各教职工代表交所在各工会小组讨论,经广泛听取教职工意见,重新制定绩效工资发放方案(草案)提案后,再次召开教职工代表大会审议表决。

绩效工资发放方案(草案)在各工会小组征询意见时,得到了广大教职工的积极响应,教职工纷纷建言献策,依据“多劳多得,优绩优酬”的分配原则对绩效工资的构成、教职工各岗位工作职责调整、每月绩效工资发放标准、教学奖励津贴核算等方面提出意见和建议。学校工会将各工会小组的教职工反馈汇总后,充分汲取合理化的意见和建议,重新制定了《W 中学 2020—2021 学年度教职工绩效工资发放方案(草案)》的提案。

2020 年 6 月,W 中学再次召开教职工代表大会,全体教职工代表表决一致通过了《W 中学 2020—2021 学年度教职工绩效工资发放方案》。

三、法律风险识别与分析

教职工参与学校的民主监督和管理,是学校依法治校、实现现代化管理的一项重要特征。《学校教职工代表大会规定》第 15 条规定,有教职工 80 人以上的学校,应当建立教职工代表大会制度;不足 80 人的学校,建立由全体教职工直接参加的教职工大会制度。

根据《学校教职工代表大会规定》第 7 条的规定,教职工代表大会的职权包括“讨论通过学校提出的与教职工利益直接相关的福利、校内分配实施方案以及相应的教职工聘任、考核、奖惩办法”。《劳动合同法》第 4 条第 2 款规定,用人单位在制定、修改或者决定有关劳动报酬、工作时间、休息休假、劳动安全

卫生、保险福利、职工培训、劳动纪律以及劳动定额管理等直接涉及劳动者切身利益的规章制度或者重大事项时,应当经职工代表大会或者全体职工讨论,提出方案和意见,与工会或者职工代表平等协商确定。因此,教职工绩效工资发放方案作为直接涉及教职工切身利益的重大事项,应当经由教职工代表大会讨论并审议通过后,方能实施。如果教职工绩效工资发放方案未经教职工代表大会审议而直接实行,学校将面临违法风险。

本案例中,W 中学不仅考虑到了教职工绩效工资发放方案应当经过教职工代表大会审议的程序合法性,更在教职工代表参与积极性不高、教职工代表大会没能积极发挥作用时,通过重新整理提案再次审议的方式,充分保障了教职工参与学校民主管理。

虽然《学校教职工代表大会规定》对学校教职工参与学校管理作了一般规则的规定,但是在教职工代表大会制度的具体实施方面,仍然存在一些问题,主要体现在以下 3 个方面:

(1)教职工代表缺乏针对性的培训,参与积极性不高。教职工代表大会的日常性工作一般由学校工会负责,教职工代表大多时间忙于本职教学工作,参与学校民主管理的时间很难得到保障。一般情况下,学校也很难组织针对教职工代表的相关培训。这使教职工代表参与学校民主管理的积极性不高,制约了教职工代表大会制度的执行。

(2)教职工代表大会机制不健全。根据《教育法》和《学校教职工代表大会规定》的要求,建立教职工代表大会制度对改进学校内部管理体制、加强民主监督和法治建设都有着深远的意义。但不少学校的教职工代表大会的各项选举、管理制度,以及会议的筹备和召开程序都不够完善,或者一些学校在具体实施过程中,各项程序流于形式,导致教职工代表大会工作开展阻力大,无法达到其应有目标。

(3)教职工代表大会的决议得不到有效落实。教职工代表大会决议是教职工参与学校民主监督、管理的具体方式,但是,在实际实施过程中,一些具有较高可行性的决议得不到学校职能部门的落实,阻碍了教师代表参与提案、参与管理的积极性。此外,提案的数量不多,质量不高,缺乏优秀的提案,没有真正起到教职工参与学校民主管理的作用。

四、法律风险应对

(一)加大宣传、培训力度,提高教职工参与的积极性

学校可以加强对教职工关于教职工代表大会制度的宣传和培训,使教职工从思想上提高对民主权利和义务的认识,有需要时,也可以聘请学校法律顾问

参与开展教职工代表大会职权职能、代表权利、民主管理等方面的宣讲，更好地营造依法治校和校内民主管理的氛围，提高教职工参与的积极性，增强教职工的责任感。

（二）建立健全教职工代表大会制度

教职工代表大会积极发挥民主管理和监督作用，离不开健全的教职工代表大会制度和规范的工作流程，学校应当通过制定成文的制度进一步规范教职工代表大会的职权、组织规则、工作程序、代表选举程序以及权利义务等内容，本书提供《教职工大会组织办法》的文本示例，详见本书第六章示例八。教职工代表大会制度的具体内容可以包含5个方面。

1. 教职工代表大会的职权

（1）审议建议权。听取学校章程草案的制定和修订情况报告，提出修改意见和建议；听取学校发展规划、教职工队伍建设、教育教学改革、校园建设以及其他重大改革和重大问题解决方案的报告，提出意见和建议；听取学校年度工作、财务工作、工会工作报告以及其他专项工作报告，提出意见和建议。

（2）审议通过权。讨论通过学校提出的与教职工利益直接相关的福利、校内分配实施方案以及相应的教职工聘任、考核、奖惩办法。

（3）评议监督权。按照有关工作规定和安排评议学校领导干部；审议学校上一届（次）教职工代表大会提案的办理情况报告；通过多种方式对学校工作提出意见和建议，监督学校章程、规章制度和决策的落实，提出整改意见和建议。

（4）其他民主权利。讨论法律法规规章规定的以及学校与学校工会商定的其他事项。

2. 教职工代表

教职工代表大会制度应当对教职工代表作出以下具体规定：（1）教职工代表的资格；（2）教职工代表的产生方式和任期；（3）教职工代表的权利和义务；（4）教职工代表资格的终止和罢免。

3. 教职工代表大会的组织规则

教职工代表大会制度应当对大会的召开程序、届期、主席团、专门委员会等内容作出规定。

4. 教职工代表大会的议事规则

教职工代表大会召开须有2/3以上教职工代表大会代表出席。教职工代表大会的表决，须经教职工代表大会代表总数半数以上通过方为有效。

5. 教职工代表大会的工作机构

学校工会是教职工代表大会的工作机构，承担与教职工代表大会相关的工作:(1)做好教职工代表大会的筹备工作和会务工作,组织选举教职工代表大会代表,征集和整理提案,提出会议议题、方案和主席团建议人选;(2)教职工代表大会闭会期间,组织传达贯彻教职工代表大会精神,督促检查教职工代表大会决议的落实,组织各专门委员会(工作小组)的活动;(3)组织教职工代表大会代表的培训,接受和处理教职工代表大会代表的建议和申诉;(4)就学校民主管理工作向学校党组织汇报,与学校沟通;(5)完成教职工代表大会委托的其他任务。

(三)保障教职工代表大会的决议落实执行

为保障教职工代表大会的各项决议的有效落实,学校工会作为教职工代表大会的工作机构,应在教职工代表大会闭会期间督促、检查校内相关职能部门对教职工代表大会决议的执行情况,充分保障教职工代表大会的民主管理和监督功能。有条件的学校,还可以根据自身需要,在教职工代表中选举产生执行委员会,更好地保障教职工代表大会的决议得到有效执行。执行委员会可根据教职工代表大会的授权,负责传达贯彻教职工代表大会精神,督促检查教职工代表大会决议的落实等工作。如果遇到亟须解决的重要问题,可由执行委员会联系有关专门委员会(工作小组)与学校有关机构协商处理,并将结果向下一次教职工代表大会报告。

第九节　学校应建立教职工职务犯罪防范机制

教育与整个社会存在密切关联,学校与每个受教育的学生和家庭都有着千丝万缕的联系。教职工的职务犯罪,即使数额不大,也能产生极为恶劣的影响,严重损害学校声誉。因此,教职工职务犯罪的预防具有非常重要的意义。

本节通过学校校长收取家长钱款,安排学生入学、转学,构成受贿罪的案例切入,简要介绍教职工职务犯罪的种类和犯罪构成,并探讨学校建立教职工职务犯罪防范机制的重要性。

一、要点问题

1. 教职工常见的职务犯罪有哪些?

2. 师德失范行为与职务犯罪之间的界限在哪里?

3. 学校如何建立教职工职务犯罪防范机制?

二、案例:学校校长收取家长钱款,安排学生入学、转学,构成受贿罪

钱某某原系 W 初中校长,2016 年 3 月至 2019 年 5 月,钱某某先后接受学生家长常某、张某和秦某某等人的请托,利用其担任 W 初中校长的职务便利,

以及其职权和地位形成的便利条件,通过其他国家工作人员职务上的行为,为相关学生在入学、转学的事项上提供帮助,并收取学生家长给予的钱款达70万余元。2019年5月,钱某某被公安机关抓获,后由检察院依法起诉。

2019年12月,法院经审理认定,钱某某身为国家工作人员,利用国家工作人员职务上的便利,非法收受他人财物,为他人谋取利益,以及利用本人职权和地位形成的便利条件,通过其他国家工作人员职务上的行为,为请托人谋取不正当利益,收受请托人财物,数额较大,其行为构成受贿罪。最终,法院判决,钱某某犯受贿罪,判处有期徒刑1年6个月,并处罚金12万元。

三、法律风险识别与分析

教职工职务犯罪,是指教职工利用职务上的便利,实施贪污(职务侵占)、受贿(非国家工作人员受贿)、挪用公款(挪用资金)等行为,使自己获取非法经济利益的各种犯罪的总称。教职工的职务犯罪一般呈现两个特点:一是犯罪主体相对集中,多为学校负责人和管理人员;二是发案环节相对集中,多数集中于基建、采购、招生等工作环节。因此,学校应该建立教职工职务犯罪防范机制,致力于基建、采购、招生等工作环节的规章制度的完善,通过规范管理、健全制度来堵塞漏洞,形成对权力的有效约束。如果学校在管理方面存在制度漏洞、管理失控、监督缺位,未能形成有效的教职工职务犯罪防范机制,将使学校面临行为不当的法律风险。

教职工常见的职务犯罪通常有以下3类:

(1)受贿罪、非国家工作人员受贿罪。教职工在学校基建工程、招生录取、安保服务外包、教材教具采购、房屋租赁等工作中,利用职务上的便利,索取他人财物的,或者非法收受他人财物、回扣,为他人谋取利益的,构成犯罪。若涉嫌犯罪的教职工为学校内从事公务的国家工作人员,其行为涉嫌《刑法》第385条规定的受贿罪;若涉嫌犯罪的教职工为非国家工作人员,其行为则涉嫌《刑法》第163条规定的非国家工作人员受贿罪。

本案例中,钱某某利用其担任学校校长的职务便利,违法为不符合条件的学生办理入学或转学事项,并收取学生家长给予的钱款,非法获利,构成受贿罪。

(2)贪污罪、职务侵占罪。教职工利用职责范围内主管、经手、管理学校财物的职权所形成的便利条件,侵吞、窃取、骗取或者以其他手段非法占有学校财物的,构成犯罪。学校内具有国家工作人员身份的教职工利用职务上的便利,贪污学校财物的,涉嫌构成《刑法》第382条规定的贪污罪;不具有国家工作人员身份的教职工利用职务上的便利,非法占有学校财物的,涉嫌构成《刑法》第

271 条第 1 款规定的职务侵占罪。

(3)挪用公款罪、挪用资金罪。教职工利用职务上的便利,挪用学校资金归个人使用,进行非法活动的,或者挪用资金数额较大、超过 3 个月未归还的,或者挪用资金数额较大,进行营利活动的,构成犯罪。若涉嫌犯罪的是具有国家工作人员身份的教职工,其行为涉嫌构成《刑法》第 384 条规定的挪用公款罪;若涉嫌犯罪的教职工不具有国家工作人员身份,其行为涉嫌构成《刑法》第 272 条第 1 款规定的挪用资金罪。

值得注意的是,上述列举行为只有在达到法定立案追诉标准时才构成职务犯罪。例如,国家工作人员贪污或受贿数额应达到 5000 元以上,非国家工作人员职务侵占或受贿数额应达到 3 万元以上,否则不构成犯罪,此时学校应当按照师德失范行为规范进行处理①。

四、法律风险应对

建立教职工职务犯罪防范机制是有效遏制和减少教职工职务犯罪的一剂良方。在完善的教职工职务犯罪防范机制中,师德和法治教育是基础,健全的工作制度是保障,有效的监督制约是关键,三者互相依存、互相补充,共同发挥作用。

(一)加强对教职工的师德教育和法治教育

"德教为先,修身为本。"师德教育和法治教育是预防教职工职务犯罪的基础性措施,也是工作制度和监督机制的重要前提。

诸如教师收取家长赠送的节日礼物、擅自外借学校设备仪器、组织学生有偿补课、组织学生参加营利性竞赛活动等师德失范行为极易发展演变为职务犯罪行为,学校应特别加强这些方面的师德师风管理。学校可以通过开展多种形式的主题教育活动,加强对教职工的师德教育和法治教育。例如,定期组织教职工学习职务犯罪典型案例,组织参观预防职务犯罪警示教育基地,不定期邀请法治副校长和法律顾问开展法治培训讲座,在校内开辟法治宣传专栏开展警示教育,从思想上筑起预防职务犯罪的坚固堤坝,提高学校预防职务犯罪的

---

① 最高人民法院、最高人民检察院《关于办理贪污贿赂刑事案件适用法律若干问题的解释》第 1 条第 1 款规定:"贪污或者受贿数额在三万元以上不满二十万元的,应当认定为刑法第三百八十三条第一款规定的'数额较大',依法判处三年以下有期徒刑或者拘役,并处罚金。"最高人民检察院、公安部《关于公安机关管辖的刑事案件立案追诉标准的规定(二)》(2022 年修订)第 10 条规定:"公司、企业或者其他单位的工作人员利用职务上的便利,索取他人财物或者非法收受他人财物,为他人谋取利益,或者在经济往来中,利用职务上的便利,违反国家规定,收受各种名义的回扣、手续费,归个人所有,数额在三万元以上的,应予立案追诉。"

能力。

（二）实行政务、教务、财务三公开制度

“阳光是最好的防腐剂。”只有让权力在阳光下运行，才能杜绝职务犯罪的发生。学校对日常管理中涉及的基建项目招投标、招生入学、教材教具采购、财务收支等情况应当遵循公开透明原则，依法公开公示。同时，还应当加强民主管理，重大事项、重大项目、重要人事任免和大额资金使用必须经领导集体研究决定。对于关系教职工利益的重大事项决策，应当经由教职工（代表）大会审议和表决。

（三）强化对重要岗位的监督制约机制

监督制约机制是预防职务犯罪的重要手段。不少学校在日常管理中都不同程度地存在管理机制僵化、政务缺少透明、决策不科学等现象，究其原因就是监督制约机制未能有效地发挥作用。特别是目前大多数学校都实行校长负责制，由校长对学校的教学管理、行政管理、人事管理、财务管理等工作全面负责。如果监督制约机制缺位，可能会形成校长权力过于集中、失去有效监督的状况。对此，可以通过内部制约和外部监督机制实现对权力的监管。

对于内部制约而言，学校可以通过党组织的工作监督和教职工（代表）大会的民主监督，对校长负责制进行完善和制约，避免在基建项目招投标、教材教具采购、财务收支等方面出现领导决策中的权力不均衡、权力过度集中现象。

对于外部监督而言，上级教育行政部门应当建立有效的学校外部审计监督制度。如前所述，现有的校长负责制暴露出对学校领导缺乏有效监管的问题，内部财务会计制度的执行往往无法抵抗来自学校领导的干预。因此，建立外部审计监督能有效降低学校领导及财务人员等关键岗位人员职务犯罪的可能性。《义务教育法》第 50 条规定，县级以上人民政府建立健全义务教育经费的审计监督和统计公告制度。因此，教育行政部门应当完善学校审计制度，聘请专业审计人员，定期对学校进行财务审计。此外，还可以发挥家长委员会的外部监督职能，通过家长委员会对教职工在招生入学、课后服务等环节的违法收费行为进行监督。

第十节　学校应正确履行师德师风建设管理职责

2018 年 11 月，教育部发布《新时代中小学教师职业行为十项准则》《新时代幼儿园教师职业行为十项准则》《中小学教师违反职业道德行为处理办法》《幼儿园教师违反职业道德行为处理办法》，明确了教师职业行为准则，以及违反教师职业道德应当予以处理。2022 年 4 月，教育部等部门联合印发《新时代基础教育强师计划》，再次要求加强和改进师德师风建设，严肃查处师德失范行为，加大师德失范行为通报警示力度。

本节通过教师在个人微博发布不当言论、违反教师职业道德的案例，试探讨学校如何履行教师职业道德建设管理职责。

一、要点问题

1. 教师哪些职业行为属于师德失范行为？

2. 学校对教师违反职业道德的行为该如何处置？

3. 学校如何构建师德师风建设管理长效机制？

二、案例：教师发布不当言论，被撤销教师资格

宋某是 S 小学的英语教师。2020 年 12 月，宋某以“动物饲养员”的微博名发布微博：“做老师太累了，一点休息时间都没有。连上四节课，作业堆成山，还好有班级里的小××们送来了圣诞礼物。”宋某的不当言论立即引起了网友的关注，更有熟悉宋某教师身份的网友直接就向 S 小学所在地的 W 区教育局举报宋某的言论违反师德。

事件发酵后，W 区教育局立即成立调查组，对情况开展核查。调查中，虽然宋某辩称“小××”的称呼是自己对学生的昵称，并非恶意侮辱学生，但 W 区教育局认定宋某的行为违反了《新时代中小学教师职业行为十项准则》的规定，并根据相关法律规定给予宋某降低岗位等级处分，撤销其教师资格，并将其列入教师资格限制库。同时，W 区教育局也对 S 小学主要负责人进行问责约谈。

三、法律风险识别与分析

随着移动互联网的迅速发展，微信、QQ、微博等即时通信工具令人应接不暇。很多人认为微信朋友圈、微信群、QQ 空间和微博等都属于熟人范围的社交空间，法律管不着，即使有个别言论不当，被发现后删除即可，因此将这些网络社交空间作为肆意宣泄自我情绪的主要渠道。殊不知网络空间并非法外之地，任何人在网络环境中都必须遵法、守法，不得发布违法信息，损害公序良俗。

教育部发布的《中小学教师违反职业道德行为处理办法》对教师违反职业道德的行为作出了规定，其中包括“损害国家利益、社会公共利益，或违背社会公序良俗”以及“通过课堂、论坛、讲座、信息网络及其他渠道发表、转发错误观点，或编造散布虚假信息、不良信息”。本案例中，宋某作为小学教师发布不当言论明显违背社会公序良俗，属于《新时代中小学教师职业行为十项准则》所规定的违反教师职业道德的行为。教育行政部门依据《中小学教师违反职业道德行为处理办法》第4条、第10条以及《教师资格条例》第19条的规定，对宋某作出降低岗位等级处分，并撤销其教师资格的处理决定符合法律规定。

根据《中小学教师违反职业道德行为处理办法》第5条和《幼儿园教师违反职业道德行为处理办法》第5条的规定，学校负有师德师风建设管理职责，对于教师涉嫌违反职业道德行为的，应当及时组织调查核实，视情节轻重给予相应处理。如果学校存在教师师德失范问题排查发现不及时，或者存在处置不力、方式不当或拒不处分、拖延处分、推诿隐瞒等情况的，将面临违法风险，由上一级行政部门视情节轻重采取约谈、诫勉谈话、通报批评、纪律处分和组织处理等方式严肃追究学校主要负责人、分管负责人和直接责任人的责任。①

四、法律风险应对

"师者，人之模范也"，习近平总书记曾指出："教师是人类灵魂的工程师，承担着神圣使命。传道者自己首先要明道、信道。"②为了加强师德师风建设，学校可从以下3个方面着手：

（一）强化日常教育督导，师德教育培训常态化

学校可以定期开展师德师风专题培训，将师德教育融入学校的日常人事管理。有需要的，可以充分发挥法治副校长和法律顾问的法治宣传作用，在教师培训中开设教师法治和纪律专题教育课程，提高全体教师的法治素养、规则意识。

同时，学校还可以深入挖掘本校优秀师德典型，通过开展本校优秀教师事

---

① 《中小学教师违反职业道德行为处理办法》第12条规定："学校及主管教育部门不履行或不正确履行师德师风建设管理职责，有下列情形的，上一级行政部门应当视情节轻重采取约谈、诫勉谈话、通报批评、纪律处分和组织处理等方式严肃追究主要负责人、分管负责人和直接责任人的责任：（一）师德师风长效机制建设、日常教育督导不到位；（二）师德失范问题排查发现不及时；（三）对已发现的师德失范行为处置不力、方式不当或拒不处分、拖延处分、推诿隐瞒的；（四）已作出的师德失范行为处理决定落实不到位，师德失范行为整改不彻底；（五）多次出现师德失范问题或因师德失范行为引起不良社会影响；（六）其他应当问责的失职失责情形。"《幼儿园教师违反职业道德行为处理办法》第12条规定："公办幼儿园、民办幼儿园举办者及主管部门不履行或不正确履行师德师风建设管理职责，有下列情形的，上一级行政部门应当视情节轻重采取约谈、诫勉谈话、通报批评、纪律处分和组织处理等方式严肃追究主要负责人、分管负责人和直接责任人的责任：（一）师德师风长效机制建设、日常教育督导不到位；（二）师德失范问题排查发现不及时；（三）对已发现的师德失范行为处置不力、方式不当或拒不处分、拖延处分、推诿隐瞒的；（四）已作出的师德失范行为处理决定落实不到位，师德失范行为整改不彻底；（五）多次出现师德失范问题或因师德失范行为引起不良社会影响；（六）其他应当问责的失职失责情形。"

② 习近平：《把思想政治工作贯穿教育教学全过程》，载新华网，http://www.xinhuanet.com/politics/2016-12/08/c_1120082577.htm。

迹宣传,形成向身边师德模范学习的良好氛围。对于教育部、当地教委发布的违反教师职业道德行为的反面典型案例,学校应当及时开展师德警示教育,引导教师以案为鉴,组织教师从反面典型案例中剖析原因、自查自省。

(二)制定学校师德行为管理规范,依规处置师德失范行为

学校可以依据《中小学教师违反职业道德行为处理办法》或《幼儿园教师违反职业道德行为处理办法》,制定教师职业道德行为准则管理办法,一方面规范师德行为准则;另一方面拟订师德失范行为负面清单,并将其作为处置师德失范行为的依据。

学校可以依据师德失范行为负面清单强化师德考核的作用,贯彻"师德一票否决制",凡师德考核不合格者,年度考核应评定为不合格,并取消其在教师职称评聘、推优评先、表彰奖励、科研和人才项目申请等方面的资格,并根据师德失范行为情节的严重程度由上级教育行政部门给予警告、记过、降低岗位等级或撤职,直至开除的处分。若教师师德失范行为涉及违法犯罪,学校应当及时移交司法部门。同时,学校也应当将师德表彰奖励纳入教师奖励范围,对师德表现突出的教师予以奖励、表彰,并将师德表现作为推优、评先的必要条件。

本书提供《教师职业道德行为准则管理办法》的文本示例,详见本书第六章示例十,师德失范行为负面清单具体内容如下:

1. 思想政治纪律方面

(1)在教育教学活动中及其他场合有损害党中央权威、违背党的路线方针政策的言行。

(2)损害国家利益、社会公共利益,损害学校和学生合法权益,或违背社会公序良俗。

(3)通过课堂、论坛、讲座、信息网络及其他渠道发表、转发错误观点,或编造散布虚假信息、不良信息。

(4)违反国家有关保密的法律、法规或学校有关保密规定,泄密、盗密的行为。

(5)在教育教学中遇突发事件、面临危险时,不服从指挥、调遣,消极对抗,或不顾学生安危,擅离职守,自行逃离。

(6)破坏民族团结,歧视、不尊重少数民族风俗习惯。

(7)在校园里传播低级庸俗文化、传播非法出版物。

(8)违反教育与宗教相分离原则,在教育教学活动中传播宗教思想和组织宗教活动。

(9)宣传或参与封建迷信活动、邪教活动。

2. 教育教学方面

(1)未经学校批准,随意调课、停课或调整教学计划,并产生不良影响。

(2)备课不认真,教学内容、电子演示文稿陈旧。

(3)在命题、审题、考试等过程中泄露、变相泄露试题。

(4)违反考试管理规定和考场纪律,影响考试公平、公正。

(5)不积极、主动、认真指导学生作业。

(6)讽刺、侮辱、歧视、体罚或变相体罚学生。

3. 学术道德方面

(1)在学术活动中抄袭剽窃、篡改侵吞他人学术成果,或滥用学术资源和学术影响。伪造学历、学位、资格证书、工作经历等。

(2)在课题成果申报、职称评审、人才评价、业绩考核、评优评先活动中提供虚假学术成果和个人信息、恶意诋毁他人等。

4. 工作作风和生活作风方面

(1)违反教学纪律,擅自从事影响教育教学本职工作的兼职兼薪行为。

(2)违反工作纪律,无故旷教。

(3)违规侵占或外借学校设备、设施或仪器。

(4)对学生实施性骚扰或与学生发生不正当关系。

(5)造谣、传谣,对他人进行诬告、陷害、侮辱、诽谤和人身攻击。

(6)以非法方式表达诉求,串联煽动闹事,组织参与非法集会、违法上访等活动。

(7)作为互联网群组建立者、管理者不履行群组管理责任,造成群组内发布的信息和言论违反法律法规、用户协议和平台公约。

(8)组织或参与黄、赌、毒或传销活动。

5. 廉洁从教方面

(1)在招生、考试、推优、评先、入团入党、选拔班干、奖学金评定或教师岗位聘用、职称评聘、绩效考核等工作中,徇私舞弊,谋取私利。

(2)索要或收受学生及家长赠送的礼品、礼金或有价证券等财物。

(3)参加由学生及家长支付费用的宴请、旅游、健身休闲等娱乐活动。

(4)向学生推销书刊、推介商品或从服务活动中牟利,擅自向学生设立收费项目或提高有关收费标准。

6. 其他方面

其他有损教师职业声誉、违反教师职业道德的言行。

（三）强化师德行为监督排查机制

学校可以构建党组织、学校工会、学生、家长和社会广泛参与的师德监督体系，并通过设立师德投诉举报箱、针对学生和家长开展师德师风调查、组织不定期督查等方式，及时发现并纠正不良倾向和问题，将师德失范行为消除在萌芽状态。

本章小结

本章以10个案例为切入点，主要对学校日常管理中具有代表性的问题进行了讨论。例如，聘用合同订立、解除；休假管理；教职工申诉机制；工伤处置；教职工代表大会制度建设；师德师风建设机制等。希望通过本章的内容为学校深入推进依法治校、完善各项人事管理制度、健全民主管理机制和监督机制提供参考。

第四章 学校与家长

本章概要

著名教育家苏霍姆林斯基说过："最完备的教育是学校和家庭的结合。"家庭是孩子的第一所学校，父母是孩子的第一任教师。孩子从呱呱坠地那一刻起，就接受父母的监护，受到父母的影响。而学校是孩子进行集中化、系统化学习的场所，是对孩子进行教育和管理的重要机构。

学校与家长在孩子成长成才过程中相辅相成、紧密联系，二者缺一不可。本章主要对以下内容进行探讨分析，以期抛砖引玉：学校与家长双方协同共育，对学生进行安全保护；学校指导和督促家长履行家庭教育和监护义务，依法打击"校闹"；家长以其享有的知情权、建议权、参与权、监督权等参与学校治理，监督学校进行信息公开等。

第一节 家校共育，分工协作

随着"双减"政策的落实，家庭教育已成为学校教育的基础。但在过去很长一段时间里，相对于学校教育而言，我国的家庭教育没有受到应有的重视。2022 年，《家庭教育促进法》正式施行，这是我国首次就家庭教育进行专门立法。法律明确规定家庭教育应当符合"家庭教育、学校教育、社会教育紧密结合、协调一致"的要求，"各级人民政府指导家庭教育工作，建立健全家庭学校社会协同育人机制"。这无疑将家庭教育推向同学校教育同等重要的地位。

本节将通过家长志愿者进校园举办讲座的案例，识别和分析相应的法律风险，一同探讨如何实现家校共育。

一、要点问题

1. 家长提供的免费教育资源需要审核吗？

2. 如何厘清家庭与学校教育责任的边界？

3. 如何实现家校共育、分工协作？

二、案例：家长志愿者进班做讲座，讲座幻灯片内容不合规

为积极响应国家"双减"政策，健全家校协同育人机制，"家长课堂"成为一

条新思路。B学校邀请家长走进课堂，结合自身工作，讲述工作经历，分享生活趣事。学生家长都来自不同的行业，有着不同的职业、丰富的人生阅历、广泛的兴趣爱好和特长，这是每一位学生最宝贵的资源。小明的爸爸是一位历史爱好者，受邀为小明同班同学做一次历史故事讲座。讲座前，班主任根据学校要求与小明爸爸商量确定本次讲座的内容是“火烧圆明园”这一近代历史事件。之后，小明爸爸开始准备讲稿并制作幻灯片。为了丰富幻灯片内容，小明爸爸选取了知名儿童绘本上的图片作为展示。

讲座当日，小明爸爸进入学校后未按学校要求待在等候区，而是去了教学区观看小明上课。班上的同学看到小明爸爸，纷纷议论起来，一时间影响了正常的上课秩序。

讲座开始，当幻灯片切换至火烧圆明园的图片时，有个学生看着图片发出了疑问：“圆明园的火是清兵放的吗？”面对这样的疑问，小明爸爸和班主任仔细看了从儿童绘本上选取的图片，原来图片显示清兵举着火把，而身穿美国消防服的人正冲向起火的房屋灭火。于是，班主任立即关闭幻灯片，并向班上的学生重新讲述火烧圆明园的故事。

三、法律风险识别与分析

学校与学生之间是教育关系，学校对学生承担的是教育、管理和保护的职责，而家长对孩子承担的是监护职责。然而，“我国学校是相对封闭的空间，家长参与学校治理存在制度上的障碍。从共育本身来看，学校教育与家庭教育的边界不易把握”，导致学校与家长在教育上的分工亦不明确①。许多家长认为，把孩子送到学校后，就是把孩子“交给学校”了，那么，孩子在校期间的所有事情都归学校管了，尤其是教育问题。教师在教育方面肯定比家长在行，应当承担起对孩子的教育责任。然而，持这种观点的家长忽视了“家庭是孩子人生的第一课堂，父母是孩子的第一任老师”。

《家庭教育促进法》中反复强调家庭以及家长对孩子教育起到的第一责任。现代教育理念提倡“家校共育”，即通过家庭教育和学校教育共同培育学生。因为家庭教育和学校教育各有其特点，两者相互联系、相互作用、相互影响。《家庭教育促进法》亦强调加强“建立健全家庭学校社会协同育人机制”。邀请家长志愿者开展讲座是家校共育的创新模式，让家长能够更多地参与学校教育、管理，打破相对封闭的校园教育空间。同时，当家长为参与学校教育而需

---

① 《教育研究》编辑部：《2021年中国教育研究前沿与热点问题年度报告》，载《教育研究》2022年第2期。

要频繁进出学校时,也会增加学校安全管理的难度。

回顾前述案例情景,对学校而言,可能会存在法律风险。

(一)违规风险

学校已建立社会人员进出校园的管理制度,本案例中,小明爸爸进入学校后未遵守学校规定,擅自进入教学区,一定程度上影响了正常的教学秩序。小明爸爸未遵守社会人员进出校园管理制度的行为违反了B学校的规章制度,学校作为校园安全管理的主体,有义务采取各种必要的措施确保教职工和校园环境符合各类安全规定的要求。

(二)行为不当风险

学校对于教师的课程设置和授课内容都有严格的要求,需要符合学生认知水平,且能正面影响学生价值观。本案例中,小明爸爸在制作讲座幻灯片时,对图片的选取不够严谨,班主任对讲座内容及幻灯片的审核不够细致,这种行为属于行为不当。学校在举办讲座前不仅要对讲稿、展示幻灯片等讲座材料进行审核确认,还要明确告知家长在讲座中要体现社会主义核心价值观、弘扬真善美、传递正能量,忌发表错误观点、编造虚假信息和不良信息等,确保讲座顺利进行。

四、法律风险应对

(一)明确告知家长进出学校的要求和规定,并督促其遵守

为进一步加强校园安全管理,维护正常的教育教学秩序,营造健康安全的校园环境,学校可制定进出校园的相关规定,并将其以书面形式告知家长,要求家长自觉遵守并配合学校安全管理。学校可对家长作出以下要求:

第一,若家长临时有事需进入校园,必须提前与被访部门或教师取得联系并征得同意;家长与被访部门或教师接通电话并经学校保安人员确认后,按相关规定办理入校登记手续(出示有效证件,现场核实并登记);事情办理结束,迅速离校。若家长需要定期出入学校,则应提供相关证件等材料按规定办理出入证。

第二,家长进入校园须穿戴整洁、言行文明,禁止吸烟等不良行为,注意控制在校时间,只能在指定区域活动或等待,不得长时间逗留或四处游走。

此外,由于在学校进出的家长可能接触到学生,因此,学校在某些情况下可以要求进出校园参与管理或培训的家长提供无犯罪记录证明等。

(二)需要对家长志愿者开展的教育活动进行合法性、合规性审查

为了进一步加强学校和家长之间的联系,充分发掘家长教育资源,丰富学校的课程建设,实现家校教育的优势互补,学校鼓励家长志愿者走进校园、走进

课堂，为学生开展教育活动课程。

课前准备时，班主任需要与参与活动的家长积极沟通，家长根据自身知识或技术特长，充分发挥专业优势、资源优势，与学校协商确定符合班级学生认知水平的课程，如预防毒品知识、知法教育、卫生防病小知识、税收小知识、防震防灾自救、家庭用电常识、学习剪窗花、了解世界文化遗产、科学小实验、手工等。同时，班主任还应该对家长关于课程准备的讲稿和幻灯片内容进行全面审查，对于材料中引用内容的来源也需要特别留意，并进行核实。

（三）充分利用家长委员会和家长资源，形成家校共育共同体

首先，学校要充分利用家长委员会，帮助家长树立家庭教育的理念，当家长对家校责任边界有不满和误解时，家长委员会要做好解释调解工作，并就家校如何分工协作，收集整理合理化、建设性的意见和建议，学校应充分听取，适度采纳。其次，学校要有效利用家长资源。用好家长的智慧，聘请家长担任“助教”，让家长走进课堂开展讲解、互动活动，包括劳动教育、职业体验、生活分享等；利用学校设施开设家长书画社团、家长合唱团等家长社团；组织亲子摄影活动、亲子趣味运动会、家长论坛等家校活动，加强家庭之间的联系，促进家校关系紧密化。通过家长进课堂，在开阔学生视野、丰富校园生活的同时，增进学生、家长、学校间的沟通了解，从而形成教育合力，更好地实现家校共育。

第二节　学生安全保护责任的界限

幼儿在校期间，幼儿园对幼儿负有教育管理和人身安全保护的职责。本节以特异体质幼儿在校期间发病为例，探讨分析学校和家长对特异体质幼儿承担保护义务的界限问题，为学校依法保障特异体质幼儿生命健康、正确预防和处理特异体质幼儿引发的问题及风险、维护正常的教育教学秩序提供参考建议。

一、要点问题

1. 特异体质幼儿包括哪些？

2.《特异体质幼儿入园协议书》对幼儿园及家长是否有约束力？

3. 幼儿园应如何管理特异体质幼儿？

二、案例：家校签署《特异体质幼儿入园协议书》

小强是Y幼儿园小班的小朋友，患有癫痫病。但在小强入园时，其父母并未告知和提醒幼儿园小强是特异体质，需要幼儿园重点看护和照顾。有一次课间休息，小强突然全身抽搐、双眼上翻、口吐白沫，班主任张老师第一时间将小强送往就近医院就医并通知小强家长，后经主治医生告知才得知小强是癫痫

发作。

回到学校后,张老师和小强家长进行了沟通。张老师认为小强家长不应该隐瞒小强的病情,应该在入园时便将小强的身体状况如实告知幼儿园,这样小强才能得到更多的关心和照顾,否则可能危及小强的身体健康。小强家长对自己知情不报的行为表示歉意,也对张老师及时送小强就医使其得到尽早治疗表示感谢。

为了应对特异体质幼儿的疾病突发情况,Y 幼儿园在法律顾问的建议和帮助下,拟定了《幼儿身体情况及特别事项承诺书》和《特异体质幼儿入园协议书》。其中,《幼儿身体情况及特别事项承诺书》为每位小朋友入学之际家长均应填写的文件,目的是如实告知幼儿的身体情况、需特别注意的事项等,以便于幼儿园对幼儿的身体情况有充分的了解。而对于特异体质的幼儿,幼儿园还应提醒家长另行签署《特异体质幼儿入园协议书》,目的是明确学校、家长各自的权利和义务及各自保护责任的边界,便于有效解决今后可能产生的纠纷。

三、法律风险识别与分析

(一)违约风险

因幼儿园和家长签署了《特异体质幼儿入园协议书》,且此协议书是双方真实意思表示一致达成的合意,依据《民法典》及相关法律的规定,只要其内容不违反法律、行政法规的强制性规定,不违背公序良俗①,也不具有其他导致协议无效的情形,则此协议书有效,双方均受其约束,任何一方应严格履行。需要注意的是,如入园协议书中有类似"鉴于小孩患有特定疾病,如果在幼儿园发生事故,幼儿园一概不负责任,由家长自行承担后果"的人身伤害免责条款,因其违反了相关法律规定,属于无效条款。② 但此条款无效,不影响入园协议书中其他条款的效力。

基于入园协议书的合法性和有效性,在幼儿园管理过程中,如果家长已明确告知幼儿园看护或照顾幼儿应注意的事项,但因幼儿园的过错而导致幼儿病情发作或病情加重,则幼儿园可能因违反了协议书的约定而承担赔偿损失、采取补救措施的违约责任。其中,赔偿损失包括赔偿医疗费用、营养费、护理费、家长误工费、交通费等。如造成幼儿严重身体损害,经鉴定构成伤残的,幼儿园

---

① 《民法典》第 143 条规定:"具备下列条件的民事法律行为有效:(一)行为人具有相应的民事行为能力;(二)意思表示真实;(三)不违反法律、行政法规的强制性规定,不违背公序良俗。"

② 《民法典》第 506 条规定:"合同中的下列免责条款无效:(一)造成对方人身损害的;(二)因故意或者重大过失造成对方财产损失的。"

可能还需承担伤残赔偿金。

(二)违法风险

因幼儿园的过错导致特异体质幼儿病情发作或病情加重的,一方面,幼儿园违反入园协议书的约定,应承担违约责任;另一方面,幼儿园还会因侵犯幼儿的生命健康权而承担侵权责任。不过因为违约责任和侵权责任的竞合,幼儿家长只能择一主张。①

此外,幼儿园作为教育机构,负有关心、爱护、耐心帮助幼儿(尤其是身体或精神、心理有障碍幼儿)的义务,不得因为幼儿的身心健康状况而对其歧视。② 而且,特异体质幼儿的受教育权依法受法律保护,幼儿园应充分保障特异体质幼儿的平等受教育权。③

如幼儿园对特异体质幼儿的处理方式不符合上述法律规定,轻则引起家校纠纷,可能被家长投诉至教育行政主管部门;重则涉嫌违法,承担相应的法律责任。

四、法律风险应对

为了预防和规避特异体质幼儿引发的法律风险,幼儿园可从入园健康调查、签署相关协议、建立幼儿健康档案、加强日常保育和护理方面积极履行教育管理职责。④

(一)开展特异体质状况调查,全体家长签署《幼儿身体情况及特别事项承诺书》,充分保障幼儿园对幼儿身体状况的知情权

首先,从医学角度讲,根据临床表现,特异体质幼儿主要包括以下情形:(1)体质状况不同于常人的学生,主要表现为容易对药物、食物、花粉、油漆等过敏,即过敏体质。(2)患有特定疾病的学生,主要指患有非危及生命的急性

---

① 《民法典》第186条规定:“因当事人一方的违约行为,损害对方人身权益、财产权益的,受损害方有权选择请求其承担违约责任或者侵权责任。”

② 《未成年人保护法》第3条第2款规定:“未成年人依法平等地享有各项权利,不因本人及其父母或者其他监护人的民族、种族、性别、户籍、职业、宗教信仰、教育程度、家庭状况、身心健康状况等受到歧视。”第29条第1款规定:“学校应当关心、爱护未成年学生,不得因家庭、身体、心理、学习能力等情况歧视学生。对家庭困难、身心有障碍的学生,应当提供关爱;对行为异常、学习有困难的学生,应当耐心帮助。”

③ 《宪法》第46条第1款规定:“中华人民共和国公民有受教育的权利和义务。”《教育法》第37条第1款规定:“受教育者在入学、升学、就业等方面依法享有平等权利。”

④ 对于《学生伤害事故处理办法》第12条中规定的“学生有特异体质、特定疾病或者异常心理状态,学校不知道或者难于知道的”情形造成的学生伤害事故,学校已履行了相应职责,行为并无不当的,无法律责任。

或慢性疾病，包括先天性心脏病、癫痫、肺结核、哮喘、肺炎、精神病、高血压、胃溃疡及其他严重疾病。

其次，为确保每一位孩子的健康成长，也是为了幼儿园对于在校幼儿进行更有针对性的教育管理，幼儿园可依据相关规定①对幼儿进行入园前的健康体检，检查合格的幼儿才可办理入园手续。

对于体检合格的幼儿，幼儿园可要求每位家长签署《幼儿身体情况及特别事项承诺书》，对特异体质幼儿进行全面排查，以全面了解除健康检查项目之外的每位小朋友的身体状况，如食物过敏、药物过敏、每日宜安排的运动量或运动时长等其他注意事项。如幼儿体质异常或患有疾病，家长不得隐情不报，而应主动、真实、全面告知幼儿园。若幼儿身体状况不宜在校学习，应当休学，并由家长安排治疗和休养。②

《幼儿身体情况及特别事项承诺书》的内容应包括但不限于幼儿姓名、班级、血型、过敏食物、药物或其他过敏原、所患疾病、特别照看或保护要求、特别注意事项、紧急联系人、紧急联系方式等。其中，特别要强调幼儿园的知情权或家长如实告知的义务，还可以进一步增加类似于"家长未真实、全面告知幼儿病情导致幼儿得不到有效治疗的法律后果由家长自行承担"的条款。

此外，为防止家长提供的紧急联系人、紧急联系方式无效，学校可以在承诺书上增加"幼儿病发而又无法联系上家长时，幼儿园有权将幼儿送往就近医院进行治疗且对治疗结果不承担法律责任"的条款，以便幼儿园尽早地将幼儿送医治疗，以免错过最佳治疗时机。

（二）对于特异体质幼儿，家校另行签署《特异体质幼儿入园协议书》，并建立学生健康档案

幼儿园发现存在特异体质幼儿时，应当为此类幼儿及时做好健康信息记录，及时更新并妥善保管学生的健康与安全信息资料，建立个人健康档案。例如，对患有先天性心脏病、哮喘、癫痫等疾病以及对有药物过敏史或食物过敏史的幼儿进行登记，加强日常健康观察和保育护理工作。需要特别提醒的是，幼

---

① 《幼儿园工作规程》第 10 条第 1 款规定："幼儿入园前，应当按照卫生部门制定的卫生保健制度进行健康检查，合格者方可入园。"《托儿所幼儿园卫生保健管理办法》第 18 条第 1 款规定："儿童入托幼机构前应当经医疗卫生机构进行健康检查，合格后方可进入托幼机构。"

② 《中小学幼儿园安全管理办法》第 37 条规定："监护人发现被监护人有特异体质、特定疾病或者异常心理状况的，应当及时告知学校。学校对已知的有特异体质、特定疾病或者异常心理状况的学生，应当给予适当关注和照顾。生理、心理状况异常不宜在校学习的学生，应当休学，由监护人安排治疗、休养。"

儿健康状况属于个人隐私,幼儿园应指导教职工不得在任何场所议论,更不得擅自外泄。

此外,除要求家长如实填写上述《幼儿身体情况及特别事项承诺书》外,幼儿园还应明确告知家长双方应另行签署《特异体质幼儿入园协议书》,将双方权利义务进行明确约定。签署协议书时,病历复印件应作为协议书的附件附在其后,以明确幼儿的病情、治疗情况以及其他需要幼儿园特别防范的地方,便于在今后的学习过程中幼儿园给予特别保护。同时,一旦病发,医生可以及时了解幼儿过往病情及治疗情况。

(三)加强日常保育和护理,全方位、多维度保障特异体质幼儿身心健康

幼儿园还可考虑通过以下措施,全方位、多维度保障特异体质幼儿身心健康:

(1)幼儿的身体状况事关重大,不可疏忽,如幼儿园认为园方自身的师资力量、硬件设施、医疗卫生条件等仍不足以保障幼儿生命健康安全或者为了使特异体质幼儿得到更好的照顾和关心,幼儿园可考虑允许甚至主动要求家长入园陪读。对于经允许或要求入园陪读的家长,幼儿园应提示家长遵守幼儿园各项规章制度、维护教学管理秩序、爱护公共财产等。

(2)《幼儿园工作规程》第23条第2款明确规定,幼儿园在开展体育活动时,应当对体弱或有残疾的幼儿予以特殊照顾。因此,秉承以人为本的原则和精神,幼儿园在开展户外运动、体育活动时,应分类管控,重点考虑特异体质的幼儿,针对这类幼儿的身心特点,合理开展相关课程,做到既能保障幼儿身心健康发展、尊重幼儿人格尊严,又适当有度。例如,对于患有先天性心脏病的幼儿,幼儿园应禁止其参加剧烈的体育运动。

(3)对于食物过敏的幼儿,幼儿园应当向班主任、卫生保健员和保育员明确告知哪些幼儿是食物过敏体质及过敏的食物分别是什么。准备膳食时,卫生保健员和保育员应牢记不同幼儿不得食用的食材种类,并将此类食材与其他食材分开烹饪。

(4)《幼儿园工作规程》第20条第3款还明确规定,幼儿园应当建立患病幼儿用药的委托交接制度,未经监护人委托或者同意,幼儿园不得给幼儿用药。幼儿园应当妥善管理药品,保证幼儿用药安全。基于上述规定,入园协议书中可增加"幼儿园不得未经医院诊疗而给特异体质幼儿擅自用药"的条款。据此可知,特异体质幼儿在园期间如需服用药物,家长在每天送幼儿来校时,应主动将药物名称、服用方法、服用时间、忌口食物、保管方法等注意事项告知园方,最好以书面方式告知。园方知悉上述信息后,应按照家长要求妥善保管药物,按

时按方法给幼儿服用药物。如园方发现家长提供的用药注意事项有误或有不明确之处,应主动联系家长确认,确保信息无误;必要时,园方可咨询校医进行确认。

(5)对于患抑郁症或者多动症的幼儿,幼儿园应当向心理咨询室说明情况,并要求负责心理咨询的教师对幼儿进行定期诊断,观察幼儿的病情变化。

总之,对于特异体质的幼儿,幼儿园在教育管理过程中应结合幼儿个体差异,有针对性地对幼儿加强照顾和关心,保障其身心健康。

第三节　学校应提供家庭教育指导服务

常言道:父母是孩子最好的老师。在课堂之外,父母应以科学的方法对子女进行言传身教,争当子女的榜样和其心目中的“英雄”。本节主要从父母不但怠于对子女进行家庭教育,甚至对子女进行暴力管教的错误方式作为切入点,致力于探讨父母在课堂之外应如何扮演好其角色、学校又应当如何配合及应对的问题。

一、要点问题

1. 家庭教育缺位,幼儿园是否有义务对家长进行家庭教育指导?

2. 对于家庭暴力行为,尤其是频繁实施家庭暴力的家长,幼儿园该如何应对?

二、案例:学生在校行为不良,家长采用暴力方式管教

小军系 W 幼儿园小班的学生。小军比较调皮,经常上课大声喧哗,扰乱上课纪律;下课抢其他小朋友的玩具,甚至殴打其他小朋友;午休时间也大吵大闹,影响大家休息。小军的行为已严重影响到该班级的教学秩序。

为此,班主任王老师找到小军父亲沟通此事,希望小军父亲能配合幼儿园一起教导小军,让小军成为一个懂礼貌、讲文明的好孩子。但令人意想不到的是,小军父亲认为既然已经把小军送至幼儿园,那么幼儿园就成了学生的监护人,教育小军便是幼儿园的责任,而且小军平时在家很乖巧,完全不是王老师描述的样子,一定是幼儿园的老师对小军不够好、不尽责,才导致小军在校很任性。

与小军父亲沟通无果后,班主任王老师找到小军所在的居民委员会了解小军的家庭情况,方才得知小军父母离异,小军随父亲生活,而父亲平时游手好闲、无所事事,而且酗酒、赌博,甚至频繁对小军实施家庭暴力,经常把小军揍得遍体鳞伤。

充分了解小军家的情况后，班主任王老师向法律顾问求助，希望法律顾问能给予应对建议，大家共同努力，妥善解决小军的问题。

三、法律风险识别与分析

分析本案例的事实情节后，我们认为幼儿园存在违法风险和行为不当风险：

（1）依据《教育法》《家庭教育促进法》《幼儿园工作规程》①等法律法规，家长的职责是配合学校对学生进行家庭教育；学校的职责是对家长进行科学育儿的家庭教育指导，帮助家长创设良好的家庭教育环境。学校和家长分工合作、相辅相成地共担教育幼儿的职责。基于小军父亲过往种种不负责任的行为，如小军父亲依然拒不依法履行家庭教育责任，而幼儿园对小军父亲的此行为又听之任之，不及时劝阻及提供家庭教育指导服务，则 W 幼儿园可能因违反上述法律法规而被教育行政管理部门责令限期改正；如因 W 幼儿园的放任或忽视，导致小军父亲的不良行为造成恶劣的社会后果或者对小军本人造成生理或心理上的严重创伤，那么，W 幼儿园园长和班主任王老师可能受处分。

（2）《未成年人保护法》《反家庭暴力法》《幼儿园工作规程》②均明确规定家暴行为违法，幼儿园负有反家庭暴力和保护幼儿人身安全的义务。本案例

---

① 《教育法》第 50 条第 2~3 款规定："未成年人的父母或者其他监护人应当配合学校及其他教育机构，对其未成年子女或者其他被监护人进行教育。学校、教师可以对学生家长提供家庭教育指导。"《家庭教育促进法》第 51 条规定："家庭教育指导机构、中小学校、幼儿园、婴幼儿照护服务机构、早期教育服务机构违反本法规定，不履行或者不正确履行家庭教育指导服务职责的，由主管部门责令限期改正；情节严重的，对直接负责的主管人员和其他直接责任人员依法予以处分。"《幼儿园工作规程》第 52 条规定："幼儿园应当主动与幼儿家庭沟通合作，为家长提供科学育儿宣传指导，帮助家长创设良好的家庭教育环境，共同担负教育幼儿的任务。"第 53 条第 1 款规定："幼儿园应当建立幼儿园与家长联系的制度。幼儿园可采取多种形式，指导家长正确了解幼儿园保育和教育的内容、方法，定期召开家长会议，并接待家长的来访和咨询。"

② 《未成年人保护法》第 17 条规定："未成年人的父母或者其他监护人不得实施下列行为：（一）虐待、遗弃、非法送养未成年人或者对未成年人实施家庭暴力……"《反家庭暴力法》第 14 条规定："学校、幼儿园、医疗机构、居民委员会、村民委员会、社会工作服务机构、救助管理机构、福利机构及其工作人员在工作中发现无民事行为能力人、限制民事行为能力人遭受或者疑似遭受家庭暴力的，应当及时向公安机关报案。公安机关应当对报案人的信息予以保密。"第 35 条规定："学校、幼儿园、医疗机构、居民委员会、村民委员会、社会工作服务机构、救助管理机构、福利机构及其工作人员未依照本法第十四条规定向公安机关报案，造成严重后果的，由上级主管部门或者本单位对直接负责的主管人员和其他直接责任人员依法给予处分。"《幼儿园工作规程》第 15 条第 1 款规定："幼儿园教职工必须具有安全意识，掌握基本急救常识和防范、避险、逃生、自救的基本方法，在紧急情况下应当优先保护幼儿的人身安全。"第 3 款规定："幼儿园应当结合幼儿年龄特点和接受能力开展反家庭暴力教育，发现幼儿遭受或者疑似遭受家庭暴力的，应当依法及时向公安机关报案。"

中，小军父亲的频繁家庭暴力行为已严重损害了小军的独立人格、自尊心和身体健康，使小军形成逆反心理，更加难以教育和管理，导致小军成为孤僻、怪异的孩子。在已明知小军父亲频繁实施家庭暴力的情况下，幼儿园应积极采取行动对家庭暴力行为进行有效干预和制止，如主动与小军父亲沟通、与居民委员会保持联系以了解最新情况、及时向公安机关报案等。如幼儿园继续放任家庭暴力行为的发生，W 幼儿园可能因违反上述法律法规而被教育行政管理部门责令限期改正；W 幼儿园园长和班主任王老师也可能受处分。

四、法律风险应对

以保护小军的人身安全及维护小军身心健康为出发点，且尽可能降低 W 幼儿园及班主任王老师可能面临的法律风险，幼儿园可采取包括但不限于增强法治意识、规范家庭教育指导服务、有效干预家庭暴力等应对措施。

（一）增强法治意识，深化科学育儿和反家庭暴力理念

幼儿园应把依法治校作为办学治校的基本理念，制定完善并实施依法治校工作规划：

1. 重点关注《民法典》《教育法》《家庭教育促进法》《未成年人保护法》《反家庭暴力法》《幼儿园工作规程》等相关法律法规中关于提供家庭教育指导或服务、反家庭暴力的规定，不定期组织教师进行集中学习。

2. 必要时可委托法律顾问、法治副校长等专业人员为教师、家长开设法治课程或举办法治讲座、专题报告会等，开展法治教育活动。也可以结合幼儿年龄特点和接受能力，以幼儿能理解的方式对幼儿进行反家庭暴力教育。

3. 幼儿园还可采取多种形式，如建立家长学校沟通机制，保持家校联系，指导家长正确了解幼儿园保育和教育的内容、方法，定期召开家长会议，充分了解家长在家庭教育中遇到的难题，并接待家长的来访和咨询，为家长答疑解惑。

4. 定期组织公益性的家庭教育指导服务和实践活动，进行反家庭暴力宣传，督促家长或监护人积极参加，让家长或监护人以实际参与到家庭教育和反家庭暴力行动之中。

此外，《幼儿园工作规程》第 55 条规定，幼儿园应当加强与社区的联系与合作，面向社区宣传科学育儿知识，开展灵活多样的公益性早期教育服务，争取社区对幼儿园的多方面支持。

总之，增强家长、教师的法治意识，深化家庭教育、反家庭暴力的理念，促进家校联系和沟通，需多方共同努力并发挥作用。

（二）依法落实推进家庭教育指导服务和反家庭暴力行动

依法落实推进家庭教育指导服务和反家庭暴力行动，可以通过 3 个方面具

体实施。

1. 管教孩子是家长的法定监护职责，对于拒绝家庭教育的家长，学校应予以批评教育、劝诫制止。幼儿园可通过家访及召开家长会、座谈会、讲座等方式，向家长说明对子女进行家庭教育是其法定义务，相关法律如《教育法》《家庭教育促进法》《未成年人保护法》等均有明文规定；地方也出台了地方性法规，如《上海市未成年人保护条例》。

幼儿园还应引导广大家长要尽量多安排时间与孩子相处交流、多陪伴孩子，给予亲情关爱，及时了解孩子的日常表现和思想状况，积极与学校沟通情况，自觉发挥榜样作用，切实加强对孩子的管教，特别要做好孩子离校后的监管看护教育工作，避免放任不管、缺教少护、教而不当。如家长缺乏家庭教育知识，幼儿园应对家长进行必要的家庭教育指导。

《检察官担任法治副校长工作规定》第7条明确规定："检察官担任法治副校长期间，主要履行以下职责：(一)联系学校实际，结合学生特点和办理涉未成年人案件情况开展法治宣传教育，指导、帮助道德与法治等课程教师开展法治教育；(二)指导学校落实未成年人保护责任，依法保护学生权益，协助帮扶受到违法犯罪侵害的学生，协调开展司法救助、心理疏导、身体康复、生活安置等多元综合救助；(三)指导学校开展未成年人犯罪预防，协助对违规违纪情节严重的学生或者有不良行为、严重不良行为的学生予以教育惩戒、管理教育或者矫治教育；(四)会同学校、相关部门，联合司法社工等对相对不起诉、附条件不起诉，以及被判处非监禁刑的学生实施精准帮教，根据需要对涉罪未成年学生的法定代理人、监护人开展家庭教育指导；(五)协助学校依法处理安全事故纠纷，妥善处理在校教师、学生违法犯罪案件，严肃查处侵害师生合法权益和滋扰校园的案件，参与学校周边环境整治，及时向政府相关职能部门等提出意见建议，推动建立长效工作机制，维护学校周边社会秩序；(六)指导、协助学校、教师履行法律法规规定的其他工作。"因此，幼儿园还可向法治副校长寻求家庭教育指导方面的帮助。此外，专业的家庭教育指导服务机构、居民委员会和社区在家庭教育方面也有丰富的经验和知识储备，可给予幼儿园一定的帮助和指导。

总之，除了依靠自身力量和资源外，幼儿园还可广泛寻求社会各界的帮助，以求共同完成对家长的家庭教育指导，使家长认识到家庭教育对子女健康成长的重要性和积极意义。

2.《未成年人保护法》第11条第1款明确规定，任何组织或者个人发现不利于未成年人身心健康或者侵犯未成年人合法权益的情形，都有权劝阻、制止或者向公安、民政、教育等有关部门提出检举、控告。根据《反家庭暴力法》第14条及《幼儿园工作规程》第15条的规定，幼儿园及其工作人员在工作中发现无民事行为能力人、限制民事行为能力人遭受或者疑似遭受家庭暴力的，应当依法及时向公安机关报案。据此可知，对家庭暴力行为进行劝阻、制止、检举、控告、向公安机关报案都是干预家庭暴力行为的有效方式，也是幼儿园的法定义务。幼儿园可组建学生保护委员会或明确具体的工作机构直接负责学生保护工作，设置未成年人保护专员，统筹负责学生权益保护工作。本案例中，负责学生保护工作的工作机构或保护专员可通过不定期家访、协同居民委员会和社区对小军父亲的家庭暴力行为进行劝阻、制止、检举和控告。在上述方式不奏效的情况下，幼儿园应及时向公安机关报案，借助公安机关的力量防止家庭暴力产生的不良后果扩大。

3. 与未成年人的其他近亲属、居民委员会、社区保持联系。2022年8月1日施行的最高人民法院《关于办理人身安全保护令案件适用法律若干问题的规定》明确规定了未成年人等因自身原因无法申请人身安全保护令的，其近亲属、居民委员会等机构等有权根据当事人意愿，依照《反家庭暴力法》第23条的规定代为向人民法院申请人身安全保护令。虽然此规定未授权幼儿园有代为申请人身安全保护令的权利，但当未成年人的其他近亲属、居民委员会和社区有代为申请人身安全保护令的需求时，幼儿园便可咨询法治副校长、学校法律顾问等专业人士，为未成年人的其他近亲属、居民委员会和社区提供这方面的指导和帮助。

第四节　学校应督促家长履行监护职责

随着社会高速发展、生活节奏不断加快，家长工作忙已成为常态，如此便衍生出一系列监护职责如何履行的问题。本节以大家生活中较为常见的委托他人接送子女上学、放学作为案例，探讨学校如何规范委托接送机制，以及如何督促家长履行监护职责的问题。

一、要点问题

1. 家长临时有急事可以委托他人代为接送子女吗？

2. 家长临时委托的代为照护人应满足哪些条件？

3. 如非日常接送人来接学生，学校应如何处理？

二、案例：家长委托校外培训机构工作人员接娃放学

李老师是D小学的班主任。有一天放学，李老师像往常一样将学生一个

个交接给家长。可是,来接小明放学的并不是他家长,而是一个自称小明所报校外兴趣班的马老师的人。马老师说:“小明的家长临时有急事,没法亲自来接,于是便委托我来接小明放学,然后直接去上兴趣班。由于小明家长也是临时委托的,所以小明家长没来得及将学校的接送卡转交给我。”李老师之前也没见过这位马老师,自然不敢轻易地将小明交给她。马老师看出了李老师的为难和犹豫,一脸不悦地嚷道:“凭啥不让我接啊,我是小明家长委托来的,只是事发突然,没带上接送卡而已,你们有必要这么刁难我,耽误我时间吗?”

李老师赶紧解释说:“我们这么小心谨慎,也是为学生安全考虑,这样家长才敢放心地将学生送到我们学校。你想一下,如果我们随便将学生交给一个没有接送卡,关键是我们老师都没有见过的人,要是出了问题谁来负责?我们怎么向家长交代?我们老师不但要在课堂上教书育人,还要负责学生的人身安全,请您理解我们的工作。现在新闻报道中经常出现学生被人拐骗、拐卖的事情,难道你希望这种悲剧发生在我们学校吗?”其他家长听到后,纷纷认为李老师说得有道理,学生的人身安全应摆在第一位,老师就应该这样认真负责,全心全意为学生着想。马老师听后,为自己的鲁莽和没礼貌感到羞愧。

稍后,李老师提议说:“今天这事也有点特殊和突然,我现在就给小明的家长打电话核实下,只有小明家长确认有此事,我才敢放心地将小明交给你。”马老师觉得李老师的提议不错,表示认同。李老师便拨通了小明家长的电话,经过一番确认,小明家长确实是没空去接小明放学。因为小明放学后得去上校外兴趣班,正好D小学离校外兴趣班也不远,小明家长便委托校外兴趣班的马老师来接小明放学。李老师和小明家长核实了马老师的外貌长相、衣着特征等。

确认一切属实后,李老师便放心地将小明交给了马老师,并电话告知了小明家长,而且叮嘱小明家长说:“因为学校关于代接学生有相关制度和流程,其中一项就是向学校提交家长安排他人接学生的委托书,用以留存备案,麻烦你明天来接小明的时候补上这份材料,配合学校的工作。”小明家长表示愿意积极配合,并因自己的行为给李老师工作带来不便致歉。

三、法律风险识别与分析

(一)侵权风险

由谁接学生放学,是关系到学生人身安全的重大问题,学校务必高度重视,不可疏忽大意。本案例中,如D小学的李老师在未与小明家长电话核实的情况下,便擅自将小明交给马老师,则马老师身份、校外培训机构是否持证经营、马老师接走小明的动机及接走小明后会对小明实施何种行为等诸多不确定因素可能导致小明的人身安全面临危险。若马老师接走小明后对其实施了人身侵权行为,如虐待,D小学则需承担马老师侵权后的补充责任,而后再向马老师进行追偿。

更为严重的是,若马老师是打着“校外兴趣班老师”的幌子,实则专门从事拐骗、拐卖儿童的犯罪分子,将小明带走后实施拐卖,后果将不堪设想。

(二)违法风险

《未成年人保护法》第35条第1款规定,学校、幼儿园应当建立安全管理制度,对未成年人进行安全教育,完善安保设施、配备安保人员,保障未成年人在校、在园期间的人身和财产安全。《义务教育法》第24条第1款规定,学校应当建立、健全安全制度和应急机制,对学生进行安全教育,加强管理,及时消除隐患,预防发生事故。所以,D小学除了按照规章制度处理此类事件或联系家长确认受托人外,还可从学生角度切入,加强对学生的安全教育管理工作。例如,明确告知学生若是陌生人来接放学,可予以拒绝,要求继续留在校园内并由教师陪伴,直至家长或熟悉的人来接。若学校疏于对学生进行安全教育和管理,导致安全事故的发生,则涉嫌违反《未成年人保护法》的规定而承担相应的民事责任。

(三)行为不当风险

本案例中,班主任李老师的妥善处理,不仅规避了学校的违法风险,而且消除了和马老师之间的矛盾。试想下,若班主任李老师任何一个环节未处理好,比如坚持不把小明交给马老师,让小明滞留学校太长时间,则可能会引起家长的不理解,认为李老师是小题大做,引发家校之间的矛盾,使D小学面临行为不当的风险。

四、法律风险应对

为妥善处理家长临时有急事而委托他人代为接学生放学事宜,预防安全管理方面的风险,消除安全隐患,保障学生人身安全,学校可从以下角度开展应对措施:

(一)强化家长监护职责,强调“学校不是学生的监护人”,有效规避家校纠纷

意识的形成和理念的深入从来不是无中生有或一蹴而就的,而是一个循序渐进、潜移默化的过程。学校可自行或委托法律顾问、学校附近派出所的警官不定期为教师和家长举办关于校园安全事故防范方面的法治讲座,进行普法教育宣传,不断灌输依法治校、安全治校的理念,提高教师的法治素养;不断强化家长监护职责,灌输家庭保护理念。这是新时代对教师和家长的要求和期待。

在法治讲座和普法教育宣传中,除了讲授理论知识,还可明确告知家长,接送学生是其职责,家长有责任亲自接送或委托适格的人接送,而且不得随意变

更接送人，也不得擅自委托非家属的陌生人来接送学生，更不得因为家庭矛盾、婚姻纠纷或感情纠葛将学生留在学校，将监护职责“转嫁”给学校。

相应地，如家长不依法履行监护职责，造成严重后果，应承担法律责任。此时，学校可基于《民法典》的规定，向法院申请撤销家长的监护资格，由法院按照最有利于学生成长的原则重新指定监护人。需要特别注意的是，被撤销监护资格的家长，并不免除其向子女支付抚养费的义务，学校应督促家长按照《民法典》的规定继续支付抚养费。

实践中，有些已经离异或正在“闹离婚”的父母经常会“抢”小孩，一方背着另一方偷偷把子女接走甚至藏起来，导致另一方见不着子女或将子女作为离婚谈判的筹码。针对此类情况，学校应更小心谨慎处理，建议学校可事先通过家访、居民委员会、社区等渠道充分了解学生家庭状况，一旦发现离异家庭或父母感情长期有问题的家庭，且来接学生放学的不是之前常来的家长，学校应一边了解情况、安抚来接学生的家长的情绪，一边联系另一位家长，以核实情况、征求意见。在征得另一位家长同意的情况下，才可将学生交给来接放学的家长，以避免学校卷入家庭内部矛盾。

（二）建立、完善接送制度，让教师有章可循、有制度可依地妥善处理代为接送事宜

《幼儿园工作规程》第12条规定，幼儿园应当严格执行国家和地方幼儿园安全管理的相关规定，建立健全门卫、房屋、设备、消防、交通、食品、药物、幼儿接送交接、活动组织和幼儿就寝值守等安全防护和检查制度，建立安全责任制和应急预案。虽然D小学不是幼儿园，不受《幼儿园工作规程》的约束，但可参照援引《幼儿园工作规程》的相关规定。因此，D小学可根据上述规定制定学生接送交接相关制度，制度内容应包括接送交接的原则、教师如何处理委托接送（如图4-1所示）、家长委托他人接送需办理哪些手续（如主动联系班主任，将委托书和接送卡交给受托人等）、委托书如何留存备案等。

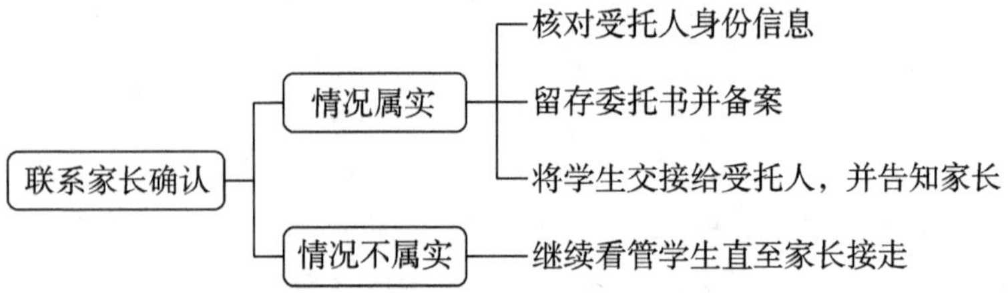

图4-1　教师处理委托接送操作指南

虽然有了相应的制度对委托接送学生进行规范,但现实情况中,基于种种因素,家长未必按照制度规定主动联系班主任。此时,班主任应主动联系家长,确认是否委托他人接学生放学。如情况属实,班主任应仔细核对受托人的身份信息、外貌特征等,查验接送卡,并事后要求家长补充一份亲笔签名、填写日期的委托书用以备案。

每位家长的受教育程度、行文风格等都不尽相同,而委托书又是委托接送的重要材料,为了给家长们提供便利及减少因委托书不符合学校要求或规范引发的其他问题,学校可委托法律顾问或其他专业人士事先起草委托书,并将委托书模板通过家长会议、微信群推送的方式发送给家长,要求家长根据实际情况进行填写。委托书的内容应包含学生信息、委托人(家长)身份信息及联系方式、委托事由、受托人身份信息、外貌特征、联系方式甚至照片等,方便教师进行核对。

除了上述委托书外,与家长第一时间取得联系进行核实是当务之急。因此,学校还应制作家长或紧急联系人花名册,确保每位学生都至少有两位紧急联系人,以免出现各种因素联系不到家长,如家长工作忙、未接听到电话或手机信号不好、手机没电等。

(三)明确告知家长委托他人接送学生的手续要求及适格的代为照护人应具备的条件

基于不是每位家长都拥有委托他人接送学生的经验的现实情况,为了让家长都具备这方面的认知,班主任可通过微信群或借助召开家长会等方式直接指导家长如何处理:

首先,家长应联系班主任,说明不能接学生放学的事由,并将受托接放学人的姓名、联系方式等信息告知班主任。

其次,家长除了将接送卡交给受托人,还应另行准备一份亲笔签名、填写日期的委托书,并交代受托人将委托书交给班主任。

最后,《幼儿园工作规程》第 13 条第 3 款明文规定,入园幼儿应当由监护人或者其委托的成年人接送。本案中,D 小学学生家长亦可参照适用此规定。因此,家长应当委托具有照护能力的智力和精神状况都正常的成年人,建议委托与学生关系较为亲密或与学生一起生活的其他亲属,如爷爷奶奶、叔叔伯伯等代为照护。同时,除了上述因素,家长还应当综合考虑代为照护人的道德品质、家庭状况、身心健康状况等,并听取具有表达意愿能力的未成年人的意见。依据《未成年人保护法》第 22 条第 3 款的规定,具有下列情形之一的,不得作为被委托人:(1)曾实施性侵害、虐待、遗弃、拐卖、暴力伤害等违法犯罪行为;

(2)有吸毒、酗酒、赌博等恶习;(3)曾拒不履行或者长期怠于履行监护、照护职责;(4)其他不适宜担任被委托人的情形。

(四)建立拐骗、拐卖学生的应急处置机制

虽然国家从立法、司法和执法角度加大了对拐骗、拐卖儿童现象的处罚力度,但总有部分为非作歹之徒铤而走险,为了高额、快速的经济回报而实施拐骗、拐卖儿童的违法犯罪行为。切莫认为拐骗、拐卖儿童的事情都发生在新闻报道中,离自己尚远。一旦发生他人假借受家长委托的名义骗领学生的情况,学校应高度重视并第一时间报案,提供犯罪嫌疑人行踪、体貌特征等信息,积极配合公安机关抓捕犯罪分子,找到受害学生,防止拐骗、拐卖儿童之类的悲剧发生。

第五节　家长委员会参与学校多元治理

家长委员会是联系学校和家长的纽带和桥梁。家长委员会通过参与学校管理(包括对学校工作计划和重要决策提出意见建议、支持配合学校工作和监督改进等)、参与教育工作(包括发挥家长的专业优势、发挥家长的资源优势以及为学生开展校外活动提供教育资源和志愿服务等)、参与家校合作与沟通工作等方式对学校办学活动进行监督和支持。

本节以幼儿园合并班级引发家长不满为案例,分析和探讨家长委员会如何依法合规地参与学校多元治理。

一、要点问题

1. 合并班级是否属于幼儿园的办学自主权?

2. 幼儿园合并班级应如何保障家长的建议权、参与权和监督权?

3. 幼儿园如何构建家长委员会工作机制?

二、案例:家长不同意幼儿园并班方案

Z幼儿园是一家以小班化教学得到家长广泛认可和社会一致好评的私立幼儿园,其对外承诺小班化教学的师生配置为每班不超过25名学生,配置3位教师(不包含保育员、营养员等),以此充分保障每名幼儿都能得到关爱。多年来也一直按此承诺办学。

小红的家长慕名将小红送入Z幼儿园就读,小红顺利读完小班和中班。在交完大班上学期的学费后,小红的家长却被幼儿园告知,两个大班要合并为一个班级。如此一来,一个大班里便有40名学生,且配置的教师数量不变,仍为3位。小红的家长认为当初选择Z幼儿园就是出于对小班化教学的认同,现

在幼儿园在未征得全体家长同意的情况下，擅自改变当初的承诺而合并班级，导致学生人数增加，老师数量却未增加，势必影响学生的受照顾程度和受教育质量。Z幼儿园的行为不仅不尊重家长和学生，而且有违当初的承诺，系违规操作。

为此，家长集体维权，一致要求幼儿园撤销并班决定，维持原状，否则向教育局投诉和向法院起诉。无奈之下，Z幼儿园李园长组织全体家长和园方领导商议此事，希望能妥善解决。最终家长和幼儿园商议的结果是维持原状，班级不合并。

三、法律风险识别与分析

(一)侵权风险

根据《教育法》的规定[①]，幼儿园有独立自主办学、安排教学计划的权利，制定招生简章、合并班级是其独立自主办学的表现形式之一，但独立自主办学权同其他任何权利一样，有其边界和范围，学校不得任意扩大和滥用。

招生简章是介绍学校基本情况和新学年学校招生计划、办学计划的重要文件，也是家长和学生了解学校和选择该学校的重要依据之一。招生简章的内容应包括学校简介、报名时间、招生计划(总招生人数、班级数量、每班人数)、招生对象及范围、学费情况、住宿情况、联系方式等。招生简章是学校结合自身情况制定的，其属于何种性质的文件、有无强制力，虽然法律无明文规定，但因其是一种招生的信息传递和预备行为，符合要约邀请的特征，且因其经学校的上级主管部门备案[②]并由学校通过一定的渠道和途径进行公示，具有一定的社会公信力，故基于诚实信用原则和学校声誉、社会评价的考虑，学校应严格依据招生简章进行招生和办学，不得擅自变更。如制定招生简章时的客观情况发生重大变化，学校无法严格依据招生简章进行办学而拟变更招生简章，基于学生利益的考虑，学校应提前将真实情况告知家长，听取家长的意见，以求征得家长谅解和同意。

幼儿园滥用独立自主办学权而作出有悖于招生简章或违反相关法律规定[③]的办学安排，如本案中的擅自改变招生简章而合并班级，事后也未积极主

---

① 《教育法》第29条第1款第1~3项规定："学校及其他教育机构行使下列权利：(一)按照章程自主管理；(二)组织实施教育教学活动；(三)招收学生或者其他受教育者"。

② 《民办教育促进法》第42条规定："民办学校的招生简章和广告，应当报审批机关备案。"

③ 《民办教育促进法》第33条第1款规定："民办学校依法保障受教育者的合法权益。"第43条规定："民办学校侵犯受教育者的合法权益，受教育者及其亲属有权向教育行政部门和其他有关部门申诉，有关部门应当及时予以处理。"《民办教育促进法实施条例》第30条第1款规定："民办学校应当按照招生简章或者招生广告的承诺，开设相应课程，开展教育教学活动，保证教育教学质量。"

动与家长沟通，则幼儿园可能因侵犯幼儿的合法权益而承担民事责任。

（二）违法风险

更为严重的是，如幼儿园涉嫌发布虚假的招生简章、招生广告而骗取钱财，则园长、直接责任人可能因违反《民办教育促进法实施条例》的规定而受到县级以上人民政府教育行政部门、人力资源社会保障行政部门或者其他有关部门的警告处分。①

四、法律风险应对

（一）建立家长委员会，加强家校合作与沟通、促进家校共育共治

1. 充分认识建立家长委员会的必要性和重要意义

《国家中长期教育改革和发展规划纲要（2010—2020 年）》要求建立中小学家长委员会，以推进现代学校制度建设。该纲要第 13 章“建设现代学校制度”中提出“适应中国国情和时代要求，建设依法办学、自主管理、民主监督、社会参与的现代学校制度，构建政府、学校、社会之间新型关系”。第 41 条中专门提出“建立中小学家长委员会”。

为贯彻落实国家纲要，2012 年 2 月 17 日，教育部发布《关于建立中小学幼儿园家长委员会的指导意见》，专门强调幼儿园亦应建立家长委员会。该意见再次强调建立家长委员会对于发挥家长作用、促进家校合作、优化育人环境、建设现代学校制度，具有重要意义。

全面建立家长委员会制度，既是促进家校合作与沟通的重要途径，也是保障学生家长能够有效参与学校管理，增加学校管理、决策的科学性、民主性，完善学校治理机构的重要机制。

2. 积极推进家长委员会组建

家长委员会作为建设依法办学、自主管理、民主监督、社会参与的现代学校制度的重要内容，作为发挥家长在教育改革发展中积极作用的有效途径，作为构建学校、家庭、社会密切配合的育人体系的重大举措，幼儿园应采取更有效的措施、创造更好的条件，以更大的热情大力推进家长委员会的建立工作。

幼儿园组织家长，按照一定的民主程序，本着公正、公平、公开的原则，在自愿的基础上，选举出能代表全体家长意愿的在校学生家长组成家长委员会。特

---

① 《民办教育促进法实施条例》第 64 条第 1 款规定：“民办学校有民办教育促进法第六十二条或者本条例第六十三条规定的违法情形的，由县级以上人民政府教育行政部门、人力资源社会保障行政部门或者其他有关部门依据职责分工对学校决策机构负责人、校长及直接责任人予以警告；情节严重的，1 至 5 年内不得新成为民办学校决策机构负责人或者校长；情节特别严重、社会影响恶劣的，永久不得新成为民办学校决策机构负责人或者校长。”

别要选好家长委员会的牵头人。

家长委员会的成员可以采取推荐与自荐相结合的方式，通过差额选举方式产生。唯有如此，才能真正选出有时间、有精力、有能力、有责任心的家长参与到学校的管理中来，从而避免其成员完全由学校指派，最终异化为学校的“传声筒”，保证家长委员会工作规范、有序、高效开展。

家长委员会成员应具有正确教育观念，掌握科学的教育方法，热心学校教育工作，富有奉献精神，有一定的组织管理和协调能力，善于听取意见，办事公道，责任心强，能赢得广大家长的信赖。

3. 明确家长委员会的职责

家长委员会的主要任务是对幼儿园重要决策和事关幼儿切身利益的事项提出意见和建议；发挥家长的专业和资源优势，辅助幼儿园开展工作；帮助家长了解幼儿园工作计划和要求，协助幼儿园开展家庭教育指导和交流。家长委员会还承担支持教育教学工作、参与和监督学校管理、促进学校与家庭沟通合作等职责。

4. 为家长委员会开展工作提供有力保障

家长委员会在幼儿园指导下工作。相应地，幼儿园应当为家长委员会提供便利、良好的工作环境。这样，幼儿园就可以及时向家长委员会汇报教育教学工作计划，随时邀请家长委员会委员列席学校的重要会议，参与重要决策，让他们充分享有知情、参与、监督和评议的权利。同时，充分发挥家长的专业优势，为幼儿园开展活动提出建议、提供支持，从而真正促进学校工作，实现家校共育。

（二）规范家长委员会章程，构建家长委员会工作机制

温家宝同志在全国教育工作会议上所作的《强国必强教　强国先强教》的讲话中强调“中小学还要建立家长委员会，不断完善学校科学民主决策和评价机制”①。建立家长委员会，必须从章程和制度建设上打好基础，并通过改革创新办实办好。

家长委员会章程是家长委员会的最高指导文件，也是家长委员会进行自身管理的基本规则，具有共识性、稳定性和准则性的特点。家长委员会章程及其配套的相关制度的功能在于明确家长委员会的宗旨、成员来源、产生程序、组织架构、职能、权利和义务等，确保家长委员会的工作系统化、制度化、有章可循。

---

① 《温家宝总理在全国教育工作会议上的讲话（全文）》，载中华人民共和国中央人民政府网，https://www.gov.cn/ldhd/2010-08/31/content_1692288.htm。

本书提供《家长委员会章程》的文本示例，参见本书第六章示例十一。

构建家长委员会工作机制的根本目的是育人，是通过家校合作把学生培养成德智体美劳全面发展的、有健康体魄和健全人格的人。工作中，学校应注重引导家长委员会参与学校管理与监督，努力扩大家长对学校各方面工作的建议权、参与权与监督权，让家长从教育的"看客"变成教育的"同盟军"。

（三）多渠道保障家长的建议权、参与权和监督权

本案例中，合并班级不仅可能对被合并班级的学生产生影响，也可能涉及其他学生、教职工的利益，未经妥善处理甚至可能对幼儿园的声誉产生负面影响，幼儿园对此应足够重视。为了充分保障家长的建议权、参与权和监督权，建议幼儿园按照以下流程处理本案中的合并班级事宜：(1)由班主任提出合并班级的议案，内容包括如何合并班级、何时合并班级、合并班级后的教职工安排及教学计划安排等，就议案的可行性、可能产生的不良影响等提交园方决策机构进行讨论和决议。(2)园方形成通过议案的决议后，组织家长委员会进行协商，听取家长委员的意见和建议，由家长自主选择、作出决定。(3)决策结果在园内公示、可供查阅。公示决策结果时，园方应同时提示家长可在多长时间内对结果提出书面异议，如未在规定时间内提出异议，则结果生效并实施。

除了推行家长委员会工作机制外，幼儿园还可配套建立并大力推进家校联系机制。对幼儿园的各种问题，幼儿园可开通园长信箱、班主任信箱、留言小黑板等渠道，并通过家长会、微信群等形式告知家长，便于家长采取多种途径和形式对幼儿园的办学计划、教育活动、办学条件等进行意见反馈，不断扩大家长对学校办学活动和管理行为的建议权、参与权与监督权。

第六节 学校信息公开义务的范围

学生被心仪的学校录取之后，分到哪个班级随即成为家长密切关注的问题。个别家长在得知子女未被分配到理想的班级后，会要求学校公开分班规则、学生考试分数等信息。

本节通过案例探讨学校信息公开义务的范围，以及家长对于学校信息公开进行监督的限度。

一、要点问题

1. 学校是否可以划分重点班和非重点班？

2. 学校是否有义务公开每位学生的分数情况及分班规则？

3. 如学校决定不予公开，是否侵犯了家长的知情权和学生的受教育权？

二、案例:家长要求学校公开分班信息

小强以优异的成绩升入本市民办初中 S 中学,但只是被分配到了普通班级。小强的父母认为以小强的小升初成绩,应被分配到重点班级,现小强仅是进入普通班级,学校的分班肯定存在不公开、不公平、不公正之处,便向学校教务处申请公开这届学生的考试分数及学校的分班规则,希望学校能给一个明确的说法。

教务处知道小强父母的诉求后,便提供 S 中学的招生简章请其查阅。但小强的父母认为招生简章根本没有写明这届学生的考试分数和学校分班规则,完全不能解答其疑虑,并认为教务处在敷衍,其知情权受到学校侵犯。教务处解释道,学校的招生是严格按照在教育局备案过的招生简章进行的,每个班级学生的分数情况以及学校的分班规则属于学生的隐私以及学校独立自主办学范畴,无法对外透露。如果学校擅自公布学生的考试分数情况,恐会引起其他家长的不满和投诉。小强的父母对于学校拿其他家长说事的态度非常不满,认为学校是在恐吓、威胁。经过多轮沟通,双方依旧无法达成一致意见。

情急之下,小强父母向学校下最后通牒:"若学校再不按照我的要求将学生考试分数、分班规则进行信息公开,同时将小强编入重点班,那么不排除向教育局投诉小强的受教育权以及家长的知情权受到侵犯,甚至可能委托律师起诉学校。"

三、法律风险识别与分析

(一)违法风险

《义务教育法》第 22 条第 1 款中规定"学校不得分设重点班和非重点班"。据此,S 中学将班级分为重点班级和普通班级的做法明显违反了《义务教育法》的规定,S 中学应根据教育行政管理部门的要求进行整改。若 S 中学拒不改正,则学校的主管人员可能因为违反《义务教育法》第 57 条"学校有下列情形之一的,由县级人民政府教育行政部门责令限期改正;情节严重的,对直接负责的主管人员和其他直接责任人员依法给予处分:……(二)分设重点班和非重点班的……"之规定而受到行政处分。

(二)侵权风险

本案例中,S 中学违反法律规定而分设重点班和普通班,一定程度上是对学生进行差异化或区别对待,涉嫌歧视或变相歧视普通班的学生,侵害了学生的人格权益。更或者,如果学校为了息事宁人,擅自公开学生的考试分数,有可能侵犯其他学生的个人信息和隐私权。

四、法律风险应对

(一)依法取消重点班级和普通班级的分设

首先,学校的分班规则、班级设立虽属学校独立自主办学范畴,但必须符合法律规定,不得违法办学。其次,学校办学应充分尊重学生的人格权益,不因学习成绩、性别、民族、种族、户籍、身心健康情况、家庭条件、家长职业、宗教信仰、家长受教育程度等因素区别对待学生,更不得对学生进行歧视或变相歧视。重点班级和普通班级的分设不仅违法,而且可能会伤害学生自尊心和人格权益。因此,S 中学应按照《义务教育法》的规定取消重点班级和普通班级的分设。

(二)制定并执行信息公开制度,依法履行信息公开义务

为促进依法治校、依法治教,依据教育部发布的《全面推进依法治校实施纲要》[①],参照《政府信息公开条例》的规定,建议结合学校实际情况,制定信息公开的相关制度,保障家长和其他校外人员能够依法获取学校信息。

信息公开制度的内容包括公开的内容和范围(包含主动公开的信息、不予公开的信息和依申请公开的信息)、公开的方式和程序、监督和保障(包含责任追究)。信息公开工作应以制度为指导和依据,以公正、公平、便民和法治为原则,达到程序规范、公开的信息内容准确的目的。本书提供《学校信息公开实施办法》的文本示例,参见本书第六章示例十二。

本案例中的招生简章属于学校应主动公开的信息,招生简章公示的方式包括:(1)学校社交平台如网站、微博、微信公众号等;(2)学校门口张贴、登报、校内外广播、电视、报纸、杂志等;(3)信息公告栏、电子显示屏等;(4)新闻发布会、记者招待会;(5)教职工(代表)大会、学生代表大会、咨询会、听证会等会议。如家长有特殊需要,学校可应其申请提供学校的招生简章供其查阅,以充分履行信息制度规定的公开义务,同时保障家长对学校招生和办学计划的知情权。

---

① 《全面推进依法治校实施纲要》第 18 条规定:“大力推进信息公开和办事公开。学校配置资源以及实施干部选拔任用、专业技术职务评聘、岗位聘任、学术评价和各种评优、选拔活动,要按照公开公正的原则,制定具体的实施规则,实现过程和结果的公开透明,接受利益相关方的监督。要按照《高等学校信息公开办法》以及中小学信息公开的规定,建立健全信息公开的机构、制度,落实公开的具体措施,保证教职工、学生、社会公众对学校重大事项、重要制度的知情权,重点公开经费使用、培养目标与课程设置、教育教学质量、招生就业、基本建设招投标、收费等社会关注的信息。要创新公开方式、丰富公开内容,建立有效的信息沟通渠道,使学生、家长以及教师对学校的意见、建议能够及时反映给学校领导、管理部门,并得到相应的反馈。学校面向师生提供管理或者服务的职能部门,要全面推进办事公开制度,公开办事依据、条件、要求、过程和结果,充分告知办事项目有关信息,并公开岗位职责、工作规范、监督渠道等内容,提供优质、高效、便利的服务。”

然而,其他学生的考试分数属学生个人信息和隐私,学校应予以保护和尊重,故学生考试分数属于学校不予公开的内容范畴,学校无义务对外透露和公示;分班规则属于学校独立自主办学范畴,无相关法律明文规定学校应予以公开。总之,其他学生的考试分数和学校分班规则属于学校不予公开的内容,学校不予公开的行为不会侵犯家长的知情权。

此外,受教育权是公民的基本权利之一,《宪法》确认公民有受教育的权利和义务。受教育权包括两个基本要素:一是公民均有上学接受教育的权利;二是国家提供教育设施,培养教师,为公民受教育创造必要机会和物质条件。学校不公开分班规则对学生受教育不产生影响,不侵犯学生的受教育权。

(三)通过公示《信息公开目录》进一步明确信息公开的内容,规范家长对学校信息公开进行监督的范围

为了减少家长或社会公众频繁申请学校信息公开给学校教育管理带来的不便,学校可提前编制《信息公开目录》,细化《信息公开实施办法(参考文本)》规定的主动公开信息和不予公开信息的范围,并根据需要及时调整和更新。《信息公开目录》编制完成后,可参照招生简章的公示方法进行公示,以便家长知晓学校信息公开的义务是有限度的,且家长的知情权并不是无限的。

我们建议学校应主动公开的信息包括:

(1)学校章程、现行的规章制度、历史沿革、学校定位、办学规模、办学指导思想、办学特色、发展目标、校训、校风、校园环境风貌、校级领导、学校联系方式等;

(2)学校各职能部门的设置、职责及办公地点、联系方式;

(3)各类学生的招生政策、招生资格及招生计划、录取信息等;

(4)考试规程、纪律;

(5)学籍管理规定;

(6)评优、评先、学生奖学金和助学金的发放、学费减免等帮困助学情况等;

(7)教职工和学生申诉渠道和处理程序,重大违规事件调查和处理结果;

(8)学校收费项目、标准、依据等;

(9)物资设备采购招投标过程中的有关信息和招投标的结果,重大基本建设与维修工程的方案、招投标情况、进展情况、工程验收情况等;

(10)自然灾害等突发事件的应急处理预案、处置情况,涉及学校的重大事件的调查和处理情况;

(11)法律、法规和规章规定需要主动公开的其他事项;

(12)领导小组决定需要主动公开的其他信息。

我们建议学校不予公开的信息包括:

(1)涉及国家秘密的信息;

(2)涉及商业秘密、教职工和学生个人隐私的信息,尤其是教职工和学生的个人敏感信息,但权利人书面同意公开或者不公开可能对公共利益造成重大影响的除外;

(3)公开后可能危及国家安全、公共安全、经济安全或者社会稳定、校园稳定的信息;

(4)经上级主管部门、保密行政部门确定不予公开的信息;

(5)尚处于讨论、研究、审议或者审查过程中,如果公开将明显引起混乱、不公或者妨碍管理目的实现的信息;

(6)在学校教学、科研活动中产生的属于教师或者学校的知识产权,一旦公开将导致知识产权严重受损或者学校对第三人承担法律责任的信息,但权利人书面同意公开或者不公开可能对公共利益造成重大影响的除外;

(7)在学校为保密条款或者保密协议一方当事人时,根据保密条款或者保密协议约定应当保密的合同条款内容和相互提供的与订立、履行合同有关的信息,以及在不公开审理的司法案件中作出的裁判文书和双方交换的证据材料,但各方当事人均书面同意公开或者不公开可能对公共利益造成重大影响的除外;

(8)属于学校自主办学范畴,学校认为不应予以公开的信息;

(9)法律、法规、规章明确规定不予公开的其他信息。

对于学校不予公开的上述信息,家长应表示充分尊重和理解,不得无理取闹,无故干扰学校正常的教学管理秩序。如家长仍有异议或不满,应合理表达诉求和维权,通过向教育行政部门投诉或向法院起诉的方式解决。

第七节　学校依法保障受伤学生家长的知情权

校园安全事件一直是引发社会关注的热点话题,保障校园安全是家庭、学校、社会协同的首要任务。学生在校园内发生安全事故几乎每天都在我们身边上演,而监控录像在还原事故真相、界定各方责任方面发挥着无可替代的作用,其重要性不言而喻。虽然大部分学校都配备了监控系统,但监控系统的管理工作仍存在较多漏洞。在处理伤害事故过程中,家长又往往会要求调阅监控录像，故本节以家长要求调阅监控录像为切入点，探讨学校如何依法保障受伤学生家长的知情权①问题。

一、要点问题

1. 学生在校受伤，家长有权查看学校监控录像吗？

2. 学校该如何规范监控系统管理制度和调阅流程？

3. 如果家长调阅或复制监控录像的请求不符合规定，学校该如何处理？

二、案例：学生在校受伤，家长要求调阅并复制校内监控录像

A学校发生一起学生下巴磕破的受伤事故。事发后，班主任方老师第一时间将受伤学生小华送往就近的医院进行治疗并通知其家长。返校后，方老师及时调阅监控录像查明事故发生原因：课间休息时间，小华和另外一名学生小刚抢坐凳子，小刚用身体挤了下小华，导致小华摔倒且下巴被凳子磕破。

后来，小华家长来校与方老师沟通赔偿事宜并提出调阅学校监控录像的要求，以便了解事件发生的全过程。方老师将事情的来龙去脉如实告诉小华家长，但小华家长认为事情远没有方老师所说的那么简单，一定是小刚故意导致小华受伤的，坚持要查看监控录像。方老师耐心向小华家长解释监控录像不能随意给他人查看，否则会引起其他学生家长的不满。听了方老师的解释后，小华家长更觉得方老师心里有鬼，学校一定有不可告人的秘密，不看监控录像誓不罢休。

无奈之下，为了息事宁人，方老师只能和学校监控室工作人员联系，说明事情来龙去脉，然后按要求提交了监控录像调阅申请表，在得到校方领导的签字同意、家长签署保密承诺书后，在监控室工作人员的专人陪同下，给小华家长展示了当天的监控录像。未曾想到的是，小华家长以时间仓促，太多细节看不清楚为由提出了进一步的要求，希望把监控录像拷贝一份带回家慢慢观看。对此要求，方老师予以了明确拒绝，解释说："除非有政府公文或者法院调查令等部门的'红头文件'，否则学校的监控一律不允许复制，如果监控外泄出去，谁都无法预料这些监控会落入谁的手里，别人又会利用这些监控做些什么事情，学校无法承担后续一系列不利后果。刚才也看到了，就连您现场查看监控都要经过严格的审批流程。请您一定要理解我们的难处！"小华家长听后也只能悻悻作罢。

三、法律风险识别与分析

（一）违法风险

目前全国各地的教育行政主管部门都相继颁布了关于加强学校监控系统

---

① 《关于完善安全事故处理机制　维护学校教育教学秩序的意见》中规定："规范学校安全事故处置程序。……学校要关心受伤害者，保障受伤害者及其监护人、近亲属的知情权和依法合理表达诉求的权利。"

建设、管理方面的规定,以加强学校安全综合治理。比如,上海市静安区教育局出台了《关于做好民办中小学、幼儿园视频监控系统完善及联网接入工作的通知》《静安区教育系统深入开展安全生产大检查实施方案》等规定,各文件明确学校应加强安全管理,在学校重点区域安装监控摄像头,达到"零死角、全覆盖"的标准。若学校未按照相关规定在校园内安装监控摄像头,则有可能被教育行政主管部门约谈,要求限期整改并反馈整改结果。

(二)侵权风险

学校的监控录像主要内容是教师、学生和其他工作人员在校园内的工作、学习和生活状况,所以监控画面可能涉及教师、学生和其他工作人员的隐私、肖像以及个人信息中的面部特征等,若学校随意将监控录像提供给家长查阅甚至拍照、复制,导致监控录像的内容外泄并为他人不法使用,产生恶劣的后果,则学校涉嫌违反《民法典》相关条款的规定①,侵犯教职工、学生的肖像权、隐私权和个人信息等人格权益。

(三)行为不当风险

随着家长法治意识的增强,近年来,由于学生在校受伤,家长起诉学校的案件不断增多。这些诉讼案件的背后都大致经历了这么一个过程:还原事实真相—双方协商或调解—要么达成一致意见,要么因分歧过大而寻求司法途径解决。化解学校和家长之间出现的矛盾,其实是双方利益博弈的过程,在一定程度上考验彼此的智慧和经验。如学校不能妥善处理此类纠纷,依法保障家长的知情权,则可能引发大量的诉讼案件,导致学校疲于应诉,影响正常的教学管理工作。

四、法律风险应对

(一)构建完善的校内监控系统管理机制,依法配备和维护监控系统,妥善保管和存储监控录像

目前,在上海市教委、各区县教育局和学校的共同努力下,每所学校都配备

---

① 《民法典》第 111 条规定:"自然人的个人信息受法律保护。任何组织或者个人需要获取他人个人信息的,应当依法取得并确保信息安全,不得非法收集、使用、加工、传输他人个人信息,不得非法买卖、提供或者公开他人个人信息。"第 990 条第 1 款规定:"人格权是民事主体享有的生命权、身体权、健康权、姓名权、名称权、肖像权、名誉权、荣誉权、隐私权等权利。"第 991 条规定:"民事主体的人格权受法律保护,任何组织或者个人不得侵害。"第 1018 条第 1 款规定:"自然人享有肖像权,有权依法制作、使用、公开或者许可他人使用自己的肖像。"第 1032 条第 1 款规定:"自然人享有隐私权。任何组织或者个人不得以刺探、侵扰、泄露、公开等方式侵害他人的隐私权。"第 1034 条第 1 款规定:"自然人的个人信息受法律保护。"

了较为完善的校内监控设施，设置了监控设施办公室并安排了管理专员，以此充分发挥监控系统的防范作用，提高预防和处置突发事件的能力。在此基础上，学校还应继续加强监控系统管理专员的教育培训，强化监控系统的日常检查、定期维护并做好常规记录等工作，进一步完善校内监控系统管理机制。

需要特别提醒的是：（1）安装监控摄像头也有诸多注意事项，如学校附近有居民楼、办公楼等建筑，建议在选取安装监控摄像头位置时，应尽量避免监控摄像头的方向对准上述建筑，否则可能会引起相邻权或隐私权纠纷，给学校的教学管理带来不必要的争议。而且，在选取监控摄像头时，也应考虑摄像头的参数类型，如是否具有旋转功能、是否需要账号密码登录，建议选取不具有旋转功能且需要账号密码登录的枪型摄像头。（2）学校应配备专门的监控设备和监控录像管理办公室，安排专人管理监控设备和监控录像。确保监控设备无故障或出现故障能及时修复；确保监控录像不遗失，需要调阅时可在合理期限与范围内[①]供查阅等。学校在选取监控录像管理员时，应重点考虑该人员的职务、道德品质等因素，防止管理员个人擅自或非法调取甚至外泄监控录像。建议学校领导在选定监控录像管理员后，仍需妥善保管监控摄像头的登录账号和密码，可采取由管理员输入账号、学校领导输入密码的“联合”登录方式。

（二）制定并执行学校监控系统管理制度

学校监控系统管理制度具有纲领性和指导性操作规范，为学校如何规范、系统地管理监控录像提供制度保障和文件依据，具有重大战略意义。本书提供《学校监控系统管理制度》的文本示例，参见本书第六章示例十三。

此管理制度应包含管理准则、工作人员及工作职责、调阅准则、法律责任等内容。其中，监控录像调阅准则为该制度的核心内容，包含管理权限、调阅前中后的注意事项（如调阅前的申请和审批；调阅时安排专人全程陪同并监督，调阅者只能观看，不能拍照复制；调阅后的及时记录并归档）等内容。调阅监控录像操作指南如图 4-2 所示，供学校参考。

---

① 公安部办公厅、教育部办公厅印发的《中小学幼儿园安全防范工作规范（试行）》第 15 条第 3 项中规定：“学校各部位的视频监控应不间断进行图像采集，保存时间应不少于 30 天。”

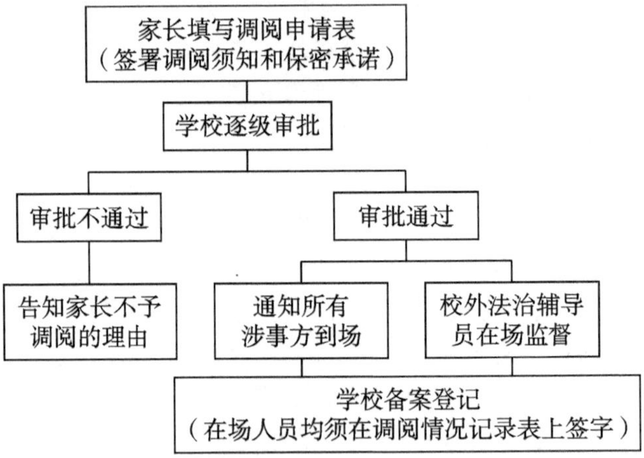

图 4-2　调阅监控录像操作指南

（1）调阅前的申请和审批。制度不应仅停留在文本层面，更重要的是能落地指导学校依法合规管理监控系统，以及应对监控系统管理过程中遇到的问题。家长提出调阅监控录像的申请后，学校应综合考量其要求是否符合监控系统管理制度的规定。不符合制度规定的请求，如家长只是好奇学生在学校如何学习和生活、想了解学生在学校是否乖巧、教职工对学生是否关爱等，则应予以拒绝，并告知家长如不加任何限制地允许调阅，则学校可能因为侵犯其他学生及教职工的人格权益而产生纠纷，以此取得家长的理解[①]，避免产生误会和矛盾。

本案例中，小华家长提出调阅监控录像的目的是了解小华因何受伤、小华受伤时是否有教师在身边、教师是否及时处理小华伤情等，还原小华受伤时的真实情况，为消除家长心中的疑虑、缓和双方矛盾及界定各方责任，建议学校可按照制度规定的调阅流程处理，包括家长填写监控录像调阅申请表、校方逐级审批，审批通过后，校方安排专人陪同监督，校方记录存档。

（2）调阅时安排专人陪同监督。家长的调阅申请经过学校逐级审批并获批准后，除所有涉事方到场外，建议学校还应邀请校外法治辅导员到场，由校外法治辅导员现场监督家长查看监控录像，并提醒家长不得拍摄或复制监控录像，以及向家长强调违规调取、复制、泄露监控录像可能承担的法律责任。调阅

① 《中小学幼儿园安全防范工作规范（试行）》第 15 条第 3 项规定："学校各部位的视频监控应不间断进行图像采集，保存时间应不少于 30 天。安全技术防范系统出现故障时，应在 24 小时内恢复功能，期间应采取有效应急防范措施。"

完毕后,所有在场人员均须在调阅情况记录表上签字,由学校进行备案登记。

(3)调阅后的记录和存档。调阅完毕后,学校还应做好留档记录工作,及时、如实填写监控录像调阅情况记录表,将调阅的情况包括调阅人、调阅时间、调阅事由、监控录像拍摄部位、日期及时间段等翔实记载,以备后查。此外,调阅人和所有在场人均应在记录表上签字,以对记录的情况予以确认。

(三)坚守底线,禁止擅自外泄监控录像

学校满足了家长调阅监控录像的要求后,如果家长进一步提出复制、翻拍监控录像的请求,基于风险防范的考虑,建议学校予以明确拒绝,并告知家长只有持法院调查令或教育行政主管部门的介绍信或调查取证通知书等材料时,学校才有义务配合提供监控录像。其他任何情况下,学校都有义务禁止外泄监控录像。

第八节　学校依法应对家长“校闹”行为

实践中,一些家长面对家校纠纷或矛盾时,不是理性表达诉求、通过法律途径主张诉求,而是采取扰乱学校公共秩序、侵犯他人合法权益、破坏社会主义法治的方式向学校施压,突破法律底线,损害法治权威。“大闹大解决、小闹小解决、不闹不解决”的乱象,客观上也助长了“校闹”等不良风气的滋生和蔓延。

本节主要探讨学校如何依法应对家长“校闹”行为。

一、要点问题

1.“校闹”具体包括哪些行为?

2.“校闹”行为与合理表达维权诉求之间的界限是什么?

3.当发生“校闹”时,学校应如何应对和处置?

二、案例:学生不幸意外身亡,家长在校门口“讨说法”

小力是X高中一名高二年级的学生,品学兼优,是老师和同学心目中的优等学生。按照小力目前的学习成绩发展下去,考上重点大学不成问题。一天晚饭后,小力和往常一样,边拿着英语单词书背诵,边在校内散步,结果不慎跌下台阶,头部着地,满地是血。附近同学发现后,急忙拨打“120”呼叫救护车,班主任和学校相关领导也第一时间赶往医院,并通知小力家长。不幸的是,由于受伤太严重,经过几个小时的抢救,小力仍不治身亡。

在处理完小力的后事后,小力家长来学校商讨赔偿事情。最终在事故责任归属以及赔偿金额上,学校和家长产生分歧。家长认为学校的台阶过高、过陡而没有任何防护措施,而且学校抢救不及时,耽误了救助时间,应承担主要责任。而学校认为,其已在台阶最高处放置“注意安全、谨防跌落”的提示牌,是小力自己注意力不集中才跌下台阶的,并且附近的同学已经第一时间呼叫救护车,班主任和校领导也第一时间前往医院,学校已采取了一切措施,并无任何过错。学校表示,对于惨剧的发生也非常遗憾和心痛,学校愿意对小力家人进行人道主义补偿,但学校经费和预算有限,只能给小力家人一两万元的经济补偿。经过好几轮沟通和谈判后,双方在赔偿金额问题上分歧过大,不欢而散。

于是,小力家长每天来校门口,逢人便说该学校如何惨无人道、如何见死不救等。甚至将棺材、花圈摆在校门口"讨说法",要求学校给予高额补偿。小力家长的行为已严重干扰了学校的正常教学秩序,让学校领导苦不堪言。

三、法律风险识别与分析

(一)侵权风险

"校闹"是学校安全事故处置过程中,家属及其他校外人员实施围堵学校、在校园内非法聚集、聚众闹事等扰乱学校教育教学和管理秩序,侵犯学校和师生合法权益的行为。故"校闹"行为有可能造成其他学生、教职工人身伤害或学校财产损失,学校存在被侵权风险。被侵权后,学校和教职工有权依法追究"校闹"人员的民事责任。

"校闹"行为涉嫌构成寻衅滋事罪、聚众扰乱社会秩序罪、故意毁坏财物罪、非法拘禁罪、故意伤害罪,以及聚众扰乱公共场所秩序、交通秩序罪等,需要追究刑事责任的,学校应及时向公安机关报案。

(二)行为不当风险

学校可以通过联合惩戒机制,对实施"校闹"的人员实施惩戒。但学校在依法打击"校闹"行为前应正确认识和区分"校闹"行为与合理表达维权诉求行为,如果学校将家长的合理诉求认定为"校闹"进行打击,一旦学校的处置行为不当,则可能激化家校矛盾,并给相关各方声誉带来负面影响。

根据教育部等五部门《关于完善安全事故处理机制　维护学校教育教学秩序的意见》第10条的规定,"校闹"行为包括以下情形:(1)殴打他人、故意伤害他人或者故意损毁公私财物的;(2)侵占、毁损学校房屋、设施设备的;(3)在学校设置障碍、贴报喷字、拉挂横幅、燃放鞭炮、播放哀乐、摆放花圈、泼洒污物、断水断电、堵塞大门、围堵办公场所和道路的;(4)在学校等公共场所停放尸体的;(5)以不准离开工作场所等方式非法限制学校教职工、学生人身自由的;(6)跟踪、纠缠学校相关负责人,侮辱、恐吓教职工、学生的;(7)携带易燃易爆危险物品和管制器具进入学校的;(8)其他扰乱学校教育教学秩序或侵害他人人身财产权益的行为。除了上述8种情形,《北京市中小学校幼儿园学生伤害事故处理办法》第35条第8项将"蓄意进行不实报道或者制造、散布谣言"也列为"校闹"行为。

四、法律风险应对

由于学生伤害事故是引发"校闹"的主要原因，因此，从事前防范角度来看，学校应着重加强学校安全事故预防，规范学校安全事故处置程序，将"校闹"行为的诱因消灭在萌芽状态（详见本书第二章第一节"学生校园人身伤害的防范与处置"）。

为有效应对和处置"校闹"，学校不仅要正确处理"校闹"导致的社会舆情（详见本书第五章第五节"规范应对校园突发事件引发的网络舆情"），还应从以下角度依法开展工作。

（一）组建家校矛盾纠纷调处委员会，搭建矛盾纠纷调处平台

为有效避免"校闹"及防止"校闹"的不良影响扩大，学校应立足于多元化的思路，通过引入各种纠纷化解机制，引导学校和家长以正确的方式化解纠纷和矛盾。

一般来说，从"平等协商"到"第三方调解"，再到"提起诉讼"，是解决学生伤害事故纠纷的典型三部曲。有时，学校为了避免引起"校闹"而在协商和调解中过度退让，未能坚实捍卫学校的正当权益；有时，学校碍于专业，难以有的放矢地给出有针对性的正确调解方案。此时，组建专业的家校矛盾纠纷调处委员会就显得意义尤为重大。学校应明确家校矛盾纠纷调处委员会的工作职责、人员力量和工作方式等，保障家校矛盾纠纷调处委员会在学校统一领导下有序开展工作。学校还可以制定《校内纠纷协商调处办法》等校内规章制度，为校内纠纷协商或调处解决提供参考依据。本书提供《校内纠纷协商调处办法》的文本示例，参见本书第六章示例十四。

当学校安全事故责任明确、各方无重大分歧时，可以协商解决，可由家校矛盾纠纷调处委员会调配力量，做到由学校牵头，将相关教育专家、街道及社区工作人员、法治副校长①、律师、学校法律顾问、心理咨询专家、社会学专家等纳入其中，对发生的各类家校矛盾进行调解，保证调解的权威性、专业性和公平公

---

① 《中小学法治副校长聘任与管理办法》第5条规定："法治副校长履职期间协助开展以下工作：……（四）参与安全管理。指导学校完善安全管理制度，协调推动建立学校安全区域制度，协助学校健全安全事故预防与处置机制，主持或者参与学校安全事故的调解协商，指导学校依法处理安全事故纠纷，制止侵害学校和师生合法权益的行为。……"《检察官担任法治副校长工作规定》第7条规定："检察官担任法治副校长期间，主要履行以下职责：……（五）协助学校依法处理安全事故纠纷，妥善处理在校教师、学生违法犯罪案件，严肃查处侵害师生合法权益和滋扰校园的案件，参与学校周边环境整治，及时向政府相关职能部门等提出意见建议，推动建立长效工作机制，维护学校周边社会秩序……"

正。需要强调的是,协商解决纠纷应当坚持自愿、合法、平等的原则,尊重客观事实、注重人文关怀,文明、理性表达意见和诉求。协商一般应在配置录音、录像、安保等条件的场所进行。受伤害者亲属人数较多的,应当推举代表进行协商,代表人数一般不超过5人并相对固定。双方经协商达成一致的,应当签署书面协议。

(二)坚守法律和事实底线,依法给予赔偿或维护自身合法权益

学校安全事故损害赔偿纠纷处理过程中,应根据事故客观事实和法律法规规定,明确各方责任。同时,应坚守法律底线,坚持合法途径解决纠纷,依靠司法裁判维护公平正义。责任认定前,学校不得赔钱息事,坚决避免超越法定责任边界,片面加重学校负担,坚决杜绝"大闹大赔""小闹小赔""花钱买平安"。

(1)经认定,学校确有责任的,应积极主动按最高人民法院《关于审理人身损害赔偿案件适用法律若干问题的解释》的标准确定赔偿金额,给予损害赔偿,不得推诿塞责、拖延不办。原则上,公办中小学、幼儿园人身伤害事故纠纷涉及赔偿金额请求较大的,应当积极引导当事人通过人民调解等方式解决。

(2)经认定,学校无责任的,学校应主动澄清事实。如"校闹"已给学校造成重大影响,学校可委托法律顾问向法院提起民事诉讼,追究"校闹"人员的侵权责任,包括赔偿损失、赔礼道歉、停止侵害、消除影响等。

(三)及时向公安机关报案,依法严厉打击"校闹"行为

如事态发展到一定程度,已影响到学校的正常教学管理和社会公共秩序,学校应立即向所在地公安机关报案,提供对方人数、具体行为、有无人员受伤等现场情况。公安机关到达前,学校应实施自我防护,依法采取必要的措施,阻止相关人员进入教育教学区域,防止其干扰教育教学活动,并注意保护现场、收集证据。学校及相关人员应积极配合公安机关做好现场控制与调查取证等工作,协助调查清楚事情原委。

第九节 幼儿园托班托育服务规范化

2017年,党的第十九次全国代表大会报告中,"幼有所育"被列为"七有"民生工程的第一项。2019年,国务院办公厅《关于促进3岁以下婴幼儿照护服务发展的指导意见》明确发展目标为:"到2025年,婴幼儿照护服务的政策法规体系和标准规范体系基本健全,多元化、多样化、覆盖城乡的婴幼儿照护服务体系基本形成,婴幼儿照护服务水平明显提升,人民群众的婴幼儿照护服务需求得到进一步满足"。2021年,中共中央、国务院《关于优化生育政策促进人口

长期均衡发展的决定》强调发展普惠托育服务体系，要大力发展多种形式的普惠服务。上述两份文件均鼓励和支持有条件的幼儿园开设托班，开展托育服务，招收2~3岁的幼儿。虽然现有法律法规并未限制民办幼儿园开设托班提供普惠性托育服务，但民办幼儿园因场地租金、人员工资、税务负担等办园成本较大，相应的托育价格较高，能够受益的人群有限，难以真正达到普惠效果。

2021年7月，在国务院新闻办公室的新闻发布会上，国家卫生健康委员会人口监测与家庭发展司司长介绍，全国现有0~3岁的婴幼儿4200万名左右。其中1/3的家庭有比较强烈的托育服务需求，但现在的实际入托率为5.5%左右，供给和需求缺口还很大。就当前形势来看，扩大普惠性托育机构数量成为当务之急，但要想保证普惠性托育服务的公共性和公益性，公办幼儿园托班将是普惠性托育服务建设的主要力量所在。

除了公办和民办幼儿园托班，我国还允许经依法登记备案的营利性和非营利性托育机构提供托育服务，营利性托育机构收费高，通常采用预付费模式，托育机构快速扩张、资金链断裂，甚至停业，以及托育机构负责人挪用预付费等新闻报道频频见诸报端，引发家长集体维权和群体性退费纠纷，严重影响了家长对民办托育机构的信任度。

2022年下半年，某品牌教育集团旗下多家托育机构全部停业，多名家长退费无果引发媒体关注和报道。本节通过案例识别和分析托育服务机构收费和退费的法律风险，并进一步探讨幼儿园托班的规范化管理问题。

一、要点问题

1. 婴幼儿照护服务、托育服务与早期教育服务有什么区别？
2. 幼儿园托班该如何提供规范的托育服务？
3. 托育服务合同中的收费和退费条款该怎么约定？

二、案例：托育机构突然停业家长退费难

市民王先生的孩子不满3周岁无法上幼儿园，其本想让孩子去公办幼儿园的托育班，但由于名额较少，于是转向在有关部门登记备案的营利性托育机构——R托育园。

王先生于2021年12月向R托育园预付了一个半月的费用6800元。2022年2月，孩子准备上课时，他又支付了25,000元，总共预付6个半月的服务费。王先生提供的其与园方签订的《托育服务合同》中未写明R托育园不能提供服务时如何退款，但写明了如果孩子因健康原因无法继续就读时，可以退款。如果学员消耗的课时占总课时1/3以内，可以退还已付费用的50%；若占1/3以上但未达到一半，可以退还已付费用的30%；若消耗的课时占一半以上，不退还任何费用。

受到疫情影响,R托育园于2022年3月闭园。同年7月24日,王先生接到老师电话,表示由于经营不善,学校不办了,剩下的课程有两个解决方案:一是转给其他托育园;二是退款。王先生选择了退款,但一周后,R托育园表示要分期付款,8月底先付3%的退款,剩下的97%将在2023年8月31日前付清。王先生称:“他们没有说第一次只付3%的原因,没有说下一笔什么时候退,退多少,分多少期,就只是通知我们,让我们家长在8月3日前,也就3天时间,来签退款协议。如果不签,相当于没有认可这个退款方案,什么都拿不到。”

此外,王先生在参加R托育园组织的亲子活动时发现,这所托育园在活动设计时,没有考虑到0~3岁幼儿的运动能力。比如,有一项涉及篮球的运球动作,需要幼儿边走边运球,同时还要兼顾队形及音乐的节奏。幼儿使用正常大小的篮球运球本身就有很大的困难,更不要说配合音乐的节奏了,导致在这项运动中家长和幼儿大部分的时间都在混乱中捡球。

三、法律风险识别与分析

(一)违法风险

1. R托育园未将完整的退费规则告知家长

本案例中,R托育园与王先生签订的《托育服务合同》中仅约定了幼儿因健康原因无法入托时可以退款,但未明确R托育园不能提供托育服务时的退款规则。国家卫生健康委员会于2019年印发的《托育机构管理规范(试行)》第10条规定:“托育机构应当与婴幼儿监护人签订托育服务协议,明确双方的责任、权利义务、服务项目、收费标准以及争议纠纷处理办法等内容。”此外,自2023年1月1日起施行的《上海市学前教育与托育服务条例》第26条第3款也明确:“幼儿园和托育机构应当将收费项目和标准、收费方式、服务内容、退费规则等内容告知家长。”根据该条规定,全市所有幼儿园和托育机构,无论公办还是民办,普惠性还是非普惠性,收费标准是政府指导价还是市场定价,均应当依法履行告知义务。

R托育园不仅没有事前约定停止营业的退费规则,事后也没有与王先生协商退费事宜,仅单方面通知退费方式、期限和金额,不仅有违诚信原则,且存在克扣和挪用预付款的嫌疑。

2. 开展活动内容违背0~3岁幼儿年龄特点

本案例中,R托育园开展的篮球活动明显不符合0~3岁幼儿的身心发展规律,甚至还可能导致幼儿被滚落到地上的篮球绊倒而受伤。

那么,关于托育服务的内容,有无明确的法律依据呢?回答这个问题就需要厘清婴幼儿照护服务、托育服务以及早期教育服务[①]之间的关系(见图4-3)。

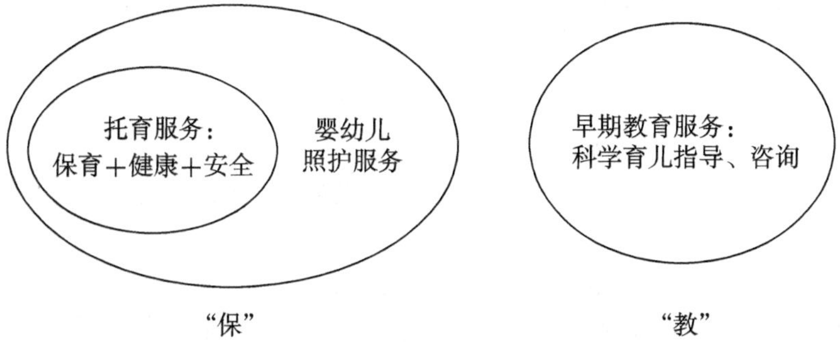

图4-3　婴幼儿照护服务、托育服务以及早期教育服务的关系

《未成年人保护法》《家庭教育促进法》中并未出现“托育服务”字样,而是选取“婴幼儿照护服务”作为立法表达。就概念范围而言,托育服务是婴幼儿照护服务的下位概念,托育服务核心的概念要素在于婴幼儿暂时完全脱离父母或家庭的照护,而婴幼儿照护服务不仅可以涵盖托育服务的内容,还包括在婴幼儿未脱离家庭环境的情况下,为照护活动提供辅助和支持,如科学养育指导[②]、保姆照护、喘息服务等。另就规范生成过程来看,《未成年人保护法》《家庭教育促进法》之所以规定婴幼儿照护服务机构,实际上是对2019年国务院办公厅《关于促进3岁以下婴幼儿照护服务发展的指导意见》核心思想的吸收,其中所指的婴幼儿照护服务机构[③]的主要类型正是提供各类托育服务的托育机构。

根据《托育机构管理规范(试行)》的条文可以梳理出托育服务的内容,其主要包括保育管理、健康管理、安全管理三个方面。保育管理要求机构对婴幼儿进行一定生活基础性照顾并引导其发育认知。很显然,保育是托育的内容之一。保育管理是托育和早期教育服务区分的根本性要求,托育侧重“保”而早

---

① 《早期教育服务规范》(GB/T 31725—2015)第3.1条界定“早期教育服务”为“在托儿所、幼儿园保育教育活动之外,面向0岁至6岁婴幼儿及其家长,由相应组织提供,旨在促进婴幼儿身心发展的一系列教育活动与过程”。

② 《家庭教育促进法》第44条规定:“婴幼儿照护服务机构、早期教育服务机构应当为未成年人的父母或者其他监护人提供科学养育指导等家庭教育指导服务。”

③ 《家庭教育促进法》第19条规定:“未成年人的父母或者其他监护人应当与中小学校、幼儿园、婴幼儿照护服务机构、社区密切配合,积极参加其提供的公益性家庭教育指导和实践活动,共同促进未成年人健康成长。”

期教育服务侧重“教”，对此，《未成年人保护法》第 41 条[①]也对这两类机构予以明确的区别。健康管理要求机构确保婴幼儿自身发展健康状况、婴幼儿家庭生活与托儿所生活环境卫生状况良好。安全管理包括安全硬性管理与软性管理：硬性管理要求机构配备必要的安保人员和物防技防设施；软性管理要求机构提供安保措施、紧急预案措施、监控监管措施等多元共治。

关于托育服务的内容，除了上述倡导性的列举规范，还规定了禁止性的负面清单。

2022 年 11 月，国家卫生健康委员会办公厅研究制定并印发了《托育从业人员职业行为准则(试行)》，其中第 5 条关于提供科学照护的规范要求“遵循婴幼儿成长规律，合理安排每日生活和游戏活动，支持婴幼儿主动探索、操作体验、互动交流和表达表现。不得开展超出婴幼儿接受能力的活动”。

此外，《上海市学前教育与托育服务条例》第 36 条规定：“幼儿园和托育机构不得使用小学化的教育方式，不得教授小学阶段的课程内容，不得组织任何形式的考试或者测试，不得开展违背儿童身心发展规律和年龄特点的活动。幼儿园和托育机构不得向儿童及家长组织征订教材和教辅材料，不得推销或者变相推销商品、服务等。”

最后，需要特别提醒上海市的托育机构，《上海市学前教育与托育服务条例》第 63 条[②]明确了托育机构相关违法情形的法律责任。如 R 托育园在上海市登记备案，该园开展超出婴幼儿接受能力的篮球活动，并在停业后克扣预付托育费，将由教育部门或者有关主管部门责令限期改正，并予以警告；有违法所得的，退还所收费用后没收违法所得。

(二)违约风险

R 托育园停业后，无法按照《托育服务合同》的约定提供托育服务，显然属于严重违约，致使王先生签订合同的目的无法实现，王先生依法有权要求解除合同，要求 R 托育园退还预付的托育费用。此外，如果《托育服务合同》中的违

---

① 《未成年人保护法》第 41 条规定：“婴幼儿照护服务机构、早期教育服务机构、校外培训机构、校外托管机构等应当参照本章有关规定，根据不同年龄阶段未成年人的成长特点和规律，做好未成年人保护工作。”

② 《上海市学前教育与托育服务条例》第 63 条规定：“托育机构违反本条例第二十一条第三款规定，未按要求进行备案或者在办理备案时隐瞒情况、提供虚假材料的，由所在地的区教育部门责令限期改正，可以处一千元以上一万元以下的罚款。托育机构有本条例第六十二条规定的违法情形的，由教育部门或者有关主管部门责令限期改正，并予以警告；有违法所得的，退还所收费用后没收违法所得；情节严重的，责令停止托育服务。”

约责任条款约定了违约金，王先生还可以依据该条款向 R 托育园主张赔付。

根据托育服务的性质是否具有普惠性，将托育服务合同分为两类：普惠性托育服务合同，系婴幼儿监护人与普惠性托育服务提供者订立的公共服务合同，服务提供者负有强制缔约义务；非普惠性托育服务合同，系婴幼儿监护人为生活消费需要向非普惠性托育服务提供者购买个性化的托育服务而订立的买卖合同，服务购买方的权益受《消费者权益保护法》保护。

1. 普惠性托育服务合同

“普惠托育”是“托育”的一个下位概念，意味着能够普及并惠及全体婴幼儿，使其平等地、无条件地、无负担地享有受教育权以及被抚养权。普惠托育是指国家在综合考虑居民收入水平和可支配水平前提下，为公民提供照护婴幼儿的公益性、非营利性公共服务产品（见图 4-4）。

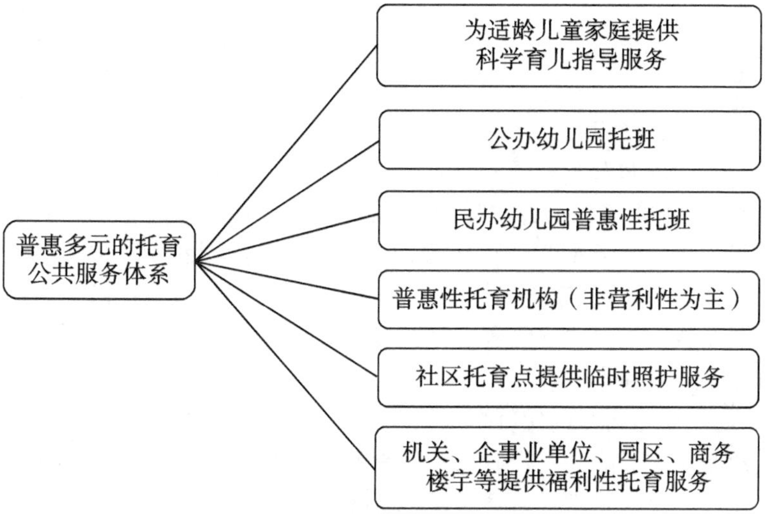

图 4-4　普惠多元的托育公共服务体系

强制缔约义务是对合同自由的一项重要限制措施，当前我国《民法典》中规定的强制缔约义务条款主要集中在公共服务供给领域。负有强制缔约义务的主体或为国有企业，如自来水厂、电厂等，或为法律法规特许经营行业，如出租车营运主体。《“十四五”积极应对人口老龄化工程和托育建设实施方案》中明确规定“支持工业（产业）园区、用人单位等利用自有土地或设施新建、改扩建托育服务设施，普惠托位要向社会开放提供”。

《“十四五”公共服务规划》专栏 1 明确，发展普惠托育服务，2020 年每千人口拥有 3 岁以下婴幼儿托位数 1.8 个，到 2025 年，预期每千人口拥有 3 岁以下婴幼儿托位数达到4.5个。据此,普惠托位数量有望大幅度增加,将来在有关普惠托育的立法中有可能会出现“普惠托育服务机构在托位允许的情况下不得拒绝提供托育服务”的相关规定。

2. 非普惠性托育服务合同

本案例中,R托育园不属于普惠性托育机构,该园与王先生签订的《托育服务合同》受到《消费者权益保护法》的约束。该合同退费条款由R托育园单方拟定,属于格式条款,其关于退费的约定明显对消费者不公平、不合理,限制了王先生主张退还未履行部分托育费的权利,同时减轻了R托育园退还未履行部分预付款的责任。因此,根据《消费者权益保护法》第26条①的规定,该退费条款无效,王先生可要求R托育园按照实际出勤天数核算保育费。

此外,R托育园向家长预收托育费,宣布停业后,仅提供一种不公平、不合理的退款方案,违约在先,强制交易在后。根据《消费者权益保护法》第53条②的规定,R托育园不仅应当一次性退还剩余预付款,还应当向王先生支付预付款的利息。

四、法律风险应对

(一)开设托班的幼儿园应正确理解“托幼一体化”

1997年,上海市教委首次提出“托幼一体化”这一概念,2021年3月,《国民经济和社会发展第十四个五年规划和2035年远景目标纲要》再次明确“发展普惠托育服务体系,健全支持婴幼儿照护服务和早期发展的政策体系……鼓励幼儿园发展托幼一体化服务。推进婴幼儿照护服务专业化、规范化发展,提高保育保教质量和水平。”

那么,在幼儿园开设托班是否就是实现了托幼一体化?0~3岁婴幼儿与3岁以上幼儿在沟通能力、自理能力、饮食和照护精细程度方面,存在明显差异,按照幼儿园的模式管理托班显然不符合托幼一体化的初衷。

托幼一体化不是托幼一致化,不是托育班加幼儿园的强行组合,幼儿园托

---

① 《消费者权益保护法》第26条规定:“经营者在经营活动中使用格式条款的,应当以显著方式提请消费者注意商品或者服务的数量和质量、价款或者费用、履行期限和方式、安全注意事项和风险警示、售后服务、民事责任等与消费者有重大利害关系的内容,并按照消费者的要求予以说明。经营者不得以格式条款、通知、声明、店堂告示等方式,作出排除或者限制消费者权利、减轻或者免除经营者责任、加重消费者责任等对消费者不公平、不合理的规定,不得利用格式条款并借助技术手段强制交易。格式条款、通知、声明、店堂告示等含有前款所列内容的,其内容无效。”

② 《消费者权益保护法》第53条规定:“经营者以预收款方式提供商品或者服务的,应当按照约定提供。未按照约定提供的,应当按照消费者的要求履行约定或者退回预付款;并应当承担预付款的利息、消费者必须支付的合理费用。”

班的管理,应当按照国家卫生健康委员会发布的有关规定从环境、管理、师资、服务、喂养标准等方面予以规范,包括《托育机构设置标准(试行)》《托育机构管理规范(试行)》《托育机构负责人培训大纲(试行)》《托育机构保育人员培训大纲(试行)》《托育从业人员职业行为准则(试行)》《托育机构婴幼儿喂养与营养指南(试行)》。

(二)托育机构应建立健全收费、退费管理机制

托育机构收费和退费问题通常是家长投诉的热点,也容易引发负面舆论和监管处罚。为此,托育机构应建立收费、退费管理办法与财务管理制度,至少包括:

1. 托育机构应当按月收取托育费,向社会公示收费项目和标准及退费办法等。

2. 托育机构幼儿伙食和点心费应按月公示,专款专用。

3. 对中途退出托育机构的幼儿,应当提供代办费使用明细账目,多退少补。

4. 建立财务会计和资产管理制度,建立健全财务内部控制制度。同时,要加强财务和资产管理,所有资产由法人依法管理和使用,任何组织和个人不得截留、挤占、挪用。托育机构资产使用和财务管理,应当接受审批机关和其他有关部门监督。

5. 采用履约保证保险、第三方支付、单用途预付消费卡管理等方式,进一步降低预收资金风险。

(三)完善《托育服务合同》收费和退费条款

我国各地有关部门已陆续出台了《婴幼儿托育服务合同(示范文本)》供当地入托婴幼儿的监护人与托育机构之间签订托育服务合同时使用。现就本案例涉及的收费和退费条款,予以解释说明。

1. 收费条款

托育机构的收费价格应公示,并将价格公示表作为合同附件。价格公示表应按乳儿班、托小班、托大班分类并按天、月、季度分别进行报价。一方面,有利于各托育机构根据行业发展和实际提供服务内容科学地分类定价;另一方面,有利于消费者根据实际需要选择合适的报名、缴费方式。此外,也给不同的退费情形确定了基数标准,有利于化解退费纠纷。

此外,预付消费模式容易导致资金风险和退费纠纷,根据国务院办公厅《关于规范校外培训机构发展的意见》中关于规范收费管理的规定,“严格执行国家关于财务与资产管理的规定,收费时段与教学安排应协调一致,不得一次性收取时间跨度超过 3 个月的费用”,托育机构在合同中应约定“单次缴费不

超过3个月”。

2. 退费条款

由于退费规则与消费者有重大利害关系，托育机构的退费规则应当用加粗或下划线等醒目方式提示婴幼儿家长，并在签订合同时予以解释说明。退费情形可以按责任归属和不可抗力等情形进行分类说明，并明确不同的计费和退费方式。尽可能穷尽退费原因，有助于避免消费者和托育机构适用退费规则时产生分歧。此外，可以增加“7天冷静期”条款，如“甲方自缴费之日起7日内，婴幼儿尚未入托的，甲方有权要求同乙方解除合同并退款，乙方应当自甲方提交退费申请单之日起5日内一次性全额退回甲方预付款”。

本章小结

本章共九节内容，主要阐述了学校和家长在家校合作、协同共育、权责分明方面的关系，旨在为学校厘清：

1. 学校和家长主要从教育和安全两方面进行分工：(1)教育。学校关注学生的学业、科学知识；家庭或家长关注学生的身心健康、行为习惯。(2)安全。学校关注学生在校期间的人身安全；家长关注学生校外的人身安全。

2. 学校通过与家长保持联系，通过居民委员会、社区等介入家庭，指导和帮助家长教育管理学生，如制止家庭暴力行为、为家长提供家庭教育指导服务等。

3. 家长通过家长委员会的方式参与学校的教学管理，对于学校的招生规则、分班规则、并班方案等教学管理活动进行民主监督，对于涉及学生重大利益的事项进行民主决策等。

第五章 学校与社会

本章概要

学校教育是在社会中进行的,社会的发展离不开学校教育。作为一种特定的社会组织,学校与企事业单位、社会团体、个人之间不仅是相互联系、相互作用的综合有机体,更存在复杂的民事所有和流转上的关系。随着现代社会的不断进步,学校与社会的关系日趋密切,并逐步形成学校与社会相互交融、密不可分的一体化环境。学校作为独立法人,在广泛参与社会活动的过程中可能面临一系列法律问题,在处理好纠纷之余更应当盘活学校与社会之间的良性循环,促进教育事业的欣欣向荣。本章围绕学校与社会各组织和个人之间的知识产权关系、合同关系、相邻关系等法律关系,识别出可能存在的法律风险并提出应对建议。

第一节 教职工职务发明的专利权归属

2023 年第 14 期《知识产权统计简报》显示:“2023 年 1-11 月,我国发明专利授权量为 84.9 万件,实用新型专利授权量为 192.5 万件,外观设计专利授权量为 58.5 万件。截至 2023 年 11 月底,我国发明专利有效量为 493.4 万件。其中,国内(不含港澳台)发明专利有效量 395.8 万件。实用新型专利有效量为 1205.0 万件。外观设计专利有效量为 320.0 万件。”①

幼儿园、中小学以及高等技术学校在几大专利申请主体中具有得天独厚的优势,人才、技术、成果、信息以及财政资金的投入,能极大地促进专利成果的诞生。但是,学校在专利管理事务中也存在相应问题,如缺乏专利管理部门以及管理人才、专利脱离市场需求、尚未构建第三方转化平台以实现产学研一体化等问题。归根结底,笔者认为,幼儿园、中小学以及高等技术学校还尚未真正建立起专利(知识产权)管理体系。

---

① 国家知识产权局战略规划司:《知识产权统计简报》(2023 年第 14 期),载国家知识产权局官网 2023 年 12 月 15 日,https://www.cnipa.gov.cn/module/download/down.jsp?i_ID=189068&colID=88。

一、要点问题

1. 教职工在校期间完成的发明创造①,专利权归谁?

2. 教职工的职务发明是否可以要求学校给予奖励和报酬?

3. 学校的专利权被侵犯时,应当如何维权?

二、案例:学校未及时对教职工的职务发明创造申请专利

小彭是C技校的教职工,于2010年入职。

2013年,小彭为完成学校分配的科研任务,利用学校的技术条件改进了学校的一项原有技术,形成一项新的发明创造。C技校基于各种原因认为该发明创造没有申请专利权的必要,随后直接将其投入市场使用。C技校认为既然没有申请专利权,且与小彭的人事聘用合同中也并没有关于职务发明的相关约定,因此没有给予小彭任何奖励或者报酬。

小彭不满C技校的做法,于2015年离职进入S公司任职,并就该发明创造向国家知识产权局申请专利,申请人系S公司,设计人系小彭。

2020年,S公司就该项发明创造取得专利权。此后,S公司向C技校致函表示,C技校实施该项技术的行为已侵犯其专利权,应立即停止侵权并承担相应的损害赔偿,若继续实施该项技术,应得到S公司的许可或授权。C技校陷入被动局面。

三、法律风险识别与分析

(一)怠于行使权利风险

我国采取的是专利在先申请原则,即谁先申请专利,就率先赋予谁专利权,以专利申请日为准。但是,在我国专利权申请实操中,有相当一部分单位放弃申请专利。其原因在于,根据《专利法》第34条②的规定,可能会产生最终不被授予专利权但该项发明创造被公开的局面。

发明创造意味着一项技术具有其经济价值。本案例中,C技校基于各种因素的考量放弃申请专利,直接将其投入市场使用。根据《专利法》第22条的规定,授予专利权的发明和实用新型,应当具备新颖性、创造性和实用性,三性缺

---

① 《专利法》第2条规定:"本法所称的发明创造是指发明、实用新型和外观设计。发明,是指对产品、方法或者其改进所提出的新的技术方案。实用新型,是指对产品的形状、构造或者其结合所提出的适于实用的新的技术方案。外观设计,是指对产品的整体或者局部的形状、图案或者其结合以及色彩与形状、图案的结合所作出的富有美感并适于工业应用的新设计。"

② 《专利法》第34条规定:"国务院专利行政部门收到发明专利申请后,经初步审查认为符合本法要求的,自申请日起满十八个月,即行公布。国务院专利行政部门可以根据申请人的请求早日公布其申请。"

一不可。笔者认为该项创造发明因已投入市场,可能会丧失新颖性进而丧失获得专利权的机会,同时存在遭到泄露的可能继而陷入市场竞争的被动局面。正如本案例中员工小彭不满C技校的做法离职进入S公司,并且S公司取得专利权。

本案例反映的核心问题系C技校怠于行使权利而使自身陷入被动局面,体现出学校在知识产权管理中的诸多短板。

(二)违法风险

根据《专利法》第15条的规定,职务发明创造的发明人或设计人有获得相应报酬和奖励的法定权利。《专利法实施细则》①《促进科技成果转化法》②《职务发明条例》③等相关法律法规,对职务发明创造的发明人或者设计人的奖励和报酬进行了相应的具体化规定。除此以外,《教学成果奖励条例》也鼓励向取得教学成果的集体或者个人给予一定的奖励或荣誉称号,旨在鼓励教育工作者提高教学水平和教育质量。2020年5月9日,科学技术部等九部门联合印发了《赋予科研人员职务科技成果所有权或长期使用权试点实施方案》,明确指出,通过赋予科研人员职务科技成果所有权或长期使用权实施产权激励,完善科技成果转化激励政策,激发科研人员创新创业的积极性,促进科技与经济深度融合,推动经济高质量发展,加快建设创新型国家。

---

① 《专利法实施细则》第93条规定:"被授予专利权的单位未与发明人、设计人约定也未在其依法制定的规章制度中规定专利法第十五条规定的奖励的方式和数额的,应当自公告授予专利权之日起3个月内发给发明人或者设计人奖金。一项发明专利的奖金最低不少于4000元;一项实用新型专利或者外观设计专利的奖金最低不少于1500元。由于发明人或者设计人的建议被其所属单位采纳而完成的发明创造,被授予专利权的单位应当从优发给奖金。"

② 《促进科技成果转化法》第45条规定:"科技成果完成单位未规定、也未与科技人员约定奖励和报酬的方式和数额的,按照下列标准对完成、转化职务科技成果做出重要贡献的人员给予奖励和报酬:(一)将该项职务科技成果转让、许可给他人实施的,从该项科技成果转让净收入或者许可净收入中提取不低于百分之五十的比例;(二)利用该项职务科技成果作价投资的,从该项科技成果形成的股份或者出资比例中提取不低于百分之五十的比例;(三)将该项职务科技成果自行实施或者与他人合作实施的,应当在实施转化成功投产后连续三至五年,每年从实施该项科技成果的营业利润中提取不低于百分之五的比例。国家设立的研究开发机构、高等院校规定或者与科技人员约定奖励和报酬的方式和数额应当符合前款第一项至第三项规定的标准。国有企业、事业单位依照本法规定对完成、转化职务科技成果做出重要贡献的人员给予奖励和报酬的支出计入当年本单位工资总额,但不受当年本单位工资总额限制、不纳入本单位工资总额基数。"

③ 《职务发明条例》第21条规定:"单位未与发明人约定也未在其依法制定的规章制度中规定职务发明的奖励的,对获得发明专利权或者植物新品种权的职务发明,给予全体发明人的奖金总额最低不少于该单位在岗职工月平均工资的两倍;对获得其他知识产权的职务发明,给予全体发明人的奖金总额最低不少于该单位在岗职工的月平均工资。"

具体到本案例中,C 技校认为学校没有申请专利,且人事聘用合同中未对职务发明创造进行约定,因此理所当然地认为无须向员工小彭支付奖励和报酬。C 技校的行为面临违反《专利法》及相关法律法规的风险,并且这种行为非常不利于学校的知识产权管理,严重打击了教职工科研创造的热情,与国家鼓励发挥学校的智力优势促进科技成果产业化的宗旨背道而驰。本案例不仅反映出 C 技校在知识产权管理中的短板,更反映出其在人事管理方面的不足。

(三)侵权风险

一项发明创造被批准授予专利权后,最容易产生的法律风险显然是侵权风险。《专利法》第 11 条规定:"发明和实用新型专利权被授予后,除本法另有规定的以外,任何单位或者个人未经专利权人许可,都不得实施其专利,即不得为生产经营目的制造、使用、许诺销售、销售、进口其专利产品,或者使用其专利方法以及使用、许诺销售、销售、进口依照该专利方法直接获得的产品。外观设计专利权被授予后,任何单位或者个人未经专利权人许可,都不得实施其专利,即不得为生产经营目的制造、许诺销售、销售、进口其外观设计专利产品。"由此可知,专利权被授予后,任何单位或者个人未经专利权人许可,都不得实施其专利。专利侵权风险中,学校作为侵权方,表现形式有两种,具体如下:

一方面,学校作为非专利权人,继续实施该项专利技术①,侵犯了专利权人的合法权益,本案例反映的正是这一方面的风险。根据《民法典》第 1165 条的规定②,除一般侵权的构成要件之外,专利侵权的构成要件还包括:(1)实施行为所涉及的是一项有效的中国专利;(2)实施行为必须是未经专利权人许可或者授权的;(3)实施行为必须是以生产经营为目的。本案例中,S 公司最终被授予有效的专利权,而 C 技校已经将该项技术投放于市场,符合专利侵权的构成要件,显然 C 技校面临侵犯 S 公司专利权的风险。即便 C 技校认为该项发明创造的专利权应归于学校,但目前 S 公司已通过申请成为专利权人,C 技校只能通过诉讼争取到该项发明创造的专利权属,才有可能避免承担侵犯 S 公司权益的法律责任。

另一方面,即便是某项发明创造的专利权人,也并不意味着其必然有权自

---

① 根据《专利法》第 75 条第 2 项的规定,"在专利申请日前已经制造相同产品、使用相同方法或者已经作好制造、使用的必要准备,并且仅在原有范围内继续制造、使用的",不视为侵犯专利权。该法条是在先使用权的规定。但即便如此,校方依然无法完全规避侵犯他人专利权的法律风险。

② 《民法典》第 1165 条第 1 款规定:"行为人因过错侵害他人民事权益造成损害的,应当承担侵权责任。"

由实施该项专利技术，外围专利[1]和/或基本专利[2]可能构成实施的阻碍，倘若存在有效基础专利，则该实施需要征得基础专利人许可，否则学校将面临侵犯基础专利权人的合法权益的风险，即校方可能成为侵权方。具体到本案例，假设C技校通过诉讼争取到该项专利权后并开展实施，是否就意味着不存在侵犯基础专利权人权利的风险？一项发明创造不会凭空产生，可能是建立在已存在的专利技术上提出的新方案，若没有相关的知识产权档案制度和风险预警制度等管理方面制度的加持，学校侵犯基础专利人权利的风险将会大大增加。

四、法律风险应对

（一）学校应及时行使专利申请权

要解决怠于履行权利风险，须先厘清专利申请权以及专利权之间的关系，对于学校依法享有专利申请权的发明创造，学校应安排专人或委托专业机构及时行使专利申请权。

专利申请权，是指向专利局提出专利申请的权利。专利权，是指国家根据发明人或设计人的申请，以向社会公开发明创造的内容，以及发明创造对社会具有符合法律规定的利益为前提，根据法定程序在一定期限内授予发明人或设计人的一种排他性权利。根据《专利法》第6条的规定[3]，职务发明的申请权属于单位；非职务发明的申请权属于发明人或设计人；委托发明的，依委托合同的约定来确定申请权的归属。申请被批准后，申请的单位或者个人为专利权人。

国家知识产权局网站是我国专利权申请的官方网站（域名：https://www.cnipa.gov.cn），用户注册该网站需实名认证。笔者通常建议学校委托专利代理人代为申请。理由如下：一方面，专利权的申请较为专业且涉及诸多技巧。例如，当一项发明创造既可以申请发明又可以申请实用新型时应如何选择，此

---

① 对于外围专利，我国法律并没有明确的规定和正式的定义，《专利法》第56条第1款规定："一项取得专利权的发明或者实用新型比前已经取得专利权的发明或者实用新型具有显著经济意义的重大技术进步，其实施又有赖于前一发明或者实用新型的实施的，国务院专利行政部门根据后一专利权人的申请，可以给予实施前一发明或者实用新型的强制许可。"此处虽然未提及"外围专利"，也没有对其下定义，但实际上已被公认为对外围专利含义的一种规定。

② 基本专利是指专利机关根据申请人的原始申请授予的独立的，不依附于其他专利的最原始的专利。在两个相互依存的专利中，基本专利最先取得专利保护的专利。它是另一项获得专利保护的专利发明的基本，或者说该后一项专利是在先取得专利保护专利的基础上的改进，后者是从属的、改进的专利。

③ 《专利法》第6条第1款规定："执行本单位的任务或者主要是利用本单位的物质技术条件所完成的发明创造为职务发明创造。职务发明创造申请专利的权利属于该单位，申请被批准后，该单位为专利权人。该单位可以依法处置其职务发明创造申请专利的权利和专利权，促进相关发明创造的实施和运用。"

类专业问题需要专业人士的分析与建议。另一方面，在实务中，从申请直至专利权被授予，周期较长。以申请发明专利为例，需要历经申请阶段、受理阶段、初审阶段、公布阶段、实质审查阶段、授权阶段，可能耗时数年。

本书提供《中小学知识产权管理办法》的文本示例，详见第六章示例十五，其中罗列了知识产权申请的程序。知识产权属于学校的，创作者、发明人应当填写知识产权申请审批表，由学校知识产权管理机构进行可行性评估、权属审核、备案之后，在一定时期内将审核结果通知创作者、发明人。学校可以根据自身需求自行申请，也可以通过相关程序确定的专业代理机构申请。

（二）在知识产权管理制度中，建立激励与评价机制

何为"职务发明"，《专利法》第6条和《专利法实施细则》第12条①已有相关规定。结合司法实践，无论是在"本职工作作出的发明创造"中，履行"本职工作之外的任务"，还是"主要是利用本单位的物质技术条件"所作出的发明创造，仅在其对该专利产生实质性作用的情况下，才能被认定为职务发明。结合司法案例，法院依据"在本职工作中作出的发明创造"而认定其是职务发明时，考量3个因素：(1)该发明创造的研发是不是发明人的本职工作；(2)该专利是否与本职工作相关；(3)发明创造是否在员工离职后1年内作出。法院在认定"主要利用本单位的物质技术条件"时，考量2个因素：(1)单位物质、技术条件的存在是该发明创造作出过程中的必要条件，若没有该物质、技术条件的参与，该发明创造就无法成就；(2)相对于其他来源的物质、技术条件，单位物质、技术条件在重要性上居于主要地位。

对于教职工而言，职务发明是其获得法律规定的荣誉和奖励的应有之义，且符合公平原则。本书第六章示例十五《中小学知识产权管理办法》中，以鼓励职务发明、权利义务平衡、约定优先和最低保障为三大原则，进一步建立和明确了激励与评价机制。除此以外，笔者认为，学校可根据自身情况且与教职工协商，在相关合同中对激励政策予以细化，包括以下内容：(1)职务发明被授予专利权的，校方应对专利的发明人或设计人支付一次性奖金；(2)对形成独立产品的发明创造并在本校实施后取得收益的，发明人或设计人除可以取得前述的一次性奖金外，每年还能从税后收益中按比例取得报酬；(3)学校转让该专

---

① 《专利法实施细则》第12条规定："专利法第六条所称执行本单位的任务所完成的职务发明创造，是指：(一)在本职工作中作出的发明创造；(二)履行本单位交付的本职工作之外的任务所作出的发明创造；(三)退休、调离原单位后或者劳动、人事关系终止后1年内作出的，与其在原单位承担的本职工作或者原单位分配的任务有关的发明创造。专利法第六条所称本单位，包括临时工作单位；专利法第六条所称本单位的物质技术条件，是指本单位的资金、设备、零部件、原材料或者不对外公开的技术资料等。"

利或许可他人实施的,发明人或设计人除可以取得前述的一次性奖金外,还能从校方收取的转让费或使用费的税后收益中按比例获得报酬;(4)校方从侵犯专利权纠纷的调解、诉讼、仲裁中获得的侵权赔偿或补偿费,扣除维权成本后视为职务发明的收益,发明人或设计人可以按比例获得报酬。

(三)在教职工的人事管理合同(或劳动合同、劳务派遣合同)中,明确约定知识产权归属

随着社会的进步、优秀人才不断涌现,我国发明创造的数量迅速增长,其中职务发明创造占有非常大的比例。而随之引发的职务发明纠纷也呈现上涨趋势。要想明确在人事合同中应当约定哪些知识产权相关条款,需先了解单位与员工、其他单位之间关于专利权方面较为常见的4类纠纷。本书选取相关司法案例进行解释说明,详见表5-1。

表5-1　专利权常见纠纷

类型	案件名称	案件要旨
单位与员工之间专利申请权权属的纠纷	苏州泛普纳米科技有限公司诉苏州触动电子科技有限公司、罗某专利申请权权属的纠纷案[1]	诉争专利申请与罗某在苏州泛普纳米科技有限公司承担的本职工作直接相关,且是罗某在从该公司离职后1年之内作出的,属于《专利法》规定的职务发明,因此诉争专利的申请权归原单位所有。在涉及"职务发明"专利权属纠纷案件中,发明创造内容与发明人本职工作或单位任务之间关联性的举证责任应当由主张发明创造为职务发明的单位来承担
单位与单位之间专利权权属的纠纷	上海拓鹰机电设备有限公司与上海昱品通信科技有限公司专利权权属纠纷上诉案[2]	判断系争专利权权利归属的事实依据在于原告3名离职员工是否为执行原单位分派的工作任务或者主要是利用原单位物质技术条件完成该发明创造
单位与员工之间职务发明报酬的纠纷	黄某玮与利尔化学股份有限公司职务发明人奖励、报酬纠纷再审案[3]	专利奖励请求权和专利实施报酬请求权是职务发明创造的发明人或者设计人依法享有的两项法定权利。职务发明创造的发明人有权依据法律规定或双方的约定要求被授予专利权的单位向其支付职务发明所得报酬。发明创造专利实施后,用人单位应根据其推广应用的范围和取得的经济效益,对发明人或者设计人给予合理的报酬[4]

续表

类型	案件名称	案件要旨
单位与员工之间发明创造发明人、设计人署名权的纠纷	陈某明与江苏省农用激素工程研究中心有限公司、常州沃富斯农化有限公司、江苏省激素研究所股份有限公司署名权纠纷上诉案[5]	法院认为,根据我国《专利法实施细则》的规定,《专利法》所称发明人,是指对发明创造的实质性特点作出创造性贡献的人,在完成发明创造过程中,只负责组织工作的人、为物质技术条件的利用提供方便的人或者从事其他辅助工作的人,不是发明人

〔1〕案例选自2015年度《江苏法院知识产权司法保护蓝皮书》,案号:(2015)苏知民终字第00145号,审理法院:江苏省高级人民法院。

〔2〕案例选自中国裁判文书网,案号:(2014)沪高民三(知)终字第29号,审理法院:上海市高级人民法院。

〔3〕案例选自2019年中国法院50件典型知识产权案例之案例四,案号:(2018)川民再615号,审理法院:四川省高级人民法院。

〔4〕除此以外,在司法实践中,单位转让专利权或者专利申请权的,无论是否从转让行为中直接获利,均应付给职务发明创造发明人或设计人合理的报酬[案号:(2014)沪高民三(知)终字第120号,审理法院:上海市高级人民法院]。

〔5〕案例选自2012年江苏省高级人民法院公布的2011年江苏法院知识产权司法保护典型案例之案例八,案号:(2011)苏知民终字第0051号,审理法院:江苏省高级人民法院。

综合前述案例,笔者建议:

1. 对新入职教职工进行适当的知识产权背景申报,形成申报记录;对于与知识产权关系密切的岗位,应要求新入职教职工签署知识产权声明文件。

2. 在人事聘用合同、劳动合同、劳务派遣合同等各类合同中约定知识产权权属、奖励报酬、保密义务等。明确发明创造人员享有的权利和承担的义务,保障发明创造人员的署名权和获得奖励、报酬的权利。明确教职员工造成学校知识产权被侵权或造成财产损失的责任。

3. 对离职、退休的教职工进行知识产权事项提醒,明确有关职务发明的权利和义务。涉及掌握核心知识产权的教职工离职、退休时,应签署知识产权协议,进一步明确约定知识产权归属和保密责任。

(四)建立知识产权纠纷应对机制

一方面,学校应及时发现和监控知识产权风险,制定有效的风险规避方案,避免侵犯他人知识产权。另一方面,及时跟踪和调查相关知识产权被侵权的情况,建立知识产权纠纷应对机制。在应对知识产权纠纷时,评估通过行政处理、司法诉讼、仲裁、调解等不同处理方式对学校产生的影响,选取适宜的争议解决方式,适时通过行政和司法途径主动维权。

关于通过行政和司法途径维权的方式,分为两种情形来阐述,即学校是否已经被授予专利权。具体如下:

第一种情形:学校已经被授予专利权,维权流程详见表5-2。

表5-2 学校已经被授予专利权情形下的维权流程

步骤	工作	维权方式
1	证据固定、发送警告函	建议学校在遇到知识产权类侵权案件时,第一要做的便是证据固定。若未及时固定,部分证据灭失,将导致学校无法维权或维权失败。如何固定证据并发送警告函,请参考本章第二节学校著作权保护中的关于著作权维权流程
2	行政干预	《专利法》第65条规定:"未经专利权人许可,实施其专利,即侵犯其专利权,引起纠纷的,由当事人协商解决;不愿协商或者协商不成的,专利权人或者利害关系人可以向人民法院起诉,也可以请求管理专利工作的部门处理。管理专利工作的部门处理时,认定侵权行为成立的,可以责令侵权人立即停止侵权行为,当事人不服的,可以自收到处理通知之日起十五日内依照《中华人民共和国行政诉讼法》向人民法院起诉;侵权人期满不起诉又不停止侵权行为的,管理专利工作的部门可以申请人民法院强制执行。进行处理的管理专利工作的部门应当事人的请求,可以就侵犯专利权的赔偿数额进行调解;调解不成的,当事人可以依照《中华人民共和国民事诉讼法》向人民法院起诉。"
3	提起民事诉讼	若穷尽前述手段无法达到预期目的,学校可以向有管辖权的人民法院提起民事诉讼,要求停止侵权行为并赔偿经济损失等
4	刑事报案	根据《刑法》第216条的规定,假冒他人专利,情节严重的[1],处3年以下有期徒刑或者拘役,并处或者单处罚金。若校方发现有不法分子假冒自身专利,且已造成相应损失,可采取刑事报案手段维护自身合法权益

〔1〕最高人民法院、最高人民检察院《关于办理侵犯知识产权刑事案件具体应用法律若干问题的解释》(法释〔2004〕19号)第4条规定的"情节严重"包括以下情形:(1)非法经营数额在20万元以上或者违法所得数额在10万元以上的;(2)给专利权人造成直接经济损失50万元以上的;(3)假冒两项以上他人专利,非法经营数额在10万元以上或者违法所得数额在5万元以上的;(4)其他情节严重的情形。

第二种情形:学校未被授予专利权,维权流程详见表5-3。

表 5-3　学校未被授予专利权情形下的维权流程

序号	情形	维权方式
1	在该专利权已申请但尚未被授予之时	根据《专利法实施细则》第 48 条的规定,学校可以申请人不符合法定条件为由,对争议的专利申请向国务院专利行政部门提出意见,并说明理由
2	在该专利权被授予他人之后	学校可通过提起民事诉讼,要求法院判决诉争专利权归于学校。或者可根据《专利法》第 45 条、第 46 条的规定,向国务院专利行政部门申请宣告该专利权无效,若该专利权被维持,学校可以此向人民法院提起行政诉讼

第二节　学校著作权被侵犯时的维权路径

在我国电商产业高速发展的背景之下,零售商家面临激烈竞争,但同时展现出商家诚信度低、产品缺乏创新等短板。学校著作权看似与零售商家的产品无关,但随着校园网络软硬件的提升,学校通过互联网与社会的联系越来越紧密。不法商家看准学校缺乏将著作权商品化的经验,纷纷“借鉴”学校在网络上发布的文字作品、美术作品及摄影作品,通过各大电商平台销售的产品频繁侵犯学校的著作权,导致此类著作权侵权纠纷与日俱增。本节旨在为学校提供著作权被侵权时的维权思路。

一、要点问题

1. 学校享有著作权的作品,是否一定要进行版权登记?

2. 学校在授权他人发布、使用作品时,是否要签署著作权许可使用协议?

3. 面对不法商家和网络服务提供商侵犯著作权的行为,学校应当如何维权?

二、案例:电商抄袭幼儿园出版的棋类游戏书籍、生产棋类游戏产品

Q 幼儿园系一所公立幼儿园。学校是案涉书籍的著作权人,案涉书籍通过文字以及图片的形式展示了 40 余种游戏棋的玩法,该书籍于 2020 年 4 月依法由某出版社出版发行,有具体且明确的国际标准书号(international standard book number,ISBN)。随后学校原计划与玩具厂商和经销商合作,将游戏棋实物化后用于出售,也可用于与兄弟学校的交流。但因疫情原因,该项工作暂延期处理。

2021 年 10 月,Q 幼儿园发现有电商抄袭案涉书籍用于生产实物游戏棋

(以下简称侵权产品),在网络购物平台上进行公开售卖,侵权产品中配套的纸质说明书完全抄袭案涉书籍的内容。至Q幼儿园发现时,侵权产品已具有一定销量。除此之外,该电商录制侵权产品的视频教程,在多个社交平台公开展示。游戏棋的创意以及书籍的完成是全校师生的智力成果,该电商的侵权行为深深伤害了全校师生的感情。

三、法律风险识别与分析

(一)侵权风险

在互联网迅猛发展、信息传播成本几乎为零的今天,包括文字、摄影在内的作品极易被他人"复制",其本质是侵权纠纷。本案例中,不法商家抄袭案涉书籍将其制作成侵权产品,并且侵权产品的纸质说明书完全抄袭案涉书籍的内容,显然侵犯了学校的著作权,学校系被侵权的一方。

值得一提的是,学校被侵权的前提条件是,学校必须证明权利来源,即证明自己是权利人。本案例中,学校享有著作权的是已出版的文字作品,具备明确且唯一的ISBN,是证明权利来源的有效凭证。但是假设学校享有著作权的作品是美术作品、摄影作品等其他作品,在没有ISBN的情况下,应当进行版权登记。

(二)行为不当风险

行为不当风险主要发生在侵权、维权过程中,表现形式有两个方面。

1. 未能选择有效的投诉途径

几乎每个网络服务提供商都会在其网站主页设置知识产权维权投诉渠道,以供权利人维权。但笔者认为通过前述渠道投诉维权,效率低且收效甚微,并非此类著作权侵权纠纷的最佳方案。原因有两点:一是权利人需在投诉页面内上传大量材料,一旦材料不符合网络服务提供商要求的格式或缺少、遗漏材料,则必须重新上传且审核时间重新计算。这将导致权利人的投诉周期较长,与网络服务提供商的沟通效率极其低下。二是通过前述方式投诉,最终可能仅得到网络服务提供商建议权利人诉讼维权的回复,无法直接制止该侵权行为。

2. 未能及时证据保全

在知识产权侵权诉讼中,对证据的要求较高。权利人发现被侵权之后,往往会忽略证据保全这一关键步骤。即便权利人与侵权人拟通过私下和解的方式解决争议,但若权利人未及时对相关证据进行固定,权利人将在和解过程中处于不利地位,并且在和解不成时面临无法维权或维权失败的风险。在知识产权侵权诉讼的举证中,若权利人未经证据固定直接起诉,侵权人意识到维权行为的存在后,可能会立即采取删除链接、下架侵权产品等措施,到正式庭审时,权利人已没有任何有证明力的证据材料。或者虽然进行了取证，但因取证过程不规范、不到位导致证据难以被法院采纳，而最终承担败诉风险。

公证是知识产权侵权案件中最常见的证据固定手段，根据《民事诉讼法》第72条的规定，"经过法定程序公证证明的法律事实和文书，人民法院应当作为认定事实的根据，但有相反证据足以推翻公证证明的除外"。可见，法院对于公证书的认可度较高。因此，我们通常建议权利人第一时间对侵权事实通过公证进行证据固定。

四、法律风险应对

（一）在学校知识产权管理制度中，进一步明确和完善著作权分类登记和管理机制

作品的完成在法律上是事实行为①，即作品完成之日，创作人自然享有著作权并受我国法律保护。创作人是否享有著作权以及其著作权是否受保护，不以是否已登记了版权为判断依据。虽然我国的版权登记采用自愿登记原则，但笔者建议学校对拥有著作权的作品及时进行版权登记，在侵犯著作权纠纷中可以有效证明校方是著作权的权利人。

目前，不少幼儿园以及中小学制定了知识产权管理制度。国家档案局、国家知识产权局在2009年印发了《关于加强知识产权档案管理的意见》，教育部于2012年印发了《全面推进依法治校实施纲要》，因此，学校应提高制度建设的质量，要根据法律和学校章程的原则和要求，制定并完善各项规章制度，形成健全、规范、统一的知识产权管理制度。笔者建议，学校在知识产权管理制度中，明确知识产权分类登记和管理的内容，切实加强学校知识产权保护工作，本书第六章示例十五《中小学知识产权管理办法》中已作相应介绍。

1. 著作权分类申请管理

著作权登记分为作品著作权登记和软件著作权登记，学校在登记管理中应做到有效区分。互联网迅速发展的今天，学校不可避免地会委托第三方公司开发计算机软件、应用软件、微信小程序等，开发完成之后应及时进行著作权的登记及申请，以避免被他人抢注。

中国版权保护中心是我国著作权登记的官方网站（域名：https://www.ccopyright.com.cn），用户在该网站注册需实名认证。官网实行无纸化登记，无须递交纸质申请材料，只需将所有申请材料的原件扫描上传即可。该网站登记

① 事实行为：行为人不具有设立、变更或消灭民事法律关系的意图，但依照法律的规定能引起民事法律后果的行为。事实行为依法律规定直接产生法律后果。

分为作品著作权登记和软件著作权登记。作品著作权登记包括作品著作权登记申请、著作权合同备案申请、与著作权有关权利事项登记申请（著作权邻接权登记申请）在内的 20 种登记；软件著作权登记包括计算机软件著作权登记申请、计算机软件著作权转让或专有许可合同登记申请在内的 7 种登记。

需要说明的是，自然人的著作权，保护期为自然人终生及其死亡后 50 年；合作作品，截止于最后死亡的自然人死亡后第 50 年的 12 月 31 日。法人或者其他组织的著作权，保护期为作品首次发表之后 50 年，但作品自完成之日起 50 年内未发表的，不再保护。

学校根据自身实际需求，可自行申请，也可委托代理人代为申请。

2. 作品分类登记管理

随着学校教学工作的展开，陆续会出现不同种类的作品，笔者建议可以进行分类管理，详见表 5-4。

表 5-4　作品分类管理

<table>
<tr><th>作品类型</th><th>著作权归属</th><th>管理建议</th></tr>
<tr><td>学校原创作品</td><td>学校享有人身权、财产权</td><td rowspan="4">文件的收集和管理，应当遵循著作权的规律和特点，针对著作权档案的直接证据与证据链完整性特征，加强对具有时效性标识和凭证作用的各种载体的附属性资料的收集。主要包括：
(1)创作活动中产生的文件资料；
(2)申请审批和登记过程中产生的文件资料；
(3)转化过程中产生的文件资料；
(4)著作权保护维护事务中产生的文件资料；
(5)宏观管理中产生的文件资料</td></tr>
<tr><td>职务作品</td><td>教职工享有人身权，学校享有财产权</td></tr>
<tr><td>学生作品</td><td>学生在教师指导下完成的作品，著作权应属于学生。但学校可以与学生约定由学校享有财产权</td></tr>
<tr><td>在校企合作过程中产生的作品</td><td>签订校企合作合同时进行协商约定</td></tr>
</table>

3. 完善版权声明

学校在自有互联网平台（微信公众号、论坛、官网等）及他人互联网平台上发布的图、文信息，都应发布版权声明，禁止他人未经授权随意转载，起到自我证明及震慑盗版的作用，营造尊重版权、保护版权的社会氛围。

（二）选择合法高效的维权路径

学校在面对不法商家和网络服务提供商侵犯著作权的行为时，可以采取非诉、提起民事诉讼、向行政机关投诉、向公安机关报案的维权路径。根据侵权的程度，选择不同的维权路径。但无论采取何种维权路径，首要目的是及时让侵权方停止其侵权行为。我们将前述维权路径及流程作总结,详见表5-5。

表5-5 知识产权维权流程

步骤	工作	具体内容
1	梳理侵权方的相关信息	梳理汇总出侵权网络服务提供商、侵权商家以及玩具生产商(若有)的相关信息,包括网络平台名称、发布者身份、产品/主题名称、链接等关键内容
2	委托公证机构进行证据保全	为证明侵权事实,权利人可通过委托公证机构进行证据固定,公证的内容包括但不限于:公证侵权现场或现场购买侵权产品,明确完整固定侵权产品名称、内容、已售数量等。证据固定的要求极为专业,紧扣各个法律要点,除公证机关证据保全外,在紧急情况下,有两种证据固定的方式供校方参考: (1)采用电子存证平台[1]对电子证据进行证据固定。学校应尽量选择在业内被广泛认可的第三方电子存证平台,平台的权威性和中立性直接影响到证据的可采性。 (2)向行政机关申诉进行固定证据。我国法律确立了知识产权司法保护和行政保护并行的双轨制模式[2]。权利人可申请启动行政程序,特别是对于权利人因客观原因无法自行收集侵权证据的案件,如固定侵权现场等,可以请求行政机关处理
3	发送警告函	向侵权网络服务提供商、侵权商家以及玩具生产商(若有)发送警告函或委托法律顾问发送律师函,要求网络服务提供商删除、屏蔽、断开相关含有侵权内容的链接,及时采取必要措施防止侵权后果扩大;要求侵权商家以及玩具生产商(若有)立即停止一切著作权侵权行为,赔礼道歉,并且要求其相应的损害赔偿。 虽然在司法实践中,网络服务提供商能够采取删除、屏蔽、断开相关链接的配合度并非可观,但是我们认为,网络服务提供商应当具备基本的社会担当,有义务维护风清气正的网络环境
4	提起民事诉讼	侵权网络服务提供商、侵权商家以及玩具生产商(若有)未在指定的时间内履行警告函或律师函所载明的义务,我们建议学校进行诉讼维权,根据《著作权法》第52条[3]的规定要求其承担相应民事责任。诉讼的结果分为庭外和解结案、法院调解结案、法院判决结案。学校可根据实际情况与侵权方达成庭外和解,可将著作权授权许可给侵权方并就此签订相关协议,此后若因该协议的履行产生纠纷,双方均可就合同纠纷诉至法院。学校亦可选择调解结案,在法院介入之下达成调解协议,由法院出具民事调解书,该民事调解书具有强制执行力。若学校与侵权方因分歧过大而未能达成和解或调解,可由法院作出民事判决,判决书生效后具有强制执行力

续表

步骤	工作	具体内容
5	向行政机关投诉	根据《著作权法》第53条[4]的规定，若侵权行为同时损害了公共利益，还应当追究侵权者的行政责任。向行政机关投诉是在完成步骤1、步骤2之后就可以采取的方案
6	向公安机关报案	在侵权较严重且符合法定情形的情况之下，权利人可以根据《刑法》第217条[5]、第218条[6]的规定向公安机关报案。向公安机关报案是在完成步骤1、步骤2之后就可以采取的方案

〔1〕最高人民法院《关于互联网法院审理案件若干问题的规定》（法释〔2018〕16号）第11条第2款规定："当事人提交的电子数据，通过电子签名、可信时间戳、哈希值校验、区块链等证据收集、固定和防篡改的技术手段或者通过电子取证存证平台认证，能够证明其真实性的，互联网法院应当确认。"该规定肯定了电子证据保全的合法性和有效性，确认了在无相反证据的情况下，电子存证可以作为认定事实的初步证据。

〔2〕《著作权行政投诉指南》第1条即明确了"中国著作权保护制度向权利人提供司法保护和行政保护"。

〔3〕《著作权法》第52条规定："有下列侵权行为的，应当根据情况，承担停止侵害、消除影响、赔礼道歉、赔偿损失等民事责任：（一）未经著作权人许可，发表其作品的；（二）未经合作作者许可，将与他人合作创作的作品当作自己单独创作的作品发表的；（三）没有参加创作，为谋取个人名利，在他人作品上署名的；（四）歪曲、篡改他人作品的；（五）剽窃他人作品的；（六）未经著作权人许可，以展览、摄制视听作品的方法使用作品，或者以改编、翻译、注释等方式使用作品的，本法另有规定的除外；（七）使用他人作品，应当支付报酬而未支付的；（八）未经视听作品、计算机软件、录音录像制品的著作权人、表演者或者录音录像制作者许可，出租其作品或者录音录像制品的原件或者复制件的，本法另有规定的除外；（九）未经出版者许可，使用其出版的图书、期刊的版式设计的；（十）未经表演者许可，从现场直播或者公开传送其现场表演，或者录制其表演的；（十一）其他侵犯著作权以及与著作权有关的权利的行为。"

〔4〕《著作权法》第53条规定："有下列侵权行为的，应当根据情况，承担本法第五十二条规定的民事责任；侵权行为同时损害公共利益的，由主管著作权的部门责令停止侵权行为，予以警告，没收违法所得，没收、无害化销毁处理侵权复制品以及主要用于制作侵权复制品的材料、工具、设备等，违法经营额五万元以上的，可以并处违法经营额一倍以上五倍以下的罚款；没有违法经营额、违法经营额难以计算或者不足五万元的，可以并处二十五万元以下的罚款；构成犯罪的，依法追究刑事责任：（一）未经著作权人许可，复制、发行、表演、放映、广播、汇编、通过信息网络向公众传播其作品的，本法另有规定的除外；（二）出版他人享有专有出版权的图书的；（三）未经表演者许可，复制、发行录有其表演的录音录像制品，或者通过信息网络向公众传播其表演的，本法另有规定的除外；（四）未经录音录像制作者许可，复制、发行、通过信息网络向公众传播其制作的录音录像制品的，本法另有规定的除外；（五）未经许可，播放、复制或者通过信息网络向公众传播广播、电视的，本法另有规定的除外；（六）未经著作权人或者与著作权有关的权利人许可，故意避开或者破坏技术措施的，故意制造、进口或者向他人提供主要用于避开、破坏技术措施的装置或者部件的，或者故意为他人避开或者破坏技术措施提供技术服务的，法律、行政法规另有规定的除外；（七）未经著作权人或者与著作权有关的权利人许可，故意删除或者改变作

品、版式设计、表演、录音录像制品或者广播、电视上的权利管理信息的,知道或者应当知道作品、版式设计、表演、录音录像制品或者广播、电视上的权利管理信息未经许可被删除或者改变,仍然向公众提供的,法律、行政法规另有规定的除外;(八)制作、出售假冒他人署名的作品的。"

〔5〕《刑法》第217条规定:"以营利为目的,有下列侵犯著作权或者与著作权有关的权利的情形之一,违法所得数额较大或者有其他严重情节的,处三年以下有期徒刑,并处或者单处罚金;违法所得数额巨大或者有其他特别严重情节的,处三年以上十年以下有期徒刑,并处罚金:(一)未经著作权人许可,复制发行、通过信息网络向公众传播其文字作品、音乐、美术、视听作品、计算机软件及法律、行政法规规定的其他作品的;(二)出版他人享有专有出版权的图书的;(三)未经录音录像制作者许可,复制发行、通过信息网络向公众传播其制作的录音录像的;(四)未经表演者许可,复制发行录有其表演的录音录像制品,或者通过信息网络向公众传播其表演的;(五)制作、出售假冒他人署名的美术作品的;(六)未经著作权人或者与著作权有关的权利人许可,故意避开或者破坏权利人为其作品、录音录像制品等采取的保护著作权或者与著作权有关的权利的技术措施的。"

〔6〕《刑法》第218条规定:"以营利为目的,销售明知是本法第二百一十七条规定的侵权复制品,违法所得数额巨大或者有其他严重情节的,处五年以下有期徒刑,并处或者单处罚金。"

(三)规范著作权许可使用协议

根据《著作权法》第26条①、第27条②的相关规定,学校许可或者转让著作权的,应当签订书面合同。因此,规范学校与社会企业签订的著作权许可使用协议,对于保护作者和作品传播者的合法权益、繁荣学校文化事业、推动学校精神文明建设具有十分重要的意义。

一项作品完成后,要充分行使著作财产权,必须借助合同这一法律手段,通过授权他人行使其著作权中的某些权能来传播学校享有全部或部分著作权的作品,使其得到社会的承认,产生应有的社会效益。同时,也使学校、教职工、学生等作者得到应有的报酬,从而调动其创造性和积极性,促进学校文化事业的繁荣发展。《著作权法》第26条规定了著作权许可使用协议中应当囊括的主要内容,笔者认为违约责任条款最为关键,作以下说明:

(1)应当明确校方的约定解除权③。其意义在于,约束合同当事人按照合同的约定全面履行合同,当合同一方不能全面地履行合同,且达到约定的解除条件时,则守约方没有必须继续履行合同的义务,否则有违合同之诚实信用及公平原则。学校可以在著作权许可使用合同中增加校方的约定解除权。例如,

---

① 《著作权法》第26条第1款规定:"使用他人作品应当同著作权人订立许可使用合同,本法规定可以不经许可的除外。"

② 《著作权法》第27条第1款规定:"转让本法第十条第一款第五项至第十七项规定的权利,应当订立书面合同。"

③ 《民法典》第562条第2款规定:"当事人可以约定一方解除合同的事由。解除合同的事由发生时,解除权人可以解除合同。"

被许可方超出合同约定范围行使许可权利，经校方要求后15日内仍未改正或再次发生类似情形的，校方有权解除合同。

（2）应当明确社会企业的协助维权义务。针对学校在发现被侵权之后才意识到社会企业擅自将著作权相关信息及资料提供给第三方等类似情形，学校应当在许可使用合同中明确，学校可以据此主张该社会企业的违约责任及协助维权义务。例如，若被许可方违反合同约定的保密义务，校方有权解除合同，并向被许可人追究违约责任。除此以外，被许可方还应当配合、协助校方就此向第三方发起维权。

第三节　学校商标权管理

我国多所高等学校经过长期的发展和建设，形成了自身办学特色，具有深厚的历史底蕴、重要的文化传承，主要体现在其校标、标识、简称。例如，北京大学将“北大”申请服务商标，清华大学将“清华”申请服务商标。除了高等学校日益品牌化，许多义务教育阶段的学校也正在实施教育品牌化战略。例如，2021年6月23日，广州市黄埔区人民政府、广州开发区管理委员会发布的《黄埔区、广州开发区国民经济和社会发展第十四个五年规划和2035年远景目标纲要》中提到，要实施教育品牌化战略，以“黄埔军校系”“华师系”“广大系”优质教育品牌为龙头，打造从幼儿园到高中的特色教育品牌。

品牌的直接载体主要有图形、品牌标记、文字、声音等，间接载体主要有服务、市场占有率、知名度、美誉度等。注册商标是品牌最主要的表现形式。不少学校选择将本校注册商标以品牌联名、品牌许可、品牌作价投资入股等方式与第三方企业合作，有偿使用其商标。这种方式既实现了学校国有资产的保值增值，又进一步扩大了学校的知名度和影响力。但也因此，学校因商标权产生的纠纷时有发生。一方面，损害了学校的品牌形象和社会声誉；另一方面，破坏和扰乱了我国的教育管理秩序。因此，学校应当积极主动依法保护其商标权，充分发挥注册商标在教学、科研、社会服务、学术交流等方面对学校的促进作用。

一、要点问题

1. 校企双方签订了品牌联名合作协议，还需要再签订商标使用许可合同吗？

2. 学校在签订商标使用许可合同时，需关注哪些重点条款？

3. 对于校企合作协议中的知识产权条款，学校该如何约定？

二、案例:校企双方开展品牌联名合作

X 职校系一所以艺术专业为特色的职业高中,其长期在教育实践中探索教师和学生美术作品、服装设计作品等智力成果的创意展示方式,打造出了某服饰类创意品牌,并将其申请了商标,明确核定了使用范围,在教育行业中有较高的知名度。为扩大学校知名度和影响力,鼓励师生踊跃创作,X 职校决定与校外知名企业 Y 公司开展品牌合作,由 Y 公司负责生产品牌联名服饰以及周边产品并在其线上和线下品牌旗舰店中同步发售。双方签订的品牌合作协议中,包含了商标使用许可的相关条款。合作产品上线后,销售量可观,X 职校的影响力得以扩大,师生们受到极大鼓舞。

但是,在品牌合作期结束后,X 职校发现 Y 公司的品牌旗舰店中仍在销售相关联名服饰及周边产品的库存,给 X 职校与其他公司品牌合作造成了不小的阻碍。X 职校认为,商标许可期限届满后,Y 公司继续销售库存已侵犯了其商标权,应立即停止侵权。但 Y 公司却认为,合作协议中并没有对合作结束后库存的处理进行约定,所以其有权销售。

双方就此事多次协商,均未果。

三、法律风险识别与分析

(一)违约风险

本案例中描述的校企合作形式,是两个不同定位品牌之间的联名合作。通过品牌联名,可以提升品牌层次、加深品牌价值。而商标的许可使用是品牌联名的基础,双方签订商标使用许可合同①必不可少。该类合同的核心在于商标许可范围、许可期限、许可对象、许可方式、许可地区、许可内容等。除此以外,双方应另行签订品牌合作协议,以此约束双方在合作过程中的各项权利与义务,如合作方式、知识产权归属、合作期限、产品质量、收益分配、违约责任等。两个合同中任何一个条款约定不明,都会导致商标许可边界模糊,埋下争议隐患,进而对学校的知名度和影响力产生负面影响。

本案例争议焦点在于:商标许可期限届满后,企业是否还有权利销售库存产品。笔者认为,未在商标使用许可合同中明确约定是否可以销售库存,是产生本次纠纷最重要的原因。严格来说,在没有明确约定的情形下,商标许可期限届满后,校外企业没有权利再销售库存产品,即便合同中未明确如何处理库

---

① 《商标法》第 43 条第 1 款规定:“商标注册人可以通过签订商标使用许可合同,许可他人使用其注册商标。许可人应当监督被许可人使用其注册商标的商品质量。被许可人应当保证使用该注册商标的商品质量。”

存,但基于诚实信用原则和交易习惯,应当予以销毁。企业一旦销售,即涉嫌构成违反后合同义务,同时构成侵权[①]。本部分主要讲述违约风险及其法律风险应对,侵权法律风险应对方案请参考本章第二节中的知识产权被侵权时的维权路径。

(二)违法风险

根据《商标法》第43条第3款的规定,许可他人使用注册商标的,许可人应当将其商标使用许可报商标局备案,由商标局公告。备案程序在很多法律法规中都有规定,如房屋出租,出租人应当向有关部门进行备案。我国于1997年发布了专门的《商标使用许可合同备案办法》,一般认为,备案程序更多的是一种行政管理的方式和手段,但商标使用许可备案的目的不仅在于便于商标局对全国商标使用许可情况进行管理,更在于将商标权权利变动状态向社会进行公示。我国商标使用许可备案的规定采取"备案对抗主义"[②]:无备案,不得对抗;有备案,可以对抗。[③] 一旦发生争议,有无备案将会产生不同的法律后果。其立法目的是实现不同被许可人之间的利益平衡,规制商标权人的权利滥用。[④]

因此,如前所述,品牌联名合作的基础是商标权的使用许可,学校与合作方应单独签订商标使用许可合同,以便向商标局备案。若没有备案,学校将面临违法风险,一旦因此产生纠纷,不仅会让学校遭受财产损失,还有可能对学校声

---

① 既违反合同义务同时又构成侵权,即违约责任与侵权责任竞合,是指当事人实施的违约行为具有违约行为和侵权行为的双重特征,从而导致违约责任和侵权责任同时产生。《民法典》第186条规定:"因当事人一方的违约行为,损害对方人身权益、财产权益的,受损害方有权选择请求其承担违约责任或者侵权责任。"

② 《商标法》第43条第3款规定:"许可他人使用其注册商标的,许可人应当将其商标使用许可报商标局备案,由商标局公告。商标使用许可未经备案不得对抗善意第三人。"

③ 首先,从许可使用权的获得看,商标使用许可合同一经签订,被许可人通过合同当事人的意思表示即获得了商标使用许可权。其次,从许可使用权的效力状态看,未经备案的许可使用权处于一种效力不圆满的状态。如果商标权人进行了重复授权,即出现了善意第三人,未备案的在先被许可人无权要求在后的善意第三人停止使用相关商标。最后,如果在后的善意第三人对商标使用许可进行了备案,其获得的使用许可权便产生了对抗效力,可以对抗包括在先未备案的被许可人在内的第三人。如果在后的善意第三人要求在先被许可人停止使用相关商标,在先被许可人只能向商标权人主张相应的违约损害赔偿责任,以获得不能继续使用商标的救济。

④ 备案对抗主义在保护交易安全的同时,亦很好地实现了不同被许可人之间的利益平衡。虽然在先被许可人签订合同在先,但其没有按照法律的要求积极进行备案,导致在后的善意第三人对商标权仍处于完满状态产生了合理信赖,相信商标权上不存在任何权利变动,进而与商标权人签订使用许可合同。此时,法律保护在后善意第三人对交易的合理预期,让具有一定过失的在先被许可人承担未备案的不利后果,符合公平正义的理念,实现了静态权利归属与动态交易安全的有效平衡。

誉产生负面影响。

四、法律风险应对

(一)评估商标权价值及转化方式的可行性

根据《促进科技成果转化法》第16条的规定,科技成果持有者进行科技成果转化的方式有:自行投资实施转化;向他人转让;许可他人使用;合作实施;作价投资,折算股份或者出资比例;其他方式。

学校与校外企业合作之前,应对自身商标权价值进行分析,对于有转化可能性的商标权,应当评估其应用前景,包括潜在用户、市场价值、投资规模等;评估转化过程中的风险,包括权利稳定性、市场风险等。除此以外,还应当对校外企业的主体地位、企业的基本情况、品牌合作的背景、合作的必要性和可行性、财务评价等内容进行尽职调查。

本案例中,校企合作的方式是品牌联名合作。基于该合作方式,学校除了许可合作企业使用商标权,还要合作运营联名品牌,但并不需要转让该商标。如学校与企业共同投资设立新公司运营联名品牌,则学校可以选择用商标权作价入股,而不用货币出资。

(二)加强商标许可使用合同管理

根据《职业学校校企合作促进办法》第9条的规定,职业学校和企业开展合作,应当通过平等协商签订合作协议。合作协议应当明确规定合作的目标任务、内容形式、权利义务等必要事项,并根据合作的内容,合理确定协议履行期限。《高等学校知识产权保护管理规定》(教育部令第3号)第19条亦有类似的规定。本案例中至少涉及两个合同:一是商标使用许可合同,二是校企合作协议。本节着重于关注商标使用许可合同,本章第四节论述校企合作协议之相关内容。

关于商标使用许可合同,笔者认为其属于重大合同,应当实行统一管理。合同原件应当编号登记,原件及其相关材料应当由指定专人保管。合同签订后应及时向相关部门备案。就学校合同管理的具体方式,本书提供《学校合同管理办法》参考示例,详见本书第六章示例十八。

除此之外,笔者认为在签订商标使用许可合同时有一些注意事项,详见表5-6。

表 5-6　签订商标使用许可合同注意事项

重点条款	注意事项
商标使用许可类型	商标使用许可的类型分为三类[1]:独占使用许可、排他性使用许可、普通使用许可。通常情况下,许可人会选择非独占许可方式来进行授权许可,目的在于对授权商标进行有效管理,维护其自身品牌的价值
许可的地域范围	许可地域方面,应当明确且准确地进行约定
许可使用期限	商标许可使用期限应与品牌合作协议的期限相同,并且应当约定如果品牌合作协议期限延长,商标许可期限应自动延长。但是仅这样约定产生的问题是,品牌协议终止以后,校外企业可能还会有大量的库存没有出售,如果此时商标许可协议同时终止,后果就是本案例中的情况,校外企业的存货无法处理。因此,商标许可合同的期限可以通过约定的方式适当延长,并且在品牌合作协议中明确约定如何处理库存商品
商标许可费用	一般而言,商标的许可使用费是按照产品营业收入的一定比例来计算,而对于产品营业收入的定义往往又是这个问题的关键所在。在品牌合作协议履行过程中,若未对产品营业收入作出明确定义,则会产生这样的争议:校外企业一方认为营业收入应该减去产品本身的佣金、相关的税费等;而学校一方则认为产品营业收入应是产品营业总额,不能减去任何其他费用。因此,双方应明确界定营业收入的定义,对于商标许可费的计算是十分必要的

〔1〕最高人民法院《关于审理商标民事纠纷案件适用法律若干问题的解释》第 3 条规定:"商标法第四十三条规定的商标使用许可包括以下三类:(一)独占使用许可,是指商标注册人在约定的期间、地域和以约定的方式,将该注册商标仅许可一个被许可人使用,商标注册人依约定不得使用该注册商标;(二)排他使用许可,是指商标注册人在约定的期间、地域和以约定的方式,将该注册商标仅许可一个被许可人使用,注册商标人依约定可以使用该注册商标但不得另行许可他人使用该注册商标;(三)普通使用许可,是指商标注册人在约定的期间、地域和以约定的方式,许可他人使用其注册商标,并可自行使用该注册商标和许可他人使用其注册商标。"

(三)规范校企合作协议中的知识产权条款

校企合作的方式极具多样化。国家鼓励职业学校在科技成果转化、技术技能创新平台以及实习实训基地建设等方面,与相关企事业单位建立合作机制。开展合作的,应当签订协议,明确双方权利义务。在校企合作过程中,会出现新的知识产权。比如,本章第四节的案例中提及的咖啡工作室合作中,学生优化咖啡杯造型,可据此申请"实用新型",改进咖啡豆研磨工艺,可据此申请"发明",创立咖啡品牌并设计商标图、新文字,可据此申请"商标",这些知识产权都可以在合作过程中产生。此时,新产生的知识产权归属、使用范围、合作收益的分配等问题,均应当在校企合作协议中明确约定。因此,在签订校企合作协议时,学校可以对知识产权条款作出如表 5-7 所示的示范建议。

表 5-7　校企合作协议知识产权条款示范

重点内容	示范条款
合作范围	包括美术作品、文创作品、专利、实用新型、商标、特定包装等
权利归属	职业学校及教师、学生拥有知识产权的技术开发、产品设计等成果,可在协商的基础上依法依规在企业作价入股。职业学校和企业对合作开发的专利及产品,根据双方协议,享有使用、处置和收益管理的自主权
使用范围	甲、乙双方可就实际情况自行协商知识产权使用范围,但应将使用范围详细列于协议附件
宣传规范	除协议另有约定外,协议的任何一方未经对方同意,不得在任何新闻、广告或其他宣传推广活动中使用对方的名称、标识或对方提供的主要人员的姓名等个人信息

(四)建立校内知识产权管理机构

国家知识产权局战略规划司《2022 年中国专利调查报告》公布的数据显示:“高校和科研单位专利权人建立知识产权专职管理机构、兼职管理机构和外聘服务机构的比例分别为 33.3%、28.6%和 9.8%;尚未建立知识产权管理机构的比例为 28.3%。”根据《高等学校知识产权保护管理规定》第 6 条第 2 项的规定,学校应加强对知识产权保护工作的组织和领导,完善本校知识产权保护制度,加强本校知识产权工作机构和队伍建设。第 16 条亦规定了学校应逐步建立健全知识产权工作机构,暂未设立知识产权保护和管理机构的高等学校,应指定科研管理机构或其他机构担负相关职责。

基于此,笔者建议中小学可以借鉴高等学校的做法,组建校内知识产权管理机构,主要负责学校知识产权管理、科技成果转化及研发平台的建设等工作。能够面向全校教职工开展专业化的知识产权管理和支持,尤其在知识产权申报、进度跟进、费用减缓及缴纳、知识产权纠纷调处、权利维护、科技成果推广转化等方面建立一套完整的工作流程,从而形成校园统一、协调配合、联合互动、运转有效的知识产权管理工作体系。考虑到幼儿园及中小学教职工人数有限,笔者建议校内的知识产权管理机构可由法治副校长、法律顾问以及专业的知识产权代理机构的人员组成。除此以外,在与社会企业进行重大项目合作时,可由该管理机构负责具体落实,以确保依法合规地开展品牌合作业务。建立校内知识产权管理机构的具体方式，本书第六章示例十五《中小学知识产权管理办法》参考示例的第二章第一节“组织管理”部分，提供了相关思路与建议。

（五）在知识产权管理制度中，完善知识产权类资产管理的内容

为发挥商标资产的各方面效益，校方应当允许其注册商标对外的许可使用。商标的许可使用必须由校务会议决定，许可使用的具体工作由校内知识产权管理机构负责。截至目前，国家并未颁布有关幼儿园以及中小学的知识产权保护的相关规定，因此笔者建议参考《高等学校知识产权保护管理规定》第23条[①]的规定，幼儿园以及中小学对外进行知识产权许可使用，应当对知识产权进行资产评估。由知识产权管理机构对被许可方进行监督、协调。如果被许可方出现损害校方和校方商标声誉的行为，应立即按照协议规定进行处理。

为此，笔者建议学校在知识产权管理制度中，进一步完善知识产权资产管理的内容，主要包括：

1. 建立知识产权资产管理机构以及完善其主要职责。建立校内知识产权资产管理机构，旨在具体履行知识产权资产的管理职能，包括但不限于制定、修订学校的知识产权资产管理办法，组织对知识产权资产的清查、登记、汇总及监督检查等。

2. 优化计价以及账务处理方式。包括知识产权资产的类型、资产基本价值的确定原则等内容。

3. 强化知识产权资产的使用。详细规定其使用程序，旨在解决知识产权资产的合理调配，充分提高利用率，盘活存量，发挥其最大效益。

4. 明确知识产权资产增加的流程。旨在解决外购知识产权资产的程序问题，严格审批程序，避免重复、盲目引进。

5. 确立知识产权资产的清查与报告制度。对盘盈、盘亏的知识产权资产及时查明原因，分清责任，并按照有关规定作出处理。

第四节　职业教育校企合作有“法”可依

2021年全国职业教育大会在北京召开，会上传达了习近平总书记的重要

---

① 《高等学校知识产权保护管理规定》第23条规定：“高等学校应当重视开展知识产权的资产评估工作，加强对知识产权资产评估的组织和管理。高等学校对外进行知识产权转让、许可使用、作价投资入股或者作为对校办科技产业的投入，应当对知识产权进行资产评估。”

指示。习近平总书记强调,“在全面建设社会主义现代化国家新征程中,职业教育前途广阔、大有可为”。① 产教融合、校企合作作为新时期我国职业教育的基本办学模式,是培养高素质劳动者和技术技能人才的内在要求。近年来,国家高度重视并出台了一系列推动校企合作的政策,明确了深化产教融合的内涵,建立了校企合作的基本制度框架。国务院办公厅《关于深化产教融合的若干意见》指出,坚持职业教育校企合作、工学结合的办学制度,推进职业学校和企业联盟、与行业联合、同园区联结。大力发展校企双制、工学一体的技工教育。国务院《关于印发国家职业教育改革实施方案的通知》指出,“促进产教融合校企‘双元’育人”。《职业教育提质培优行动计划(2020—2023年)》提出“深化产教融合、校企合作”。在实践中,尽管在各类政策推动下校企合作取得了一定成效,但是,当前仍面临企业参与度低、政府引领作用发挥不足、运作机制不够完善、权责划分不明等困境,总体合作并不深入。

一、要点问题

1. 职业学校开展校企合作有无法律依据?

2. 校企合作过程中产生的收入如何使用?

3. 职业学校与企业如何划分各自的权责?

二、案例:职业学校与食堂承包商共同经营校内咖啡馆

Y职业学校将校内闲置场馆改造成咖啡工作室,添置了制作咖啡所需的机器设备,并采购了原材料。咖啡工作室原计划用于烘焙专业的学生开展实训课程,后经与校内食堂承包商F健康管理公司协商,双方决定合作经营咖啡工作室,由Y职业学校提供场地、设备和原材料,并推荐见习学生,由F健康管理公司作为见习单位向就业促进中心申报创业见习基地,提供见习岗位并为见习学生申请生活费补贴,咖啡工作室由学生自主管理与运营,Y职业学校创业指导站负责指导与监督。Y职业学校与F健康管理公司签订的《校企合作协议》还约定“营业收入由F健康管理公司开立专款账户进行收取”。营业初期,咖啡工作室仅对校内师生售卖咖啡饮料,获得了全校师生的支持和好评。为了提高学生创业的积极性和自主性,学校决定让咖啡工作室对外营业,面向社会公众售卖咖啡饮料。数月之后,市场监督管理部门来到咖啡工作室开展日常检查,发现悬挂在墙上的食品经营许可证未包含“自制饮品销售”,要求咖啡工作室

① 《习近平对职业教育工作作出重要指示》,载中华人民共和国中央人民政府网,https://www.gov.cn/xinwen/2021-04/13/content_5599267.htm。

立即停止营业,接受进一步调查处理。据此,学校向F健康管理公司提出解除《校企合作协议》,进行财务结算和收益分配,但是F健康管理公司称经营收入扣除成本后没有盈利。

三、法律风险识别与分析

(一)违法风险

1. 违反《食品经营许可和备案管理办法》

本案例中,虽然F健康管理公司作为学校食堂承包商已取得"热食类食品制售、冷食类食品制售"的经营许可,但未取得"自制饮品制售"的经营许可。在这种情况下,咖啡工作室对外营业,违反了《食品经营许可和备案管理办法》第52条第1款的规定,属于未取得食品经营许可从事食品经营活动的违法行为,应依照《食品安全法》第122条①的规定给予处罚。

2. 违反《职业学校学生实习管理规定》

目前校企合作的形式多样,内容丰富,其中以企业提供实习岗位、学校推荐学生的形式最为常见。本案例中,学生的行为虽名为创业见习,与岗位实习的名称不同,但本质均为学生到企业单位的特定岗位进行实践性教育教学活动,Y职业学校仍应按照《职业学校学生实习管理规定》的要求与企业共同开展创业见习工作。《职业学校学生实习管理规定》第7条规定:"职业学校在确定新增实习单位前,应当实地考察评估形成书面报告。考察内容应当包括:单位资质、诚信状况、管理水平、实习岗位性质和内容、工作时间、工作环境、生活环境以及健康保障、安全防护等。实习单位名单须经校级党组织会议研究确定后对外公开。"本案例中,Y职业学校对F健康管理公司的经营资质未尽到事先审核的职责,缺乏食品经营和食品安全的法律常识,不仅会遭受行政处罚和经济损失,Y职业学校的主管部门还可依据《职业学校学生实习管理规定》第46条责令学校进行改正,Y职业学校的声誉也将受到严重影响。

---

① 《食品安全法》第122条规定:"违反本法规定,未取得食品生产经营许可从事食品生产经营活动,或者未取得食品添加剂生产许可从事食品添加剂生产活动的,由县级以上人民政府食品安全监督管理部门没收违法所得和违法生产经营的食品、食品添加剂以及用于违法生产经营的工具、设备、原料等物品;违法生产经营的食品、食品添加剂货值金额不足一万元的,并处五万元以上十万元以下罚款;货值金额一万元以上的,并处货值金额十倍以上二十倍以下罚款。明知从事前款规定的违法行为,仍为其提供生产经营场所或者其他条件的,由县级以上人民政府食品安全监督管理部门责令停止违法行为,没收违法所得,并处五万元以上十万元以下罚款;使消费者的合法权益受到损害的,应当与食品、食品添加剂生产经营者承担连带责任。"

（二）违约风险

在校企合作过程中，合作收益如何分配是最容易产生纠纷的风险点。在本案例中，虽然双方签订的《校企合作协议》已明确约定“咖啡工作室的营业收入由F健康管理公司开立专款账户进行收取，并由财务单独记账核算……Y职业学校有权进行查阅和审计”。然而，在解约结算时，F健康管理公司却称没有盈利。对此，Y职业学校依约要求查阅财务报表，并对专款账户进行审计，如果F健康管理公司拒绝配合，那么Y职业学校面对F健康管理公司的该种违约行为，该如何维护自身权益？采取哪些事先防范的措施可以减少学校的损失？对此，下文会给出答案。

四、法律风险应对

（一）根据人才培养需求确定校企合作形式

教育部发展规划司《2022年全国教育事业发展基本情况》显示，全国中等职业教育（不含人社部门管理的技工学校）共有学校7201所，在校生1339.29万人，中等职业教育专任教师71.83万人，“双师型”教师比例为56.18%。

在《职业教育法》正式稿颁布之前，校企合作的形式主要依据各部门发布的规范性文件，其中，教育部等六部门联合发布的《职业学校校企合作促进办法》最为重要。《职业教育法》于2022年5月1日起施行，根据该法，国家发挥企业的重要办学主体作用，推动企业深度参与职业教育，鼓励企业举办高质量职业教育。校企合作的形式多元化：（1）企业与职业学校联合招收学生，以工学结合的方式进行学徒培养的，应当签订学徒培养协议；（2）鼓励行业组织、企业等参与职业教育专业教材开发；（3）企业可与职业学校、职业培训机构共同举办职业教育机构等多种形式进行合作；（4）政府鼓励企业参与职业教育教师培养和培训；（5）国家鼓励企业安排实习岗位，接纳职业学校和职业培训机构的学生实习。

各类职业院校可以根据自身特点、人才培养及教师培训的需要“依法”选择校企合作的形式（见图5-1），制定校企合作规划，并与企业合作制定人才培养方案。

联合举办职业学校	联合举办职业学校、职业培训机构的，举办者应当签订联合办学协议，约定各方权利义务
订单培养	行业主管部门、工会等群团组织、行业组织、企业、事业单位等委托学校、职业培训机构实施职业教育的，应当签订委托合同
联合招生工学结合	企业与职业学校联合招收学生，以工学结合的方式进行学徒培养的，应当签订学徒培养协议
共建实习实训基地、就业创业见习基地	国家鼓励职业学校在招生就业、人才培养方案制定、师资队伍建设、专业规划、课程设置、教材开发、教学设计、教学实施、质量评价、科学研究、技术服务、科技成果转化以及技术技能创新平台、专业化技术转移机构、实习实训基地建设等方面，与相关行业组织、企业、事业单位等建立合作机制。开展合作的，应当签订协议，明确双方权利义务
产教融合式产业学院	职业学校、职业培训机构实施职业教育应当注重产教融合，实行校企合作
其他	国家鼓励行业组织、企业等参与职业教育专业教材开发，将新技术、新工艺、新理念纳入职业学校教材，并可以通过活页式教材等多种方式进行动态更新

图 5-1　校企合作的各种形式

(二)建立健全校企合作的管理制度与运行机制

1. 合作企业管理制度

首先,职业学校应制定合作企业资质审核标准,对此,《职业学校学生实习管理规定》第 6 条已有明确规定:“职业学校应当选择符合以下条件的企(事)业单位作为实习单位:(一)合法经营,无违法失信记录;(二)管理规范,近 3 年无违反安全生产相关法律法规记录;(三)实习条件完备,符合专业培养要求,符合产业发展实际;(四)与学校有稳定合作关系的企(事)业单位优先。”职业学校可以在这条规定的基础上,不断细化和增设合作企业的资质条件。

其次,职业学校应当参照《职业学校学生实习管理规定》第 7 条的规定,在确定新增合作企业前,应当实地考察评估形成书面报告。

最后,职业学校应对已审核通过的企业进行备案管理,定期对合作情况及资信情况进行考察评估,对不符合要求的合作企业,及时终止合作,并将更新后的合作企业名单经校级党组织会议研究确定后在校内公开。

2. 校企合作财务管理制度

中等职业学校的财务管理制度适用2022年7月14日修订的《中小学校财务制度》,根据该制度相关规定,职业院校校企合作项目属于非独立核算的财务活动,由学校财务部门统一管理①。校企合作项目开展经营活动取得收入的,属于学校经营收入②,应当纳入学校预算,统一核算,统一管理,未纳入预算的收入不得安排支出。严禁设立"小金库",严禁账外设账,严禁公款私存。③

关于校企合作项目的支出管理问题,职业院校应当严格执行国库集中支付制度和政府采购制度等有关规定。此外,根据《职业教育法》第41条的规定,校企合作项目的经营收入可"用于改善办学条件;收入的一定比例可以用于支付教师、企业专家、外聘人员和受教育者的劳动报酬,也可以作为绩效工资来源"。

关于绩效工资发放问题,职业院校应建立以高水平成果、高层次人才为导向的绩效评价制度和体系。在对校企合作成果进行绩效考核的基础上,结合指导教师实绩,建立健全鼓励创新、体现实绩的科研绩效管理机制。考核结果作为对指导教师职务评聘、绩效工资发放及奖惩的重要依据。

关于校企合作项目的资产管理问题,职业院校应当严格控制对校企合作项目的投资。利用国有资产(包括货币资金、实物、无形资产等)投入校企合作项目的,应当有利于事业发展和实现国有资产保值增值,应当符合国家有关规定,经可行性研究和集体决策,按照规定的权限和程序进行。职业院校在《校企合作协议》中应当明确约定合作形成的股权、资产或相关权益的归属,按照国家有关规定纳入经营性国有资产集中统一监管体系。其中,就无形资产的法律风险管理问题,在本章第一节、第二节、第三节给出了应对的建议和方案。

3. 健全监督检查和信息公开机制

健全包括审计、监察、财政、科技等主管部门和社会中介机构在内的监督体

---

① 《中小学校财务制度》第11条第1款规定:"非独立核算的勤工俭学、社会服务和经营等项目的财务活动,由学校财务部门统一管理。"

② 《中小学校财务制度》第25条第5项规定:"经营收入,即非义务教育阶段学校在教育教学及其辅助活动之外,开展非独立核算经营活动取得的收入。"

③ 《中小学校财务制度》第26条规定:"中小学校应当将各项收入全部纳入学校预算,统一核算,统一管理,未纳入预算的收入不得安排支出。中小学校严禁设立'小金库',严禁账外设账,严禁公款私存。"

系，建立合作项目的财务审计与财务验收制度。此外，职业学校还应推进校企合作内部信息公开。学校要建立非涉密项目信息公开和回访制度，明确信息公开的责任主体、程序、方式、范围和期限等，充分运用信息公开手段，加强内部监督和管理。在学校内部公开校企合作委员会人员构成、合作企业及人员组成、预算批复、经费支出、资产购置、合作成果等情况。实行项目经费审计报告公开，校企合作情况以适当方式在学校内部公开。

4. 落实责任追究制度

有关部门和学校要将专项审计、中期财务检查、财务验收和绩效评价等结果作为项目申请和科研经费预算分配的重要依据。对发生违纪违法问题的单位和个人，按照《财政违法行为处罚处分条例》《事业单位工作人员处分规定》等规定进行严肃处理，依情节轻重给予行政处罚或处分。涉嫌犯罪的，依法移送司法机关追究刑事责任。

（三）以《校企合作协议》为主线开展风险精准防控

1. 学校、企业、学生三者利益诉求

根据《职业学校校企合作促进办法》第 6 条的规定①，并结合利益相关者理论和校企合作的特点，将职业院校、企业、学生列为职业院校校企合作的重要利益相关者（见图 5-2）。只有明晰这三大利益相关者的利益需求，明确各方在校企合作过程中的参与路径，谋求各方利益均衡、目标一致、协同合作，才能更好地推动职业院校校企合作发展。作为校企合作项目的组织者，学校是技能人才培养主体，其利益诉求在于通过与企业合作，增强技能教育所需的操作指导师资力量，培养能满足社会和企业需求的实用型人才，同时在合作企业中为学生寻求比较有吸引力的岗位，提高学生对职业院校的认同感，提升学校办学知名度。企业是技能人才的直接需求者，也是校企合作项目的主要参与者，利益诉求集中在能从职业院校学生中遴选企业后续发展所需的人才，并借助职业院校的理论培训优势，开展员工培训，优化人才结构，同时在与学校合作中提高学生对企业的认知，增强企业的吸引力，提升企业形象。作为校企合作项目的服务对象，学生希望提升专业知识、技能与职业素养，获取职业技能证书、企业工作经验以及社会服务能力，助力今后的择业和就业。

---

① 《职业学校校企合作促进办法》第 6 条规定：“职业学校应当根据自身特点和人才培养需要，主动与具备条件的企业开展合作，积极为企业提供所需的课程、师资等资源。企业应当依法履行实施职业教育的义务，利用资本、技术、知识、设施、设备和管理等要素参与校企合作，促进人力资源开发。”

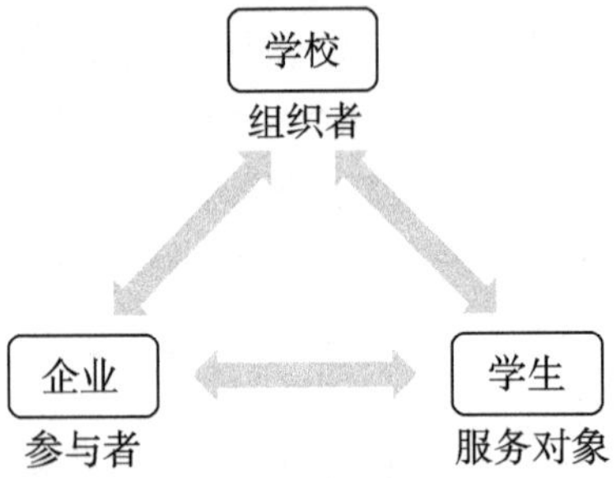

图 5-2 学校、企业、学生三方利益关系

鉴于职业院校、企业、学生三者之间互为需求和供给方，运行机制应为平台共建、成果共享、育人共担、三方共赢。

2. 学校与企业双方之间的法律关系

学校与企业根据不同的校企合作形式签订不同的协议，以产教融合为例，校企双方的合作形式主要分为三类：

（1）以教育为主体、产业为客体，将产业融入教育。例如，职业学校在办学过程中引入企业元素，吸收企业人员参与学校课程建设、专业建设、课程教学、人才培养方案制定等，包括引企入校，让企业参与学校的实训基地建设和专业场馆建设等。在这类合作形式下，有些学校会将场地或设备租赁给企业进行建设，由企业向学校支付租金，并向学校提供学生实习和教师实训服务。根据相关司法案例检索情况，发现有个别企业拖欠租金，学校向法院提起诉讼，法院将该案作为租赁合同纠纷进行审理。笔者认为，在该类合作形式下，校企双方有可能建立租赁合同关系。

（2）以产业为主体、教育为客体，将教育融入产业。例如，过去广泛存在的行业和企业办学、实用技术培训；又如，开展订单培养的，企业一般会根据工作岗位需求和岗位技能要求，委托学校进行人才培养或职工培训。笔者认为，在该类合作形式下，校企双方有可能建立委托合同关系。

（3）共同举办职业教育机构、组建职业教育集团，学校和企业一般会成立新的法人主体进行联合招生和培养，即学校与企业在办学过程中承担大体相当的权利和义务，如正在兴起的混合所有制职业学校。笔者认为，在该类合作形式下，双方有可能建立投资关系或合伙关系。

随着职业教育的关注度不断提升，除了产教融合模式，校企合作的内容和形式在不断扩展，具有综合性的特点，包括但不限于招生就业、人才培养方案制定、师资队伍建设、专业规划、课程设置、教材开发、教学设计、教学实施、质量评价、科学研究、技术服务、科技成果转化等。校企双方提供各自的资源和要素参与到合作中，通过书面协议明确约定双方的权利义务，实现各自的利益诉求。笔者认为，此时校企双方的法律关系不属于《民法典》合同编中的任何一个有名合同，目前，在学术界普遍认为，双方建立了教育合同关系。

教育合同关系的法律依据来自《职业学校校企合作促进办法》第 9 条的规定："职业学校和企业开展合作，应当通过平等协商签订合作协议。"合作协议应当明确规定合作的目标任务、内容形式、权利义务等必要事项，并根据合作的内容，合理确定协议履行期限，其中企业接收实习生的，合作期限应当不低于 3 年。

鉴于校企合作形式的多样性，校企合作双方有可能建立上述一种或多种法律关系，而无论何种法律关系，学校均可以通过《校企合作协议》来明确约定双方的权责划分、收益分配、成果归属以及协议解除后的资产处置、违约责任等问题。下文就本案例涉及的收益分配条款，进行重点阐述。

首先，校企双方可以约定合作收益的用途范围。例如，咖啡工作室的营业收入在扣除合理成本并依法纳税后的收益，按照下列用途列支：见习学生见习报酬和指导教师带教报酬；奖励优秀的见习学生、带教人员；补充原材料和添置必要设备；聘请培训专家、外聘人员；购买培训器具、改善工作条件；结余款项作为创业指导基金提取，并划转至学校账户，计入学校专项基金。

其次，在本案例中，由于专款账户设立在企业名下，学校无法及时掌握账户资金的信息，面临学校应得收益被企业侵占或挪用的风险。对此，学校可以在协议中明确约定合作企业应提供专款账户月报表，包括但不限于收入、支出和结余等财务数据，且学校有权随时查阅或审计，如合作企业拒绝提供或不配合审计，则构成根本性违约，学校有权立即解除协议。

最后，协议解除之后，学校的损失又该如何弥补呢？学校向法院直接起诉要求企业赔偿，会得到法官的支持吗？如学校无法举证证明合作收益的计算依据，仍将承担举证不能而败诉的风险。故学校应当在合作协议中进一步约定在上述情形下，双方合作收益以学校掌握的销售单据为依据，如合作企业不予分配收益，除向学校赔偿收益损失外，还应向学校支付合作收益一定比例的违约金。

第五节　规范应对校园突发事件引发的网络舆情

在互联网社交媒体普及前，由于传播方式的限制，舆情的发生与散播都非常有限，学校对于突发舆情大多采取冷处理方式来应对。然而，随着近年来移动互联网的发展，通过网络途径传播的学校负面舆情事件频发，在自媒体时代下，更是如此。有时，一个看似不起眼的工作细节，就可能引发负面舆情爆燃式的传播。冷处理的方式，显然已无法适应移动网络时代的舆情应对要求。

本书第二章第十节介绍了校园突发事件的应对机制体系，本节将通过校园突发事件引发负面舆情的案例，识别和分析其中的法律风险，并针对学校防范与处置负面舆情提出法律风险应对建议。

一、要点问题

1. 网络谣言侵犯了学校或教职工哪些权利？

2. 面对负面舆情不断发酵，学校该如何应对？

3. 学校声誉受损后，该如何恢复名誉，重塑形象？

二、案例：围绕校园突发事件，出现大量网络谣言

一天傍晚，C中学发生一起学生坠楼事件，学生小林从高空坠落身亡。当地公安迅速赶到现场。经勘查，在该校实验楼与体育馆之间的人行道上发现小林的遗体，根据遗体的位置和实验楼四楼地面、护栏上的痕迹判断，小林坠楼的地点位于实验楼与体育馆之间的连接平台上。之后，经法医鉴定，小林遗体上的损伤均为高坠伤，排除中毒死亡。公安机关在对监控录像、小林个人物品、网络聊天记录等进行调查分析及综合环境证据和鉴定结果的基础上，认定小林为高坠死亡，排除刑事案件。

次日6时许，一位自称是小林母亲的网友发布了一条微博，“控诉”C中学“……将我们家长全部拒之门外无可奉告……想看监控不给看”。该微博一经发布，引起网友广泛关注，在短短几小时内登上微博热搜。12时许，该网友又发布一条微博，质问学校“……想一直耗着我们……最后拿出一坛骨灰将我们应付了事吗”？14时许，该网友再次发布微博，表示“……有媒体表示背后的水太深叫我们别白费力气……早上去看了监控，唯独事发那一段没有监控……愿此类校园冤案不再发生”。

该网友的微博引发关注的同时，网络上出现了大量令人错愕的所谓的“爆料”,如“学校毁掉了监控”“遗体已经被强行火化,毁灭证据”“小林妈妈的微博已被控制,无法再在网上发声”“化学老师因留学名额实施迫害”。舆情一度发展到学校不公布监控视频就是学校隐瞒事实。学校后续公布了监控视频,视频中显示小林坠楼前有伤害自己的举动,网友便抨击学校侵害小林的隐私权;家长尚未签字同意火化,就是有人想毁尸灭迹;家长签字同意火化,就是家长被“搞定”了。

这些言论虽最终被证实是谣言,但在当时引发了轩然大波。不仅学校的声誉跌至谷底,甚至连体制内单位、政府机关的公信力也遭到质疑。面对近乎疯狂的网络舆论,多家官方媒体对C中学、教育局、公安部门、家长等进行采访后,发布了详细的新闻,抽丝剥茧式地还原了真实情况,负面舆论才得以平息。

三、法律风险识别与分析

当学校发生校园突发事件或其他可能导致社会广泛关注的事件时,若学校未能及时采取正确有效的负面舆情防范和处置措施,则将面临行为不当风险。

这里的行为不当风险可能导致学校面临的具体不良影响包括:一方面,学校的名誉受损。《民法典》第110条第2款规定:“法人、非法人组织享有名称权、名誉权和荣誉权。”学校作为法人①,依法享有名誉权。当出现针对学校的负面舆情且混杂大量谣言时,若学校处置不当,则名誉权将遭受侵害。另一方面,如果负面舆情并非谣言,学校在面对负面舆情时未能及时公布调查结果、道歉声明、整改措施,未能通过正面的信息引导社会公众的舆论导向,那么学校在舆论中将逐渐丧失话语权,降低公信力,甚至引发公众更多的质疑和不满。

本案例中,C中学发生了学生坠楼的重大校园突发事件,C中学在事发当天与家长的沟通中,或许存在某些沟通不畅,又或许未能充分考虑家长的悲痛和急切想要了解事件来龙去脉的心情,导致家长心生误解,悲愤之下在网络上控诉学校,引发最初的负面舆论。次日,家长陆续发布3条微博控诉C中学,C中学未能第一时间予以公开回应和澄清。当网络上出现各种谣言时,C中学未能第一时间向网络平台举报、投诉或报警,追究造谣者法律责任,也未能及时发

---

① 《教育法》第32条第1款规定:“学校及其他教育机构具备法人条件的,自批准设立或者登记注册之日起取得法人资格。”

布详细的事件通报以正视听,放任谣言愈演愈烈。这场舆论风波下没有赢家,C 中学的声誉遭受了严重的损害,学生家长不由自主地被舆论裹挟,被谣言波及的教师遭受网络暴力、名誉权受到侵害。如果 C 中学在处理该事件的过程中,能够有更强的负面舆情防范意识,采取更为专业的舆情处置措施,那么这一舆情事件很可能能够避免。如果针对网络上传播的谣言,C 中学能够及时采取强有力的维权措施第一时间遏制谣言,则很可能降低舆论风波给各方带来的伤害。

四、法律风险应对

《全国依法治校示范校创建指南(中小学)》第 10.2.1 条规定,“学校积极通过法治方式保护校名校誉、学校财产等合法权益,为师生保护自身合法权益提供支持、帮助”。基于网络舆情的突发性、紧迫性和不可预知性,学校有必要提前建立负面舆情防范与处置机制,在事前、事中、事后全阶段进行应对。

(一)负面舆情的事前防范

为了做好负面舆情的事前防范工作,学校应当建立一套具有长效性的常态化负面舆情监控与防范机制,防范和阻止不良舆情的产生,当出现不良舆情时,第一时间发现和识别舆情。负面舆情的监控与防范机制的具体内容包括四个方面。

1. 构建常态化舆情关注机制

学校可以通过配备专兼职人员,常态化关注诸如微信、微博、贴吧等互联网平台及媒体、家长和学生社群的舆情动态,定期编制舆情报告,当出现疑似负面舆情风险时,迅速反应、及时应对。同时,舆情报告还可以作为校务会议及学校决策的参考。

2. 制定负面舆情阻却预案

针对常见的可能导致学校负面舆情的事项,诸如校园突发事件、学生人身伤害事故、招生等,学校可以设计制定负面舆情阻却预案。一旦发生可能引发舆论关注的事件,学校第一时间启动负面舆情阻却预案,采取适当的方法,防范负面舆情的出现。笔者结合以往经验,梳理归纳网络舆情应急预案框架结构如图 5-3 所示。

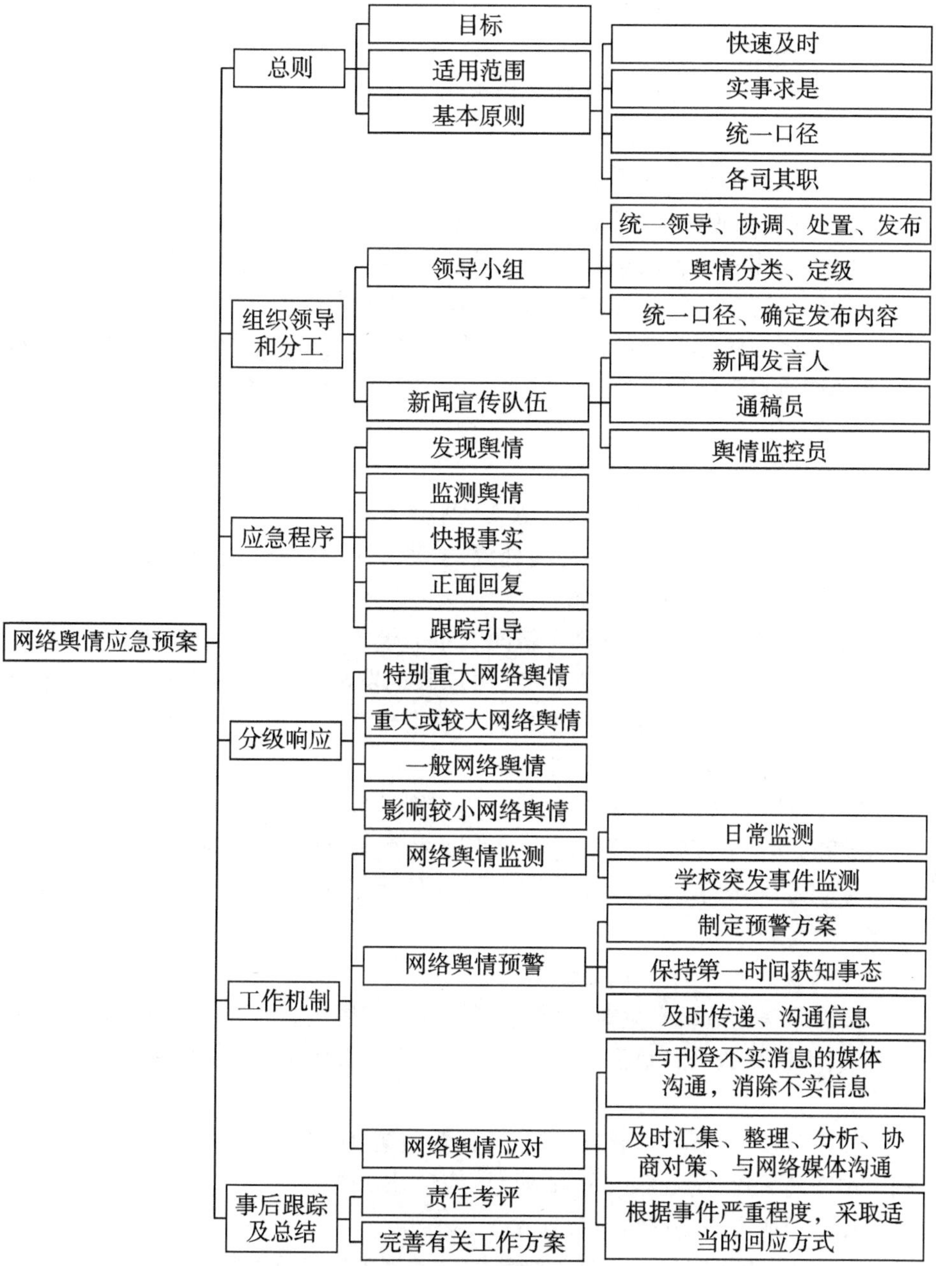

图 5-3　网络舆情应急预案框架

在图 5-3 的基础上，笔者介绍某幼儿园负面舆情阻却的做法，为学校设计制定负面舆情阻却预案提供思路。一日，某幼儿园教师发现，某育儿论坛中流传着该园教师“在幼儿园午休时间用毛巾盖住幼儿的脸”的帖子，帖子的字里行间透露着发帖者对该教师的行为可能导致幼儿窒息的指控。幼儿园内部调查后发现，该教师是在征得家长的同意下，用家长专门配备的手绢为个别午休入睡困难的幼儿遮住眼睛，帮助幼儿快速入睡。对此，该幼儿园在完成内部调查工作后，迅速启动负面舆情阻却工作：一方面，联系可能为发帖者的幼儿家长，向他们了解情况，作出必要的解释澄清，取得幼儿家长的认可和谅解；另一方面，幼儿园在法律顾问的协助下，联系论坛管理员，对相关帖子进行删除。同时，幼儿园也对该园教师进一步明确了工作要求，要求全体教师规范实施日常幼儿保教工作。

3. 配备舆情应对专兼职人员

学校应当配备具备良好政治素养、熟悉政策法规、掌握新兴媒体运作方式的专兼职人员，负责舆情的关注与处置，主动关注、收集、处理网络舆情，为负面舆情防范与处置做好人员保障。

同时，学校还可以参考政府新闻发布的模式，设立学校新闻发言人岗位。通过学校新闻发言人统一发布信息，可以收拢发声口径，确保不会因学校人员个体信息获知局限和认知差异而擅自发表不当言论。

4. 重视提升学校师生的网络素养

学校可以通过制定本校的网络行为守则等方式，加强对本校师生网络行为的引导和约束，提高师生网络内容的鉴别能力，培养师生正确的价值判断和独立思考能力，不轻信网络谣言，不盲目跟风传播，积极建设新型健康的校园网络文化。

（二）负面舆情的事中处置

当网络舆论危机发生时，学校容易因缺乏处置经验而处于被动地位。若处置不当，不仅无法平息负面舆论，反而会激化相关矛盾，进一步刺激负面舆情发酵。

如果学校已制定了网络舆情应急处置预案，应当立即启动预案。对于还未制定预案的学校，笔者建议可采取以下应急处置措施：

1. 立即成立网络舆情应急处置领导小组。

（1）领导小组成员可由校方负责人、法治副校长以及家长委员会代表组成。

（2）领导小组主要负责全校应急管理系统宣传舆论引导工作的统一领导、统一协调、统一处置、统一发布工作。舆情发生后，领导小组第一时间组织有关人员，对舆情进行分类和定级；统一对外宣传口径，确定对外发布内容，通过各种方式有针对性地解疑释惑、澄清事实、批驳谣言、引导舆论。

2. 开展网络舆情监测。

（1）领导小组应立即组织校内舆情监控员对网络舆情进行24小时不间断监控。加强与有关部门（如相应级别的互联网信息办公室）的对接，及时、全面掌握与该事件密切相关的各种信息，为决策者在较短时间内作出正确决策提供有力支撑。

（2）舆情监控员负责对网络舆情信息的收集、研判、评估和跟踪；重要敏感舆情需及时上报领导小组，并根据工作需要参加舆情处置联席会议；根据舆情的等级和影响程度，分类报送教育行政主管部门；舆情上报要真实、客观，以保证会商措施更具针对性、适用性和处理有效性。

3. 正面回应各方关切。

（1）校内及时通报。校园突发事件发生之后，不少片面性、不真实的信息其实源自学校内部人员。因此，学校应当积极、及时地回应师生及家长关切的问题，及时向全校师生和家长通报并更新校园突发事件的调查进展及结果，首先在学校内部消除误解和谣言，让客观真实的信息在校内传播，阻断虚假信息的传播源头。

同时，学校应倡议全校师生及家长不信谣、不传谣，教育引导全校师生和家长自觉守法，理性发声，共同抵制网络暴力行为。

（2）回复媒体关切。针对校园突发事件引发的网络舆论危机，学校应当快速反应、及时发声、引导舆论。

具体措施如下：领导小组负责汇集、整理调查资料，分析事件原因；领导小组落实专人（学校新闻发言人）做好与相关网络媒体的沟通工作；领导小组对特别重大的网络舆情，应在舆情发生后12小时内撰写通稿，通过多种媒体渠道进行正面回复。学校在第一时间内发出权威信息，可以有效引导舆论，最大限度减小突发事件产生的不良影响。

4. 负面舆情阻却。

针对网络上出现的虚假不实报道或言论，学校应根据影响程度及传播平台，采取针对性的阻却措施，积极主动消除负面舆情。具体措施如下：

（1）针对网站或论坛中的违法、违规或侵权信息，学校可通过网站的投诉举报渠道向网络服务提供者投诉、举报或发送通知，要求采取删除、屏蔽、断开链接等必要措施。

（2）针对微博或微信中的违法、违规或侵权信息，学校可通过互联网平台官方公布的举报渠道要求网络服务提供者采取删除、屏蔽、断开链接等必要措施。

(3)针对严重侵害学校名誉的违法、违规或侵权信息,学校可以在律师的协助下,查清侵权人,发送律师函,明确要求侵权人停止侵害、消除影响、恢复名誉、赔礼道歉;如情况危急,学校可以委托律师依据《民法典》①的规定向人民法院请求作出人格权侵害禁令。如情节或后果严重,学校可以委托律师提起民事诉讼或进行刑事报案。

(三)负面舆情的事后应对

负面舆情的平息,并不意味着负面舆情应对工作的结束。此时,学校仍应当注重内部总结与问责、学校声誉的恢复,以及学校形象的重塑。

1. 内部总结与问责工作,应当包括对负面舆情所涉事件的总结与追责,以及对本次负面舆情应对工作的总结。通过内部总结,查摆问题,总结经验和教训,发现薄弱环节,制定改进计划,不断完善包括负面舆情预防与处置机制在内的各项工作机制。通过内部问责,明晰责任归属,对失职和违法违规人员严肃追究责任。

2. 学校声誉的恢复工作,应当结合在负面舆情中学校名誉权遭到侵权的情况,展开相应的维权工作。例如,学校可以通过提起民事诉讼的方式,要求造谣者公开赔礼道歉、恢复学校名誉。②

3. 学校形象的重塑工作,应当结合学校客观存在的不足与过错,以实事求是的态度向公众发布问责和调查报告,承认错误和不足,制定整改计划,重获学生、家长及公众的信任。例如,学校可以公开发布针对负面舆情所涉事件的总结、追责结果和改进计划,定期发布改进工作进展,引导媒体发布正面报道。

第六节 学校对师生个人信息负有保护义务

学校在实施教学管理的过程中,不可避免地需要处理学生、教职工乃至学生家长的个人信息。学校作为个人信息处理者,需要对其个人信息处理活动负责,并采取必要措施保障所处理的个人信息安全。在我国《个人信息保护法》

---

① 《民法典》第997条规定:"民事主体有证据证明行为人正在实施或者即将实施侵害其人格权的违法行为,不及时制止将使其合法权益受到难以弥补的损害的,有权依法向人民法院申请采取责令行为人停止有关行为的措施。"

② 《民法典》第1000条规定:"行为人因侵害人格权承担消除影响、恢复名誉、赔礼道歉等民事责任的,应当与行为的具体方式和造成的影响范围相当。行为人拒不承担前款规定的民事责任的,人民法院可以采取在报刊、网络等媒体上发布公告或者公布生效裁判文书等方式执行,产生的费用由行为人负担。"

已经生效的时代,学校如何合法合规处理个人信息,亟须引起学校管理者的高度重视。

本节通过校外第三方非法出售学生个人信息的案例,识别和分析其中的法律风险,以此探讨学校规范处理个人信息的应对方法。

一、要点问题

1. 对学生个人信息的保护有没有特殊规定?
2. 学校要承担哪些个人信息保护义务?
3. 当学生的个人信息被泄露后,学校该如何应对?

二、案例:学校的合作企业非法出售学生个人信息获利

为适应在线教育发展的需要,A 初中与某网络科技有限公司达成合作,通过该公司旗下的"家校通"应用软件进行在线教育,学生在该软件上完成注册后即可使用,在注册账号时,该软件会采集学生的个人信息。学生在使用该软件一段时间后,陆续出现收到教育培训机构的宣传电话或短信,甚至账号显示"异地登录"等异常情况。于是,学生们便向班主任反映上述情况。而后,学校与该科技公司取得联系,询问学生信息是否遭到泄露,但该科技公司不置可否,无奈之下,学校只能选择报警。经公安侦查,该科技公司某职工利用职务之便,从"家校通"系统中复制该校的学生数据,并非法出售给教育培训机构,兜售的数据包含姓名、手机号、性别、学校、学号、电子邮箱等信息,该科技公司的职工最终因犯侵犯公民个人信息罪被判处刑罚。

三、法律风险识别与分析

当发生侵犯公民个人信息时,学校作为信息处理者可能面临违法风险,而其他可接触师生个人信息的人不仅可能构成民事侵权,也可能构成犯罪。

关于学生个人信息保护的特殊规定,首先,《个人信息保护法》将不满 14 周岁未成年人个人信息定性为敏感个人信息。《个人信息保护法》第 28 条[①]第 1 款明确规定了敏感个人信息的范围。依据《个人信息保护法》第 28 条第 2 款、第 31 条[②]的规定,只有在具有特定的目的和充分的必要性,并采取严格保

---

① 《个人信息保护法》第 28 条规定:"敏感个人信息是一旦泄露或者非法使用,容易导致自然人的人格尊严受到侵害或者人身、财产安全受到危害的个人信息,包括生物识别、宗教信仰、特定身份、医疗健康、金融账户、行踪轨迹等信息,以及不满十四周岁未成年人的个人信息。只有在具有特定的目的和充分的必要性,并采取严格保护措施的情形下,个人信息处理者方可处理敏感个人信息。"

② 《个人信息保护法》第 31 条规定:"个人信息处理者处理不满十四周岁未成年人个人信息的,应当取得未成年人的父母或者其他监护人的同意。个人信息处理者处理不满十四周岁未成年人个人信息的,应当制定专门的个人信息处理规则。"

护措施的情形下,个人信息处理者方可处理敏感个人信息;个人信息处理者处理不满14周岁未成年人个人信息的,应当取得未成年人的父母或者其他监护人的同意,并应当制定专门的个人信息处理规则。

同时,2020年修订的《未成年人保护法》中对未成年人个人信息的保护作了特别规定。该法第69条[①]、第72条第1款[②]和第73条[③]规定,学校等场所为未成年人提供的互联网上网服务设施,应当安装未成年人网络保护软件或者采取其他安全保护技术措施;学校作为信息处理者通过网络处理未成年人个人信息的,应当遵循合法、正当和必要的原则;处理不满14周岁未成年人个人信息的,应当征得未成年人的父母或者其他监护人同意,但法律、行政法规另有规定的除外。依据《未成年人学校保护规定》第10条[④]、第52条第2款[⑤]的规定,学校采集学生个人信息,应当告知学生及其家长,并对所获得的信息负有管理、保密义务;学校在与有关部门、机构、社会组织及个人合作进行学生保护专业服务与支持过程中应当与相关人员签订保密协议,保护学生个人及家庭隐私。

在入学、教学、考试、结业等教育事项上,学校必然涉及对未成年人(尤其是14周岁以下)个人信息的处理,乃至对学生家长的个人信息处理,前述信息包括敏感个人信息。那么,学校应当根据《个人信息保护法》的规定,履行作为个人信息处理者的法定义务,建立严格的个人信息保护措施,并在符合特定的目的和充分必要性的前提下,征得学生家长的同意后再进行个人信息的处理。

---

① 《未成年人保护法》第69条规定:"学校、社区、图书馆、文化馆、青少年宫等场所为未成年人提供的互联网上网服务设施,应当安装未成年人网络保护软件或者采取其他安全保护技术措施。智能终端产品的制造者、销售者应当在产品上安装未成年人网络保护软件,或者以显著方式告知用户未成年人网络保护软件的安装渠道和方法。"

② 《未成年人保护法》第72条第1款规定:"信息处理者通过网络处理未成年人个人信息的,应当遵循合法、正当和必要的原则。处理不满十四周岁未成年人个人信息的,应当征得未成年人的父母或者其他监护人同意,但法律、行政法规另有规定的除外。"

③ 《未成年人保护法》第73条规定:"网络服务提供者发现未成年人通过网络发布私密信息的,应当及时提示,并采取必要的保护措施。"

④ 《未成年人学校保护规定》第10条规定:"学校采集学生个人信息,应当告知学生及其家长,并对所获得的学生及其家庭信息负有管理、保密义务,不得毁弃以及非法删除、泄露、公开、买卖。学校在奖励、资助、申请贫困救助等工作中,不得泄露学生个人及其家庭隐私;学生的考试成绩、名次等学业信息,学校应当便利学生本人和家长知晓,但不得公开,不得宣传升学情况;除因法定事由,不得查阅学生的信件、日记、电子邮件或者其他网络通讯内容。"

⑤ 《未成年人学校保护规定》第52条第2款规定:"教育行政部门、学校在与有关部门、机构、社会组织及个人合作进行学生保护专业服务与支持过程中,应当与相关人员签订保密协议,保护学生个人及家庭隐私。"

如学校未履行前述法定义务，根据《个人信息保护法》第66条①、第68条②、第71条③的规定，学校可能被依法责令改正、警告、罚款，国家工作人员可能被给予处分等；构成犯罪的，依法追究刑事责任。

基于上述规定，本案中，A初中与某科技公司达成合作，并让学生通过该科技公司旗下的应用软件进行线上学习，同时，该软件在学生注册时采集了其个人信息。由于大多数初中生是不满14周岁的未成年人，因此，以上信息均是敏感个人信息。此时，学校和该科技公司共同作为信息收集和处理者，应当严格遵守《个人信息保护法》等有关规定，在收集学生信息时应当符合特定的目的和充分的必要性，并采取严格的保护措施，切忌过度收集学生的个人信息。而后，该科技公司的员工在学校不知情的情况下非法出售学生个人信息获利的行为严重侵害了学生的个人利益。此时，学校第一时间联系该科技公司并报警处理，尽可能将泄露学生个人信息的风险降至最低。此外，学校还可以追究该科技公司的违约责任。因此，无论何时，学校都必须具备保护学生个人信息的意识和举措，尽到相应的管理职责。

四、法律风险应对

因此，根据现行《个人信息保护法》及配套政策，以及实际存在的风险点，学校在完善管理原有学生学籍档案、教师人事档案等管理措施基础上，可以参考以下个人信息处理的合规义务及措施。

（一）建立和完善个人信息保护制度和规则

学校对于个人信息的收集过程往往不够谨慎，主要表现在频繁收集、重复收集、收集方式比较随意。比如，在家长微信群使用共享文件公开收集、委托家

---

① 《个人信息保护法》第66条规定："违反本法规定处理个人信息，或者处理个人信息未履行本法规定的个人信息保护义务的，由履行个人信息保护职责的部门责令改正，给予警告，没收违法所得，对违法处理个人信息的应用程序，责令暂停或者终止提供服务；拒不改正的，并处一百万元以下罚款；对直接负责的主管人员和其他直接责任人员处一万元以上十万元以下罚款。有前款规定的违法行为，情节严重的，由省级以上履行个人信息保护职责的部门责令改正，没收违法所得，并处五千万元以下或者上一年度营业额百分之五以下罚款，并可以责令暂停相关业务或者停业整顿、通报有关主管部门吊销相关业务许可或者吊销营业执照；对直接负责的主管人员和其他直接责任人员处十万元以上一百万元以下罚款，并可以决定禁止其在一定期限内担任相关企业的董事、监事、高级管理人员和个人信息保护负责人。"

② 《个人信息保护法》第68条规定："国家机关不履行本法规定的个人信息保护义务的，由其上级机关或者履行个人信息保护职责的部门责令改正；对直接负责的主管人员和其他直接责任人员依法给予处分。履行个人信息保护职责的部门的工作人员玩忽职守、滥用职权、徇私舞弊，尚不构成犯罪的，依法给予处分。"

③ 《个人信息保护法》第71条规定："违反本法规定，构成违反治安管理行为的，依法给予治安管理处罚；构成犯罪的，依法追究刑事责任。"

长代为收集等，这些现象给个人信息的安全埋下重大隐患。因此，学校应根据实际情况制定个人信息管理制度和处理规则，确保在处理个人信息时有章可循。本书提供《学校个人信息保护管理办法》的文本示例，参见本书第六章示例十六。比如，学校在采信师生信息时，可以按照《学校个人信息保护管理办法》的规定，采集前取得个人的同意，不得过度收集个人信息。当然，学校在处理师生或是学生家长的个人信息时，应特别注意对个人信息的保护。对于处理不满14周岁未成年人个人信息，学校应当制定专门的个人信息处理规则。在实践中，学校应在遵循正当必要原则下，根据个人信息处理的具体需求，及时调整信息处理的操作权限等相应制度和操作规范。

（二）设立专职个人信息保护负责人，邀请第三方参与监督

因学校与学生及学生家长的密切关系，存在其他行政管理部门基于其他的社会管理需要委托学校收集学生及其家庭成员的个人信息的情况，这也给学校增加了处理个人信息的风险。依据《个人信息保护法》第52条第1款的规定，“处理个人信息达到国家网信部门规定数量的个人信息处理者应当指定个人信息保护负责人”；学校基于谨慎合规原则，可以参照《信息安全技术　个人信息安全规范》要求设立专职个人信息保护负责人，并合理确定个人信息处理的操作权限，定期对直接处理人员进行安全教育和培训。除此之外，学校可以邀请家长委员会作为第三方监督机构，监督学校落实个人信息安全保护措施，促进个人信息保护措施落地和完善。

（三）处理师生个人信息前应遵循知情同意原则

学校处理的个人信息常涉及敏感个人信息。《个人信息保护法》将不满14周岁未成年人的个人信息列为敏感个人信息，强化了对未成年人个人信息权益的保护，因此，学校对于学生个人信息处理需要格外谨慎对待。学校应当建立个人信息保护的组织体系，以落实合法合规收集、使用、加工、传输个人信息，杜绝出现非法买卖、数据泄露等危害个人信息的活动。在处理个人信息之前，应当充分履行告知同意义务。尤其处理不满14周岁未成年人的个人信息，应当取得未成年人的父母或者其他监护人的同意。同时，处理个人信息前应当进行个人信息保护影响评估，包括下列内容：(1)个人信息的处理目的、处理方式等是否合法、正当、必要；(2)对个人权益的影响及安全风险；(3)所采取的保护措施是否合法、有效并与风险程度相适应。

（四）完善档案管理制度，对个人信息实行分类管理

对于已收集的个人信息缺乏管理规范，容易出现数据丢失、数据误删、数据泄露等问题。学校对于从教学、科研、管理等活动中获取的信息首先应依照档

案管理办法进行归档管理。对涉及个人信息的部分实行分类管理,先区分学生信息和教职工信息,再区分一般个人信息和敏感个人信息,对个人信息采取相应的加密、去标识化等安全技术措施。本书提供《学校档案管理办法》的文本示例,详见第六章示例十七。

例如,某学校与某公司签订服务协议,学校将学生和教职工的信息存储在该公司旗下某应用平台上,由于该平台的运营公司突然通知停止运营,导致平台上学生和教职工信息的丢失。因此,学校不能只依赖单一的媒介来保存已收集到的个人信息,应注意对重要信息的备份和保存,避免因平台关停、数据误删、材料灭失等原因导致重要信息灭失。若学校委托第三方进行数据的保管和处理,不仅要征得教职工和学生及其家长的同意,还要与第三方签订保密协议。

(五)师生个人信息泄露时及时采取应急措施

与第三方共享信息时,可能存在的问题有:学校与第三方关于保密义务和责任划分约定不明确或不全面,甚至没有提前告知学生、家长。个人信息遭到泄露后,学校由于缺乏专业知识,没有及时采取有效的应急措施,也没有尽到保护和监督义务。那么,学校与第三方合作时,要提前将注意事项告知家长,要签订保密协议,约定保密责任。当发生个人信息泄露的情况时,学生和教职工若发现自己的个人信息遭到泄露,应当以及向教师或学校领导反馈。学校领导和有关方面负责人员要组织人员迅速采取应急措施,包括但不限于及时停止第三方机构相关平台的使用,断开链接,做好数据备份和加密,防止个人信息泄露的影响进一步扩大。同时,向教育局报告,并向公安机关报案,找出问题根源,明确相应补救措施。若涉及委托的第三方,则第三方有义务配合学校和公安机关进行调查,及时告知调查情况,并第一时间采取有效的保护措施,如封锁所有员工工作账号,提供原始的系统使用记录等。

第七节 学校对外签署合同应进行合法性审查

学校作为独立享有民事权利并承担民事义务的法人主体,其对外签订的合同数量正在逐渐增加。在签订合同前,学校对合同进行合法性审查的目的是防范合同履行过程中可能发生的法律风险,减少合同纠纷,同时预防学校领导和教职工舞弊和腐败。

本节通过学校采购校外培训课程的案例,识别和分析其中的法律风险,并探讨学校如何对合同进行合法性审查。

一、要点问题

1. 学校对外订立合同的流程包括哪些环节?

2. 学校对外订立合同前该如何进行合法性审查?

3. 学校该如何构建合同管理制度?

二、案例:学校采购校外培训机构的唢呐培训课程

A 小学拟在课后服务活动中为学生开办唢呐培训兴趣班,便与甲校外培训机构进行合作。双方签订《课后服务协议》,约定由该校外培训机构提供唢呐培训服务,但不得私自向学生或学生家长推销培训课程。协议履行过程中,该校外培训机构指派培训教师前往 A 小学为学生授课。在这期间,培训教师发现有个别学生吹唢呐颇具天赋,于是私下联系学生家长推销课外培训课程。而后,不少学生家长与该校外培训机构另行签订了课外培训服务协议。之后,学生家长因与该校外培训机构就培训协议中的退费事宜发生纠纷而找到学校,学校才知道该校外培训机构存在校内招生的行为,且学校进一步调查发现,该校外培训机构指派的授课培训教师并不具备资质。于是,A 小学与甲校外培训机构依据合同约定解除《课后服务协议》并追究甲校外培训机构的违约责任。

三、法律风险识别与分析

(一)行为不当风险

本案中,A 小学在与甲校外培训机构签订合同前,未审查培训机构和培训教师的培训资质,未尽到全面调查培训机构履约能力的义务。虽然培训机构或培训教师不具有相应培训资质,并不必然导致合同无效①,但 A 小学不掌握合同相对方缔约资质情况,为相对方认定、合同性质认定及违约责任认定等多项争议埋下了隐患。学校应当在合同起草时约定相应的违约条款,并在签署前审查培训机构和培训教师资质,履行过程中发生教师人员变动的,仍需及时审查变更教师的资质,如果机构有违约行为,应当及时追究其违约责任。学校对培训机构资质的审查义务源自学校对学生的教育管理职责,这一点不因学校采购第三方课程而转移给第三方机构。若培训机构不具备资质,或培训机构指派来授课的教师对学生实施性骚扰、偷窃学生财物等行为,对学生造成损害的,学校亦需要承担相应的责任。

(二)违约风险

本案中,甲校外培训机构违反协议约定,私自与学生家长签订课外培训服

---

① 《民法典》第 505 条规定:“当事人超越经营范围订立的合同的效力,应当依照本法第一编第六章第三节和本编的有关规定确定,不得仅以超越经营范围确认合同无效。”

务协议,该行为系校外培训机构作为合同相对方的违约行为。假如培训机构与家长之间发生合同纠纷,造成家长损失,可能由此导致家校矛盾。那么,学校有必要与培训机构之间明确违约责任。例如,培训机构或教师私下收费,则该培训机构构成严重违约,学校不仅可以单方解除合同,还有权根据合同约定要求该培训机构承担违约责任,如退还培训费用。此外,A 小学在与校外培训机构合作的过程中,未对指派来的培训教师进行合规培训,也未及时就唢呐兴趣班的服务质量听取学生家长的反馈。此类不对合同相对方履约情况进行监督的做法,将导致学校因未发现对方的违约行为而不能及时制止,不能及时控制损害后果,不能及时保全违约证据。

四、法律风险应对

(一)健全学校合同管理制度

实务中,学校对合同的管理往往不够重视,并且缺乏完善的合同管理制度:有些学校重视合同签署前的谈判,却忽略了合同文本是否表达了既定的要点;有些学校认为合同履行完毕就没有用了,不进行归档管理。正是因为没有对合同管理加以足够的重视,或者虽然重视了但没有细致到每一个环节,导致合同双方发生纠纷,甚至产生诉讼。因此,学校应明确内部合同管理部门及职责,规范合同的订立、审批、会签、登记、备案流程,规范合同示范文本的使用、合同专用章的管理。订立合同时注重审查对方主体资格及资质、签约人员身份及权限,明确合同要素条款及合同性质。

此外,合同管理制度的完善能够一定程度上提升风险防范能力,而完整的合同管理制度应包含合同的撰写和审核、合同的审批签订流程、合同的执行监督和合同的档案管理等 4 个方面。本书提供《学校合同管理办法》文本示例,详见第六章示例十八,主要涵盖合同管理机构、合同的订立、合同的履行、变更、终止及纠纷处理和合同责任等内容,具体规定如下:针对合同管理事宜,学校可以依据合同标的金额大小或涉及"三重一大"事项的合同分为一般合同与重大合同,进行区别管理。一般合同实行法定代表人统一授权,归口管理。重大合同实行统一管理,由集体讨论决定。针对合同签署事宜,学校订立一般合同应当由校长(园长)或其书面授权的代理人签字,并加盖学校(幼儿园)公章或学校(幼儿园)合同专用章。重大合同应当由校长(园长)直接签署,并加盖学校(幼儿园)公章或学校(幼儿园)合同专用章。针对合同履行事宜,在双方履行合同义务的过程中,学校应强化对教学进度跟进、服务质量考核、师生安全保障及资料管理,收集并固定与合同相对方往来函件、会议纪要、考核材料等原始书面凭证。

（二）严格落实合同订立前的合法性审查

合同订立流程包括立项、起草、审批、授权和签署，合法性审查是起草程序中一项重要内容。签订合同前，通过审查合同条款能够起到一定的风险防范作用。合同条款审查通常应当包含以下要点：

（1）双方主体信息。合同首部应列明签署合同主体的准确名称、地址、负责人等。通过审查合同相对方主体相关信息，进一步核实对方是否具备签订合同的主体资格，以及提供相关服务的资质。在签约前，应对培训机构的主体、员工资质、履约能力等进行调查。

（2）合同签署的背景及目的描述清楚明确。在合同条款前，一般会有“鉴于”部分，该部分主要描述了合同签署的背景及目的，在日后发生纠纷时可以用来明确是否违背了合同的根本目的，或用来主张对方不具有“鉴于”部分描述的相关能力。

（3）审核合同双方的权利义务。权利义务条款是合同的核心条款，对权利义务的描述应详细、准确、体现合同谈判结果并具有可执行性。以“课后服务协议”为例，校方应重点关注课程服务内容、监督和建议权利、安全事故责任划分等条款。绝大多数合同有权利必有义务，权利与义务应对等或基本对等。在设定权利义务条款时不可太过倾向于自己一方，这样的文本发给对方审核会让对方认为校方在谈判结果上做文字游戏，没有合作诚意，进而影响合同签署的进度。

（4）合同通知条款的约定。因被通知方经常会以没有收到通知为理由不认可通知内容，故须在合同中约定多种通知方式，并要求双方保证通知渠道畅通，如因一方单方变更收取通知的地址，则自行承担未收取通知的责任。现在移动互联网应用发达，人们习惯以各种方式进行工作联系，所以除了传统的邮寄通知、邮件通知等方式外，还可以增加微信、短信等用于通知的指定账号的约定。应注意对各种通知方式划分界限，如解约通知必须书面送达，变更时间必须邮件通知，即时消息仅可作日常联络等，以免因通知渠道增多造成合同变更形式不正式而产生纠纷。

（5）违约条款。违约条款应具有可执行性，不鼓励做过度严苛的违约约定，以免在签署过程中影响签约进度，出现纠纷后也很难得到法院的支持。违约责任应与合同的权利义务条款相对应，避免出现高度盖然性的违约责任条款，因为这在实践中很难操作。

（6）法律适用及管辖条款。校方在谈判地位允许的前提下，尽量争取有利于自己的法律适用及管辖地点。如果实在难以约定在自身所在地点管辖，则退而求其次与对方协商约定为“被告所在地”或“原告所在地”这样的方式。另外,如想约定仲裁,则切记保证仲裁条款有效,不可出现“仲裁或诉讼”或对仲裁机构约定不明的情况。

（7）签署与生效条款。明确合同签署地与生效的条件,如要求必须加盖公章并且由法定代表人签字。

（三）合同履行过程中加强过程监督和考核评估

为切实降低学校与第三方机构合作发生纠纷的风险,学校在合同履行过程中需要加强过程监督和考核评估,特别是与涉及学生利益的第三方机构合作,学校可实行学校、家长、机构“共管共评”机制。对合同履行过程进行监督,学校分管领导和家长委员会共同监督,及时沟通联系,若发现第三方机构在合同履行过程中存在违法违约行为,应立即采取应对措施。此外,还应对第三方机构进行定期考核评估,由学校和家长共评,对于评估不合格的第三方机构应及时解约,同时向教育主管部门上报相关信息,共同建立诚信优质的第三方机构库,实现信息共享。

以学校和校外培训机构合作共同开展课后服务为例,注意以下要点:

1. 学校确定课后服务课程项目对接负责人跟进合同签署、执行的全部流程。

（1）负责选择机构、课程并按规定与校外培训机构签订合同。

（2）对实施的课后服务进行过程监控,加强对课后服务质量的监督与保障,避免校外培训机构将课后服务课程当成“试听课堂”。

（3）强化安全保障。可以充分利用校方综合责任险,将发生在校内或学校组织的校外活动中发生的伤害事故纳入校方责任综合险保障范围,不断提升保障能力。

2. 保持家校联系。

（1）学校引入符合条件的校外培训机构共同开展课后服务活动,那么,学校必须履行告知义务。通常情况下,学校可以采用发放告知书的方式,并要求监护人在告知书的回执上签字,以解决送达问题。

（2）定期和不定期以问卷调查、座谈会、随机访谈等形式开展学生满意度调查。通过调查,及时收集反馈意见,适当调整课程安排。

（3）培训机构授课时,组织家长代表在场,对授课内容、学生完成情况等进行评价、管理,共同监督课后服务质量。

第八节 学校与相邻方不得侵犯对方的合法权益

学校大多坐落于闹市区或居民聚居处,不免会与周围居民等其他第三方产生联系,继而有产生相邻纠纷的可能。学校既有可能因自身原因,如装修、噪声乃至摄像头的安装导致侵害周围相邻方的相邻权益,也有可能因相邻方的侵权行为而造成学校或是师生权益受到侵害。本节将通过相关案例,对学校与相邻方之间相邻权益的处理提出法律风险的应对建议。

一、要点问题

1. 学校与相邻方会产生哪些纠纷?

2. 学校如何避免自身合法权益被相邻方侵害?

3. 学校侵犯相邻方权益时该如何规范应对?

二、案例:学校周边居民投诉学校外墙材料反光造成光污染

2021 年,在 J 学校校舍的翻修过程中,不断接到周围居民的投诉,原因是教学大楼的外墙上安装了红色的铝制幕板,只要太阳升起,刺眼的红光就会折射进周围居民家中,造成严重的光污染,影响居民的正常生活。

接到居民投诉后,J 学校组织人员实地考察,发现光污染情况确实存在,亟待解决。J 学校及时与装修公司联系并向属地教育部门进行汇报。经过多方协调,最终 J 学校在铝制幕板上涂上黄色漆料以防止反光并得到了周围居民的认可。

三、法律风险识别与分析

本案例中,J 学校安装外墙幕板的行为,有可能侵犯周围居民的采光权,存在侵权风险。

《民法典》第 288 条规定:"不动产的相邻权利人应当按照有利生产、方便生活、团结互助、公平合理的原则,正确处理相邻关系。"第 293 条规定:"建造建筑物,不得违反国家有关工程建设标准,不得妨碍相邻建筑物的通风、采光和日照。"

本节案例中,J 学校在接到周围居民投诉后,为了邻里和睦主动调整了铝制幕板的颜色,防止矛盾进一步激化。J 学校对教学楼进行翻新装修本身是合法行为,安装在学校教学大楼外墙上的红色的铝制幕板也是合法产品,那么,从法律上是否真的侵犯了周围居民的相邻权益呢?答案是肯定的。阳光经由新安装的红色铝制幕板反射,形成刺眼的红光照射到居民家中,已经侵害了周围居民的采光权。如果 J 学校坚持不对教学大楼外墙装修进行调整,周围居民就

此向人民法院提起诉讼,最终法院会判决J学校停止侵害行为,对教学大楼外墙装修恢复原状或重作。此外,根据《民法典》第179条[①]的规定,J学校还可能面临包括赔偿损失在内的其他民事责任。

而除了上文提到的采光权,相邻方的相邻权益还包括诸如对共用水源,各方均可使用的用水权;建设和使用房屋时,不得阻碍他人通风的通风权等相邻权利,也包括因通行或建造、修缮建筑物以及铺设电线、电缆、水管、暖气和燃气管线等必须利用相邻土地、建筑物,而相邻方应当提供必要的便利的相邻义务。

四、法律风险应对

相邻纠纷不同于一般的侵权案件,除可能面临的经济赔偿责任,还会伴随诸如修复、拆除或重做建筑等成本高、工作量大的实际履行问题,因此在处置该类纠纷时,应当优先考虑事先预防而非事后救济。当遇到该类纠纷时,应与相邻方及时沟通,协调处理。

(一)建立事前风险排查机制

由于相邻纠纷不是其中一方有意而为之且损害结果又多发生于相邻另一方空间内,实施方一般难以及时发现。因此,相邻纠纷风险排查机制的建立及信息沟通渠道的畅通就显得尤为重要,有了相应的机制和渠道,就可以在纠纷发生早期予以干预,降低损害结果扩大的可能。如在本案例中,虽然J学校不是设计施工方也并非有意造成周围居民光污染,然而当纠纷产生时,J学校作为第一责任方,在收到民众反馈信息后积极沟通,并向上级部门及时反映情况,第一时间对装修方案进行了调整,避免了损失的进一步扩大,维护了与周边居民的和谐关系。

此外,相邻纠纷的出现多是伴随新设施的添附或新工程的建设出现。因此,学校在校园内进行新增项目或周边有新增项目时,应当针对可能出现的相邻纠纷进行预判、分析。要求施工方在施工前做好合法性和可行性分析,提前征求周边居民和商户意见,确保不会引起相邻权纠纷。学校新增建设项目时,学校应当注意在建设合同中针对性地设置责任分配条款,在对相邻方损失的承担问题上,明确约定由施工单位承担责任的合同条款,如"因施工单位原因造成第三者财产损失、人身伤亡的,施工单位应当承担相应赔付责任"。

---

① 《民法典》第179条规定:"承担民事责任的方式主要有:(一)停止侵害;(二)排除妨碍;(三)消除危险;(四)返还财产;(五)恢复原状;(六)修理、重作、更换;(七)继续履行;(八)赔偿损失;(九)支付违约金;(十)消除影响、恢复名誉;(十一)赔礼道歉。法律规定惩罚性赔偿的,依照其规定。本条规定的承担民事责任的方式,可以单独适用,也可以合并适用。"

同时,学校既可能是相邻权的侵权方,也有可能是被侵权方,学校既要排查自身新项目增设时对周围相邻关系方可能产生的侵权风险,也要注意周围相邻关系方增设新项目时被侵权的风险。譬如,在2014年的某日,因T学校篮球场边高墙坍塌,5名学生当场死亡,另有4名学生受伤。后经事故调查发现原因为T学校与隔壁新建小区之间的地基不在同一个水平线上,小区整体地势比学校要高出1米左右。高墙外侧小区有绿化带紧靠墙体,受到大量堆土和绿植的影响,加上地势差异,使高墙长期单面受力,逐渐变形,墙体内部的牢固性严重受到影响。日积月累,高墙逐渐脆弱,再加上学生篮球比赛时可能有多名学生倚靠围墙和高声喧闹,多种因素最终导致高墙坍塌。

本案例中的T学校,就是因相邻方修建、施工没有注意到对相邻学校产生的安全隐患,而被侵犯了相邻权。当学校隔壁小区擅自倚靠墙体建绿化带时,学校就应当引起重视,警惕可能出现的风险。然而,T学校并未对由此可能对围墙的整体安全造成的影响予以注意,也没有就此与隔壁小区进行沟通或规划的意识。作为被侵权方的T学校,如果能够及时发现相邻方的施工有造成共用墙倒塌的危险,可能会威胁人身、财产安全,可以根据法律规定请求对方采取措施排除危险来源,消除危险。然而,各方的疏忽最终造成了惨剧的发生。对此,学校应当建立行之有效的事前风险排查机制,组织专门人员进行日常性的全校范围的安全隐患排除。

(二)做好解释沟通工作,确保沟通渠道畅通,积极协调相邻纠纷

即便都是相邻纠纷,不同的处理方式会导致不同的结果。当学校的新增项目或某些行为可能会引起相邻纠纷时,学校应当提前与周围相邻关系方做好解释工作,并保证信息沟通渠道畅通,以免损害扩大。某市一所初级中学Y学校,为校园安全之需,在学校内部多处安装了摄像头以监控校园内公共部位。然而在诸多摄像头中,有一处安装在校园外墙、操场边缘,被周围居民投诉侵犯隐私权。该居民认为该摄像头正对自己家,自己的一举一动都被监视,自己的隐私权受到严重侵害,要求Y学校拆除该摄像头。虽经过Y学校反复解释该摄像头仅用于监控校园内部操场,摄像范围不会也不能覆盖校园外任何区域,该居民仍坚持要求拆除摄像头。后该居民向法院提起诉讼,要求Y学校拆除摄像头,停止侵犯其隐私权的行为。在庭审过程中,Y学校向法院展示该摄像头的拍摄录像确认了该摄像头未侵犯该居民的隐私权也不具有拍摄该居民住所的条件,充分阐述了学校安装摄像头以监控学校公共区域,保障师生安全的必要性。但是该居民依旧不依不饶,要求Y学校必须拆除该摄像头。后经法院协调,为避免邻里矛盾进一步升级,Y学校将摄像头改为不可移动的枪式摄

像头后，该居民方才同意撤诉。

在该案例中，周围居民认为自己作为不动产的所有者或使用者，自己的生活隐私及财产秘密具有不被相邻他人窥视并排除他人干扰的相邻私蔽权，此权利既包含了隐私权又包含了相邻权。对比本节中的案例 J 学校的处置方法以及 Y 学校的做法，当相邻纠纷发生后，J 学校与周边居民进行了充分的沟通，并且及时向上级部门反映，积极解决问题，最终以和谐友善的方式解决了纠纷。而 Y 学校认定自己安装的摄像头并未侵犯周围居民隐私权，不重视解释与沟通，以致居民只能寻求司法途径解决纠纷。

虽然根据相关隐私权的法律规定①，Y 学校摄像头的设置并不侵犯周围居民隐私权，居民的诉求也未必能获得法院的支持。但是如果 Y 学校能够事前就与居民充分沟通，做好解释工作，那么花费在应诉上的精力与成本都是可以避免的。因此，学校应当时刻确保沟通渠道的畅通，将已经出现或可能出现的纠纷通过缓和的方式处理，减少不必要的精力和成本支出。当相邻纠纷发生后，学校与相邻方已经处于一个不信任的状态，在此情况下引入外部机构会更有利于矛盾的解决。比如，可以与辖区街道、派出所、城管等机构建立协调通道，在矛盾发生时介入调解，及时化解和消除矛盾，构建和谐邻里关系。

第九节　学校应依法配合、协助司法机关的执行工作

自《关于限制被执行人高消费及有关消费的若干规定》施行以来，限制消费人员子女不得就读于高收费私立学校已成为督促限制消费人员履行债务的有力手段，学校作为协助法院执行的主体，特别是高收费私立学校，不可避免地会被要求配合法院的强制执行措施。对于司法机关的协助调查要求，本节将通过有关案例为学校提出应对建议。

一、要点问题

1. 学校必须配合司法部门的协助调查要求吗？

2. 学校该保护学生的隐私权还是维护司法权威？

---

① 《民法典》第 1032 条规定："自然人享有隐私权。任何组织或者个人不得以刺探、侵扰、泄露、公开等方式侵害他人的隐私权。隐私是自然人的私人生活安宁和不愿为他人知晓的私密空间、私密活动、私密信息。"第 1033 条规定："除法律另有规定或者权利人明确同意外，任何组织或者个人不得实施下列行为：（一）以电话、短信、即时通讯工具、电子邮件、传单等方式侵扰他人的私人生活安宁；（二）进入、拍摄、窥视他人的住宅、宾馆房间等私密空间；（三）拍摄、窥视、窃听、公开他人的私密活动；（四）拍摄、窥视他人身体的私密部位；（五）处理他人的私密信息；（六）以其他方式侵害他人的隐私权。"

3. 学校如何依法执行司法机关的裁决?

二、案例:校长拒绝配合法院执行被处以司法强制措施

D 学校为民办国际学校,校内有两名学生为被执行人龚某子女。龚某经法院判决,对外负有 700 万余元的应履行债务而未依法履行,被列为限制消费人员。根据最高人民法院《关于限制被执行人高消费及有关消费的若干规定》的规定,限制消费人员子女不得就读于高收费私立学校。而 D 学校每年学费高达 18 万元,明显属于高收费私立学校,上海某区人民法院执行法官为此特前往 D 学校进行调查。然而 D 学校在法官出示合法证件并说明来意后,却以来校法官并非学校所属辖区法院、法官及法警的制服和证件无法查证真实性及学校需要先请示教育局后才能协助调查等理由不予配合法院的调查工作。虽经法官反复解释,并明确要求 D 学校在规定时间内提供龚某子女入学时相关材料,但 D 学校未予理睬,拒不提供甚至向该法院提起投诉。

鉴于 D 学校存在以上阻碍法院执法的行为,法院对 D 学校作出处罚决定书。法院认为,D 学校作为龚某两名子女就读的学校,有义务协助人民法院执行调查工作,准确全面提供其保存的相关信息。但 D 学校工作人员在经执行人员多次告知释明后,仍采取拒绝、拖延等方式,妨碍人民法院调查取证,不仅对法院调查工作造成了严重妨碍,亦损害了司法权威和法律尊严。最终法院对 D 学校作出罚款 20 万元的处罚决定。

三、法律风险识别与分析

如学校拒不配合司法部门的强制执行,学校将可能因未履行协助义务而面临罚款或被提出纪律处分司法建议的风险。

中共中央办公厅、国务院办公厅《关于加快推进失信被执行人信用监督、警示和惩戒机制建设的意见》规定:“子女就读高收费学校限制。限制失信被执行人及失信被执行人的法定代表人、主要负责人、实际控制人、影响债务履行的直接责任人员以其财产支付子女入学就读高收费私立学校。”龚某作为限制消费人员,不应将其子女送入高收费学校就读,法院有权就相关情况予以调查。

《民事诉讼法》第 70 条第 1 款规定:“人民法院有权向有关单位和个人调查取证,有关单位和个人不得拒绝。”因此,当学校面对类似本案例中的法院调查情况时,如无正当理由,应当无条件予以配合。《民事诉讼法》第 117 条规定:“有义务协助调查、执行的单位有下列行为之一的,人民法院除责令其履行协助义务外,并可以予以罚款:(一)有关单位拒绝或者妨碍人民法院调查取证的;(二)有关单位接到人民法院协助执行通知书后,拒不协助查询、扣押、冻结、划拨、变价财产的;(三)有关单位接到人民法院协助执行通知书后,拒不协

助扣留被执行人的收入、办理有关财产权证照转移手续、转交有关票证、证照或者其他财产的;(四)其他拒绝协助执行的。人民法院对有前款规定的行为之一的单位,可以对其主要负责人或者直接责任人员予以罚款;对仍不履行协助义务的,可以予以拘留;并可以向监察机关或者有关机关提出予以纪律处分的司法建议。”第118条规定:“对个人的罚款金额,为人民币十万元以下。对单位的罚款金额,为人民币五万元以上一百万元以下。拘留的期限,为十五日以下。被拘留的人,由人民法院交公安机关看管。在拘留期间,被拘留人承认并改正错误的,人民法院可以决定提前解除拘留。”

在本案例中,法院已依据法律规定向D学校出示了合法证件并说明了来意,D学校应当对调查工作予以配合。然而D学校非但不予配合,甚至主动抗拒法院调查,最终被处以罚款。如果学校校长或教职工阻碍调查,也有可能被司法拘留,情节严重的甚至可能构成犯罪。

四、法律风险应对

《全国依法治校示范校创建指南(中小学)》第10.3.2条规定:“学校能够尊重并执行主管部门的决定及司法机关的判决、裁定、决定,积极依法保障权利。”学校作为教育机构,不可避免地会与社会各方面人员产生联系,继而会被要求提供各类可能涉及隐私、秘密或者不能向公众公开的个人信息。如在本案例中,学生及家长信息系学校应当保密的内容,但是面对司法部门依法持证调查时,学校应当配合,如何平衡两者之间的关系是学校管理者终究要面对的难题。

(一)审核调查人员的身份及调查范围

配合有关部门调查是学校的义务,面对调查学校也有审核确认的权利。《民事诉讼法》第133条规定:“人民法院派出人员进行调查时,应当向被调查人出示证件。调查笔录经被调查人校阅后,由被调查人、调查人签名或者盖章。”第239条规定:“执行工作由执行员进行。采取强制执行措施时,执行员应当出示证件。执行完毕后,应当将执行情况制作笔录,由在场的有关人员签名或者盖章。人民法院根据需要可以设立执行机构。”任何相关政府部门的工作人员必须出示有效证件、文件,方可进行调查工作。

学校在面对调查时应第一时间确认对方身份及调查事项。除相关政府部门外,学校还有可能面对个人的调查请求或是律师持法院调查令的调查请求。面对个人的调查请求时,如果只是政策性或是针对已公开信息的询问,学校可以主动向其释明。如果个人调查请求事项涉及学校师生的个人信息或隐私、国家机密等不宜公开内容的,应当向其解释学校的信息公开制度和信息保护制度，引导其向有关部门申请信息公开，或通过司法途径寻求救济。而面对律师持法院调查令的调查请求，其效力相当于法院调查，学校原则上应当予以配合。学校有权对律师身份及调查令形式进行审核，各个地方对与调查令应当载有的内容都有相应规定。例如，《上海法院调查令实施规则》第3条规定："调查令具有下列内容：(一)持令人的姓名、性别、律师证编号、律师事务所全称；(二)被调查人姓名或单位全称；(三)向被调查人收集、调查证据的范围；(四)持令人需要证明的待证事实；(五)调查令的有效期；(六)被调查人不能提供持令人所需证据的原因；(七)调查令签发人签名。签发日期及院印。"对于前述人员的身份或文件，学校无法自行审查真实性的，可要求法治副校长或学校法律顾问协助核查。协助过程中应重视证据资料的保留，确保协助过程及资料有明晰的记录。具体而言，学校应当针对性地记录提供的资料、被协助对象的姓名、身份以及协助时间、地点等信息，并要求被协助对象签名。必要时，可以要求被协助对象签署承诺书，保证不将学校提供的资料另作他用或向无关第三方公开。当学校向公权力部门、律师或个人提供协助时，无论提供任何资料，都应当要求被协助对象签名。

(二)把握协助调查的限度，既要保护隐私权又要维护司法权威

对于公权力部门的调查，学校一般负有完全配合义务，如本案例中面对法院公职人员的调查，即便学生个人资料涉及隐私信息，学校仍应当予以配合。但是当学校面对个人或律师调查时则应当注意协助调查的限度，不应提供超过调查事项的资料。学校对于个人的调查请求，正如前文所述，除已公开信息外，不应额外提供其他资料。对于律师持调查令调查，因为律师持调查令调查事项多是发生于学校与学生之间或是学生与学生之间的校园伤害类诉讼案件，学校作为诉讼案件相对方或是有利益关联的第三方，对是否应当向案件当事人提供资料多会有所顾虑。在此情形下，学校应当向法治副校长或学校法律顾问咨询，对提供资料的限度进行研判。同时，如果律师持调查令调查涉及他人隐私或国家机密的内容，学校可以予以拒绝并告知其向法院申请法院调查，由法院直接依职权调查。对此，各地方均有相关规定，例如，《上海法院调查令实施规则》第6条规定："属下列情况的，不予签发调查令：(一)涉及国家机密的；(二)涉及个人隐私的；(三)不宜由诉讼代理律师凭调查令自行调查收集的证据；(四)其他原因不公开的证据。涉及上述情形的证据，当事人应当向受理法院提交证据线索，经审查由法官依法调查收集相关证据。"

(三)法院裁判文书的生效日期及履行期限

当学校经法院判决或调解后有义务需要向他方履行时，应当注意裁判文书

的生效期限及履行期限。《民事诉讼法》第 158 条规定："最高人民法院的判决、裁定，以及依法不准上诉或者超过上诉期没有上诉的判决、裁定，是发生法律效力的判决、裁定。"第 182 条规定："第二审人民法院的判决、裁定，是终审的判决、裁定。"第 100 条规定："调解达成协议，人民法院应当制作调解书……调解书经双方当事人签收后，即具有法律效力。"也就是说，一般而言民事诉讼中超过上诉期而各方均未上诉的一审民事判决书在上诉期期满后一日、二审民事判决书在作出当日后及经各方签收的民事调解书当日即为裁判文书生效日。此外，对于事实清楚、权利义务关系明确、争议不大的简单金钱给付民事案件，标的额为各省、自治区、直辖市上年度就业人员年平均工资 50%以下的，适用小额诉讼的程序审理，实行一审终审。以小额诉讼程序审理作出的一审民事判决书作出之日即为生效日。

但是，一般法院裁判文书的生效日期并非履行日期，人民法院一般会视履行难度给予 10～30 日的履行期限，如"×学校于判决生效之日起十日内赔偿某某 20000 元"。因此，学校应当先确定生效日期再确定履行期限，并在履行期限内及时履行义务。超出履行期限后，相对方有权向人民法院就学校应履行义务申请强制执行。而当学校被申请强制执行后，法院会依法查询并查封学校名下的房产、车辆、证券和存款，对于可执行财产将会直接划扣。学校财产不足以覆盖全部债务的，学校也将会被列为"失信被执行人"，情节严重的，将可能涉嫌构成拒不执行判决、裁定罪①等犯罪。

若学校作为接受履行义务一方，当发现履行义务的对方超出履行期限仍未履行义务的，应当自履行期限届满且义务相对方未履行之日起 2 年内向人民法院申请强制执行②。一旦超过 2 年再申请强制执行，即便法院受理立案，但只要被申请执行人就执行时效期间提出异议，法院经审查认为异议成立的，就会裁定不予执行，学校将会丧失要求法院强制执行的权利。

---

① 《刑法》第 313 条规定："对人民法院的判决、裁定有能力执行而拒不执行，情节严重的，处三年以下有期徒刑、拘役或者罚金；情节特别严重的，处三年以上七年以下有期徒刑，并处罚金。单位犯前款罪的，对单位判处罚金，并对其直接负责的主管人员和其他直接责任人员，依照前款的规定处罚。"

② 《民事诉讼法》第 250 条规定："申请执行的期间为二年。申请执行时效的中止、中断，适用法律有关诉讼时效中止、中断的规定。前款规定的期间，从法律文书规定履行期间的最后一日起计算；法律文书规定分期履行的，从最后一期履行期限届满之日起计算；法律文书未规定履行期间的，从法律文书生效之日起计算。"

第十节　学校应维护校园周边环境安全

良好的校园周边环境对促进青少年的身心健康成长十分重要。一些不适宜学生出入的场所出现在校园周围,将危害学生的健康成长。因此,校园周边环境治理工作成为学校履行安全保障职责的一项重要任务。

本节通过学校周边小商店向学生售卖盲盒的案例,识别和分析相应的法律风险,一同探讨如何落实校园周边环境的安全保障职责。

一、要点问题

1. 校园周边环境存在哪些安全隐患?

2. 学校对维护校园周边环境安全承担哪些义务和责任?

3. 学校该如何落实校园周边环境的安全保障职责?

二、案例:学校周边小商店向学生售卖盲盒

"你昨天抽到什么?"这句话成了同学之间的流行语,不知从何时开始,盲盒在学生群体中悄然流行,传统的文具店似乎变身成盲盒店,买文具逐渐成了类似抽卡游戏的冒险之旅。F 学校周边的莱莱文具店在门口摆放的宣传牌上写着"热卖""国潮盲袋""爆款盲袋笔"等字样。店员将包装精美的盲盒放在货架上最醒目的位置向学生出售。每到放学时间,莱莱文具店里挤满了学生,围着货架挑选、购买各类盲盒。

某日,二年级学生欣欣独自在店中购买文具。此时,她手中拿着一个盲盒,正聚精会神地挑选第二个盲盒文具。原来欣欣挑选的文具盲盒是联名款中性笔,全套盲盒共有 12 款不同形象和 1 款隐藏形象,每个盲盒中除了中性笔,还包括一张镭射珍藏卡和一张贴纸。在学生眼里,限量版的贴纸比中性笔珍贵多了,因为稀有的隐藏款贴纸可能成为同学之间的"硬通货",可以交换各种玩具。最终结账时,欣欣一共购买了两个盲盒笔和一袋盲盒福袋,共计拆出 17 支笔。跟欣欣一样,欣欣的同学们几乎每天光顾文具店,每次消费金额在百元不等。隔天到班级,同学们围在一起讨论抽到的盲盒,交换盲盒里的物品。由于欣欣几乎每日都要光顾莱莱文具店购买盲盒,欣欣向妈妈要零花钱的次数变多了,金额也变大了,这让欣欣妈妈产生了疑惑。于是,欣欣妈妈询问欣欣零花钱的去向,欣欣表示因为想要盲盒内的限量款贴纸,大部分零花钱用于抽盲盒了。了解到具体情况后,欣欣妈妈向班主任如实反映情况,同时向市场监督管理部门对莱莱文具店向未成年人出售盲盒的行为进行投诉。

三、法律风险识别与分析

学校对校园周边环境治理，特别是涉及学生身心健康安全的环境整治和教育引导负有一定的职责，没有尽到相应义务则可能存在行为不当风险。

（一）学校有义务配合相关部门对校园周边环境展开治理活动

盲盒，是指消费者不能提前得知具体产品款式，只有打开才会知道自己抽到什么产品的盒子。因其具有随机属性的玩法和创新的营销方式，吸引了一大批忠实的年轻消费者。一开始，盲盒还仅局限于手办、玩具，但后来盲盒这一营销手段在文具、美食、图书、旅行甚至宠物销售等行业落地。如果不能对盲盒类商品的销售加以规范性限制，可能会对未成年人的心理成长带来不良的影响。因此，为规范盲盒销售市场，国家市场监督管理总局发布《盲盒经营活动规范指引（试行）（征求意见稿）》，该指引共有 27 条，对盲盒销售的内容、形式、销售对象等方面作出规定，其中明确不得向 8 周岁以下未成年人销售盲盒①。案例中，莱莱文具店开设在小学周边，其向 8 周岁以下学生出售盲盒的行为属违法行为。

校园周边不仅存在上文所述校园周边商家向未成年人销售盲盒的情况，还存在食品经营安全、治安秩序和道路交通安全等问题。《上海市食品安全条例》第 63 条第 2 款规定②："禁止食品摊贩在距离幼儿园、中小学校门口一百米范围内设摊经营"；《中小学幼儿园安全管理办法》第 52 条中规定"文化部门依法禁止在中学、小学校园周围 200 米范围内设立互联网上网服务营业场"。此类规定均明确提及校园周边经营场所限制。为保障学校安全和学生的健康成长，预防校园周边安全事故发生，学校对校园周边环境负有一定治理责任。学校放任校园周边商家的违法违规行为，则可能构成行为不当。

（二）学校有责任对学生的消费观进行教育和引导

心理学专家表示，盲盒契合了未成年人追求新鲜、好奇心强的特点，盲盒背

---

① 《盲盒经营活动规范指引（试行）（征求意见稿）》第 21 条规定："盲盒经营者不得向 8 周岁以下未成年人销售盲盒。向 8 周岁及以上未成年人销售盲盒商品，应通过销售现场询问或者网络身份识别等方式，确认已取得相关监护人的同意。盲盒经营者应以显著方式提示 8 周岁及以上未成年人购买盲盒应取得相关监护人同意。鼓励地方有关部门出台保护性措施，对小学校园周围的盲盒销售模式包括距离、内容等进行具体规范。"

② 《上海市食品安全条例》第 63 条规定："食品摊贩从事食品经营，应当具备下列条件：（一）摊位与公共厕所、倒粪池、化粪池、污水池、垃圾场（站）等污染源直线距离在二十五米以上；（二）有与经营的食品品种、数量相适应的生产、加工、贮存、清洗、消毒、冷藏等设施或者设备；（三）需要在现场对食品或者工具、容器进行清洗的，应当配备具有给排水条件的清洁设施或者设备；（四）配有防雨、防尘、防污染、防虫、防蝇等设施以及加盖或者密闭的废弃物收集容器。禁止食品摊贩在距离幼儿园、中小学校门口一百米范围内设摊经营。"

后的不确定因素会强烈地吸引孩子；未成年人争相追赶市场潮流，“随大流”的行为背后其实是追求社交认同感，孩子们在拆盲盒、交换盲盒过程中建立起以兴趣为圈层的群体，形成一个个小众兴趣圈。在这一过程中，三观尚未完全建立的未成年人可能就此养成攀比、赌运气心理和盲目消费的习惯。案例中，F学校对于学校兴起的盲盒之风未能及时察觉，部分学生已出现盲目消费等坏习惯，此时，学校未能对学生的消费观进行正确引导，面临行为不当风险。学校的教育责任亦包括对学生思想和言行的正面引导。除此之外，家庭教育对于学生形成正确的消费观亦有重要影响，学校在家校协同教育中，应指导家长教育子女形成正确的消费观，承担家庭教育指导义务。

四、法律风险应对

除了本案例中提到的周边商店售卖盲盒产品的风险，还存在路面堆放建筑垃圾、人行道乱停车、小摊贩销售不卫生食品、商户排放污染物、隐秘的游戏机房、其他学校的学生在校园附近实施校园暴力等风险。因此，学校不仅要落实校园内部环境安全，还应加强校园周边环境整治，有必要对校园周边环境进行日常排查、多方监督，加强信息沟通，及时整治和宣传教育，营造有利于未成年人身心健康成长的环境。

（一）构建校园周边环境安全的监测与预警机制

构建校园周边环境安全的监测与预警机制，可以从以下 3 个方面展开工作：

1. 构建严格的校园封闭管理机制

具体参见本书第二章第十节校园突发事件防范和处置的相关内容。

2. 构建专业的校园安保管理机制

具体参见本书第二章第十节校园突发事件防范和处置的相关内容。

3. 构建家庭、学校、社会协同管理机制

发挥社会和学生家长在校园周边环境整治中的作用，通过社会和学生家长的参与，及时发现、防范校外的风险入侵。

一是联合各政府部门组成检查组对学校周边进行全面安全整治。由于学校没有执法权，为净化学校育人环境、推动平安校园建设，学校可以联合各政府部门组成检查组对学校周边环境开展整治工作，对学校周边的交通秩序、文具店、食杂店、餐饮店等进行实地督导检查查验是否存在安全隐患。比如，与市场监督管理局联合，重点摸排学校周边的各类商店有无营业执照，是否存在销售“三无”产品等情况；与交通管理部门联合，察看学校周边交通状况，以保证学生上下学的交通安全。在联合整治过程中，若发现部分经营场所存在问题，相关部门的工作人员应当现场提出整改要求,同时对经营单位负责人进行法律法规宣传教育,引导其依法合规经营。联合检查组在联合整治活动中需切实排查道路交通、食品安全等领域的安全隐患,严厉查处影响校园周边环境秩序的违法行为,营造平安、和谐、积极向上的校园周边环境。

二是日常组织教师或家长志愿者在校园周边进行安全巡逻。学校对于校园周边环境的整治工作不是一次性工作,而是可持续开展校园周边环境的整治工作,加大日常校园周边环境整治力度,落实常态化长效管理机制。因此,学校可以日常组织教师在放学后到各类商店巡逻,检查是否有学生擅自购买"三无"产品,是否有学生随意进出网吧、游戏厅。除此之外,学校亦可组织家长志愿者参与校园周边安全巡逻,维护校园周边安全秩序,深化家校共建。

以下提供两则案例,简要介绍学校组织学生家长、志愿者建立校门巡查机制具体做法。

案例一,上海某小学师生总数1200多名,每天上学、放学时间,校门口十分混乱,导致校门口道路拥堵。特别是下雨天,1000多名家长涌入学校来接孩子。针对校门口的安全隐患,学校组织会同居民委员会、所在小区物业、交警部门、青少年保护委员会等多方力量协商问题解决办法。在青少年保护委员会的提议和指导下,学校通过家长委员会组织成立了家长志愿者护校队,每班至少招募1名家长志愿者,每天安排8名家长参与护校管理,协助维护上学、放学时间的校门口秩序。

案例二,上海某小学每学年选择30个爷爷组建"爷爷督察团",爷爷们运用自身生活经验,协助学校开展防暴演练、消防知识宣讲、安全巡查,为学校的发展和管理做了很多实事。"爷爷督察团"的组建,对学校的安全管理和提醒警示发挥了不可忽视的积极作用,是对平安校园建设的一项补位措施,有效发挥了家长力量,实现了家校共建平安校园。

(二)强化法治副校长在小学周边环境整治中的作用

根据《检察官担任法治副校长工作规定》第7条第5项的规定,检察官担任法治副校长期间,主要职责包括"协助学校依法处理安全事故纠纷,妥善处理在校教师、学生违法犯罪案件,严肃查处侵害师生合法权益和滋扰校园的案件,参与学校周边环境整治,及时向政府相关职能部门等提出意见建议,推动建立长效工作机制,维护学校周边社会秩序"。

部分学校的法治副校长的本职工作是检察官,校园周边食品安全、治安秩序涉及未成年人合法权益,亦是检察公益诉讼的重点。对于校园周边食品安全、违规销售"三无"产品等易发、多发、易反弹的未成年人保护顽疾问题,检察机关可以向行政机关发出公益诉讼诉前检察建议。而后,行政机关根据诉前检察建议采取监督管理措施。假如采取前述措施后,未成年人合法权益受侵犯状态仍未得到有效遏制或隐患尚未消除的,检察机关要结合行政机关的职责范围、履职条件、履职方式、履职效果等进行综合分析,若行政机关未依照法律规定全面、充分履职,检察机关应当依法提起诉讼。因此,法治副校长在消除校园周边食品安全隐患、维护校园周边秩序和交通安全方面起着重要作用。

(三)加强对学生消费观念的教育

学校教育不仅限于教授课本上的知识,还应引导学生树立正确的价值观、消费理念和安全理念,以及培养规范的行为。因此,学校在日常教育活动中需要向学生强调不得购买校园周边商店内的“三无”产品,不得随意进出校园周边的网吧、游戏厅等经营性场所,并将之与学生在校的操行等级进行挂钩,从而约束学生的行为。学生正确的消费观还要依靠家长进行教育,对此,学校要向家长灌输正确的教育理念和方法。除此之外,学校还可以邀请法治副校长或法律顾问到校向家长或学生开展相关内容的讲座。

本章小结

本章以10个案例为切入点,针对学校在参与社会活动中可能发生的合同纠纷、知识产权纠纷、相邻关系纠纷等案例,识别出相应的法律风险并提供应对建议,以期让学校在如何正确处理与社会的法律关系、维护自身合法权益、承担或履行相应的法律和义务时能有所参考,为学校依法治校工作和风险管理提供启发和思路。

第六章　学校法律风险管理相关制度文本示例

本章概要

本书前述五章阐述法律风险应对措施时，多次提及规范校内规章制度、操作流程及协议文本的重要性，为此，本书编写团队起草了相关制度文本示例，将抽象的法律风险管理具体化，供学校管理者参考适用。

示例一

学校规章制度管理办法

第一章　总　　则

第一条　（目的与依据）为深入推进依法治校，保障学校规章制度的合法性、统一性、科学性和规范性，依据《中华人民共和国教育法》、教育部《全面推进依法治校实施纲要》，参照国务院《规章制定程序条例》等有关规定，遵循学校章程，结合学校实际情况，制定本办法。

第二条　（适用范围）本办法中所称的规章制度，是指按照一定程序制定，以学校名义公布，对全体教职工、学生具有普遍约束力、在相当长一段时间内适用的办事规程、行为准则。

学校制定、修改和废止规章制度的活动，以及学校授权职能部门起草、解释规章制度的活动，适用本办法。

第三条　（规章制度的名称）规章制度包括"章程""规定""办法""细则"等。"章程"是指经特定程序制定的关于组织规程和办事规则的根本性规章制度；"规定"是指对某方面工作所做的带有约束性的行为规范；"办法"是指对某项工作所做的比较具体的要求和规范；"细则"是指为有效执行相关政策或实施学校有关规定而制定的具体措施或就相关条文做出的具体说明和阐释。属暂时使用的，可在名称中加"暂行""试行"，并应当明确适用期限，暂行期和试行期一般为2年。

第四条 （规章制度的主要内容）规章制度的内容一般应包括制定依据、适用范围、权利和义务主体、具体规范、解释单位和执行日期等。

第五条 （规章制度的原则）规章制度的制定、修改、解释和废止应遵循以下原则：

（一）合法性原则。规章制度应符合党的路线、方针、政策和国家法律、法规，符合学校章程，并经过规范的程序审议制定。规章制度应切实保障全校教职工和学生的合法权益，在规定其应当履行义务的同时，应当规定其享有相应的权力和保障权力实现的途径，充分体现公正、统一。

（二）统一性原则。规章制度之间不得重复、矛盾。对同一事项的管理主体、管理程序，同一行为的评价标准，同类行为的认定或处理办法应当一致，对涉及同一部门职责范围的事项不得相互矛盾。

（三）科学性原则。规章制度应符合广大教职工、学生的根本利益，符合学校的实际需求和未来发展需要，讲求实际、注重实效。对国家法律、法规、规章已经明确规定的内容，原则上不做重复性规定。

（四）规范性原则。规章制度结构应严谨、清晰，一般用条文式表达，可以分为条、款、项、目。条的序号用中文数字依次表述，款不编序号，项的序号用中文数字加括号依次表述，目的序号用阿拉伯数字依次表述。规章制度的内容应明确、具体，具有指导性和可操作性；用语应准确、精练，文字和标点符号使用应正确、规范。

第六条 （规章制度的制定程序）学校规章制度的制定程序主要包括立项、起草、审议、公布等。

第七条 （规章制度的年度立项计划）经学校授权，【部门名称】负责编制规章制度年度立项计划，督促规章制度年度立项计划的落实。编制规章制度年度立项计划，应广泛征求意见、科学论证评估，提高规章制度建设的及时性、针对性和系统性。

第八条 （规章制度的起草部门）学校各职能部门根据规章制度年度立项计划，具体负责起草规章制度。在年度立项计划外，职能部门认为确有必要制定规章制度的，应填写《规章制度立项备案表》提出立项建议，对制定规章制度的必要性、所要解决的主要问题、拟确立的主要制度等做出说明，经主管校领导同意后，报【部门名称】审查备案。必要时，起草工作可以邀请或委托校外专家、组织进行。

涉及两个或两个以上职能部门职权范围内的事项，可以联合起草规章制度，但需明确牵头职能部门及相关职能部门各自的工作职责。

第九条　（调查研究）起草部门应当就规章制度涉及的主要问题开展调查研究，对涉及其他部门职责的，应当充分征求意见。

起草部门与其他职能部门有不同意见的，应当充分协商；经过协商仍不能取得一致意见的，应当在规章制度草案送审时说明情况，列明各自的意见、依据和理由。

第十条　（征询意见）直接涉及学校教职工、学生切身利益的规章制度，起草部门应广泛听取广大教职工、学生的意见。听取意见可以采取书面征求意见、座谈会、论证会、听证会等多种形式。

第十一条　（草案的送报）起草部门应当将规章制度草案及其说明，并附相关法律、法规、政策等资料，拟修订、废止的规章制度等相关材料报送审议部门。

规章制度草案的说明，一般应包含以下内容：制定或修订的背景、依据和过程；修订的内容及依据；征求意见情况；其他需要说明的问题。

报送审议的规章制度草案，应当由起草部门（含多个参与起草部门）主要负责人签署意见后报送审议。

第二章　审　　议

第十二条　（审议部门）审议是规章制度制定、修改或废止的必需环节。校内规章制度应经过具有相应职权的部门审议通过。

第十三条　［教职工（代表）大会审议的制度］与下列事项有关的规章制度的制定、修改或废止应经学校教职工（代表）大会半数以上表决通过：

（一）学校章程；

（二）教职工奖惩办法、校内收入分配办法以及其他与教职工切身利益有关的规章制度；

（三）其他需经学校教职工（代表）大会审议通过的涉及学校重大问题的规章制度。

第十四条　（审议内容）审议的主要内容包括：

（一）是否符合上位法、学校章程和本办法的规定；

（二）是否与学校现行的规章制度协调、衔接；

（三）是否征求相关部门和管理服务对象的意见，对理由较为充分的争议是否给予了合理的回应；

（四）需要审查的其他内容。

不符合上述情形的规章制度草案，应将其退回起草部门修改或补充材料后再次报请审议。

第十五条　(审议的征询意见)审议部门应当就规章制度草案涉及的主要问题,听取相关职能部门意见。

审议部门认为有必要的,可以召开由相关职能部门、专家、家长代表和学生代表参加的座谈会、论证会,进一步研究论证。如有必要,还可以提请学校法律顾问协助。

对于直接涉及广大教职工、学生根本利益和相关职能部门存有重大分歧的规章制度草案,由审议部门或工会组织向教职工、家长或学生征求意见。

第三章　公　　布

第十六条　(公布程序)规章制度应当经审议部门审议通过后,按校内公文印发程序公布。

第十七条　(实施日期)规章制度应明确规定施行日期。

规章制度可自公布之日起施行,但需要为宣传、实施创造条件的,可自公布之日起【数字】日内施行。

第十八条　(题注内容)公布施行的规章制度可以有题注,标明校务会议、教职工(代表)大会等审议或修正通过的会议次数及日期。

第十九条　(规章制度备案)规章制度公布后,【部门名称】应当填写《规章制度备案表》,并同印发的规章制度(含正文及附件)统一备案。

除依法保密的外,规章制度应当依法予以公开,接受教职工、学生、家长和社会监督。

第四章　解释、修改与废止

第二十条　(规章制度的解释)规章制度的解释权属于规章制度的起草部门。

规章制度的解释应当符合制定的目的和原则;解释应当主要针对条文的适用问题。必要时,规章制度的解释由规章制度起草部门参照规章制度制定程序提出意见,获学校批准后公布执行。

规章制度的解释与规章制度具有同等效力。

第二十一条　(规章制度的修改与废止)规章制度有下列情形之一的,起草部门应当及时提请修改或废止,规章制度审议部门也可以向起草部门提出进行修改或废止的建议:

(一)所依据的法律、法规、规章或政策规定已经修改、停止执行或者废止的；

（二）实际情况已经发生变化，需要修改、停止执行或者废止的；

（三）所调整的对象已经消失或者发生变化的；

（四）所规定的内容已经被新的规定取代或者需要与有关规定合并的；

（五）其他需要修改与废止的情形。

修改与废止规章制度的程序，参照本办法第六条执行。

规章制度部分条款修改与废止的，应立即公布新的规章制度，新的规章制度中应明确原规章制度的废止日期。

第二十二条　（暂行和试行规章制度的修订与废止）对于“暂行”“试行”满 2 年规章制度，起草部门应及时修订，公布施行正式文本，或予以废止；确需继续按“暂行”“试行”执行的，由起草部门说明情况，经审议部门审批后予以保留。

第五章　清理与汇编

第二十三条　（清理机制）学校建立规章制度的审查和清理机制。【部门名称】按照法制统一的原则，对学校规章制度进行管理，负责备案公布、监督实施，统筹规章制度的清理与汇编。

第二十四条　（信息公开）【部门名称】负责管理学校办公系统和相关的信息公开工作。学校办公系统中的规章制度文本为标准文本，学校网页发布的相关规章制度文本应当与其一致。

第二十五条　（清理原则）规章制度的清理工作采取定期清理和适时清理相结合、全面清理与专项清理相结合、主动清理与上级要求清理相结合的原则。学校的规章制度一般每【2】年进行一次全面清理；起草部门是清理工作的直接责任部门。

第二十六条　（清理结果）根据规章制度清理结果，【部门名称】向全校公布废止、失效及继续有效的规章制度目录。

第六章　附　　则

第二十七条　（制度统一性）本办法实施前公布实施的校内规则与本办法规定不一致的，以本办法的规定为准。本办法未尽事宜按照法律法规及上级文件政策执行。如有抵触，以法律法规及上级文件政策为准。

第二十八条　（本办法制定程序）本办法由【部门名称】制定，经【部门/组织名称】审议通过后公布实施。

第二十九条　(本办法解释部门)经学校授权,【部门名称】负责本办法的解释。

第三十条　(本办法施行日期)本办法自【　　】年【　】月【　】日起施行。

附一　规章制度立项备案表

附二　规章制度备案表

附一

规章制度立项备案表

立项部门(章):　　　　　　　　　　　　　　　　日期:　　年　月　日

<table>
<tr><td>规章制度名称</td><td colspan="6"></td></tr>
<tr><td>类别选项(√)</td><td>新建</td><td></td><td>修改</td><td></td><td>废止</td><td></td></tr>
<tr><td>主责部门</td><td colspan="2"></td><td colspan="2">参与部门</td><td colspan="2"></td></tr>
<tr><td>立项的必要性
解决主要问题
制度主要内容
计划完成时间</td><td colspan="6">负责人签字
年　月　日</td></tr>
<tr><td>主管校领导
意　　见</td><td colspan="6">年　月　日</td></tr>
<tr><td>备　　注</td><td colspan="6"></td></tr>
</table>

附二

规章制度备案表

规章制度名称	
学校 决策会议 通过情况	
提交备案 相关材料	
主责部门	提交日期：　年　月　日
校务办公室	签收人： 签收日期：　年　月　日
备　注	

注：此表与审定公布文件纸质、电子文档及附件一同备案。

示例二

校园安全事故处置程序

<table>
<tr><th colspan="2">事故发生后紧急措施</th></tr>
<tr><td rowspan="3">1. 急救</td><td>及时通知医务室进行医学观察及现场急救</td></tr>
<tr><td>根据伤势情况或送至医务室先行处理,或直接送医院抢救,或拨打120急救</td></tr>
<tr><td>如需送至医院进行抢救,在家长未赶到前,医务室人员和班主任需陪同就诊治疗</td></tr>
<tr><td rowspan="4">2. 通知与上报</td><td>在场人员及时通知该学生所在班级的班主任,同时告知德育处和总务处</td></tr>
<tr><td>班主任及时通知该学生的家长,告知该学生目前所受的伤害及拟进行的处理措施</td></tr>
<tr><td>德育处负责向上一级部门上报,并做好其他同学的安抚工作,总务处负责安排出车</td></tr>
<tr><td>医务室上报相关保险公司</td></tr>
<tr><th colspan="2">事故发生当日措施</th></tr>
<tr><td>1. 启动应急小组工作</td><td>学校安全教育负责人协调、提醒各方面人员按程序操作</td></tr>
<tr><td rowspan="4">2. 初步了解事情经过、查找事故原因</td><td>班主任向学生了解事情发生的详细过程,并做好记录</td></tr>
<tr><td>总务处实地查看,检查是否存在消防设施方面的安全隐患</td></tr>
<tr><td>教务处与教师沟通,了解是否存在教师教育教学工作不到位的情况</td></tr>
<tr><td>德育处与班主任沟通,了解是否存在班主任安全教育工作不到位的情况</td></tr>
<tr><td rowspan="3">3. 关注受伤害学生</td><td>轻微伤势情况:经诊断学生可继续上课的,医务室人员和班主任应跟踪随访</td></tr>
<tr><td>较重伤势情况:经诊断学生无法继续上课的,由学生家长接回家休息,医务室人员跟踪随访。班主任应上门家访慰问,医务室人员跟踪了解事态进展</td></tr>
<tr><td>严重伤势情况:经诊断学生应住院治疗的,由学生家长照顾,班主任、医务室人员、学校领导到医院探望,医务室人员跟踪了解事态进展</td></tr>
</table>

续表

后续措施	
1. 加强安全教育	德育处将事发经过告知其他学生或家长,并做好学生和家长的安全教育工作
2. 进一步深入调查事实、界定责任	与律师、法律援助中心取得联系,明确事故责任
	与家长(受伤害学生家长或伤害他人的学生家长)取得联系,告知事发经过,做好事故赔偿的调解工作和善后处理工作
3. 进一步安抚家长(针对较重伤势情况和严重伤势情况)	班主任每天至少与家长联系一次,了解学生的恢复情况,必要时上门慰问。可组织部分学生上门探望。学校领导与班主任联系,了解学生情况
	班主任指导伤害该学生的学生家长保持与受伤害学生家长的联系,关心其病情,并探望和慰问
	班主任与任课教师协调,安排好受伤害学生的补课工作
	受伤害学生复学后,班主任视实际情况,组织学生照顾好其在校期间的学习与生活
4. 进行保险理赔	校方不承担责任的,医务室人员按照学生的保险情况,主动与受伤害学生家长联系,指导家长提供必要材料,在规定时间内完成保险理赔
	校方承担责任的,德育处负责人员在规定时间内与校方责任险的保险公司联系具体事宜
5. 进行心理疏导(主要针对恶性事件,如校园暴力、性侵害等)	心理健康辅导教师对受伤害学生进行心理安慰和个别辅导
	心理健康辅导教师对其他目击者、知情者等进行团体辅导
6. 营造安全环境	与警方取得联系,保持校园周边环境的安全;若有设施安全隐患,则及时消除隐患

示例三

学生教育惩戒规定

第一条　为落实立德树人的根本任务,保障和规范学校、教师依法履行教育教学和管理职责,保护学生合法权益,促进学生健康成长、全面发展,学校在教育部发布的《中小学教育惩戒规则(试行)》基础上,结合本校校纪校规,制定《学生教育惩戒规定》。

第二条　教育惩戒是指学校、教师基于教育目的,对违规违纪学生进行管理、训导或者以规定方式予以矫治,促使学生引以为戒、认识和改正错误的教育行为。

第三条　学生违规违纪行为分为二类:一般违规违纪和严重违规违纪。学校根据学生违规违纪行为的类型及情节,依据本规定采取适当的教育惩戒措施。

第四条　学生一般违规违纪行为。包括以下行为:

……

(说明:学校可根据教育管理实际情况,细化“一般违规违纪行为”的列举。若内容较为繁杂、篇幅较长,可以采用附表的方式列举。)

第五条　学生严重违规违纪行为。包括以下行为:

……

(说明:学校可根据教育管理实际情况,细化“严重违规违纪行为”的列举。若内容较为繁杂、篇幅较长,可以采用附表的方式列举。)

第六条　对于学生的一般违规违纪行为,学校可采取如下方式中适当的方式当场实施教育惩戒:

(一)点名批评;

(二)责令赔礼道歉、做口头或者书面检讨;

(三)适当增加额外的教学或者班级公益服务任务;

(四)一节课堂教学时间内的教室内站立;

(五)课后教导;

(六)学校校规校纪规定的其他适当措施。

学校对学生实施前款措施后,可以以适当方式告知学生家长。

第七条　对于学生的严重违规违纪行为,学校可采取如下方式中适当的方式实施教育惩戒:

(一)由学校德育工作负责人予以训导;

(二)承担校内公益服务任务;

(三)安排接受专门的校规校纪、行为规则教育;

(四)暂停或者限制学生参加游览、校外集体活动以及其他外出集体活动;

(五)学校校规校纪规定的其他适当措施。

学校对学生实施前款措施后,应当及时告知学生家长。

第八条　学生出现严重违规违纪行为，情节严重、影响恶劣或屡教不改的，学校可以实施以下教育惩戒，并应当事先告知家长：

（一）给予不超过一周的停课或者停学，要求家长在家进行教育、管教；

（二）由法治副校长或者法治辅导员予以训诫；

（三）安排专门的课程或者教育场所，由社会工作者或者其他专业人员进行心理辅导、行为干预。

第九条　对违规违纪情节严重，或者经多次教育惩戒仍不改正的学生，学校可以给予警告、严重警告、记过或者留校察看的纪律处分。

第十条　对有严重不良行为的学生，学校可以按照法定程序，配合家长、有关部门将其转入专门学校教育矫治。

（提示：对高中阶段的学生，学校还可以给予开除学籍的纪律处分。）

第十一条　对于学生出现一般违规违纪行为的处理流程：

……

（说明：处理流程应当包含实施主体、告知程序、学生陈述申辩程序、决定程序。）

第十二条　对于学生出现严重违规违纪行为的处理流程：

……

（说明：处理流程应当包含实施主体、调查程序、告知程序、学生陈述申辩程序、决定程序。）

第十三条　学校拟对实施学生教育惩戒措施的，应当听取学生的陈述和申辩。学校拟对学生实施本规定第七条、第八条所列教育惩戒措施的，学生或者家长申请听证的，学校应当组织听证。

第十四条　学生受到教育惩戒或者纪律处分后，能够诚恳认错、积极改正的，可以提前解除教育惩戒或者纪律处分。

第十五条　学生及其家长对教师和学校依据本规定实施的教育惩戒或者给予的纪律处分不服的，可以在教育惩戒或者纪律处分作出后15个工作日内向学校提起申诉。

第十六条　学生申诉委员会应当对学生申诉的事实、理由等进行全面审查，作出维持、变更或者撤销原教育惩戒或者纪律处分的决定。

第十七条　家长对教师实施的教育惩戒有异议的，可以向学校投诉、举报。学校按照师德师风建设管理的有关要求，及时予以调查、处理。家长威胁、侮辱、伤害教师的，学校依法保护教师人身安全、维护教师合法权益；情形严重的，及时向公安机关报告并配合公安机关、司法机关追究责任。

第十八条　学校制定本规定,通过【座谈会/校内听证】听取学生代表、教职工代表和家长代表的意见。

(说明:学校制定校规校纪,应当广泛征求教职工、学生和学生父母或者其他监护人的意见。学校可根据实际采取的征求意见的方式,补充本条款表述。)

第十九条　学校享有对本规定的最终解释权。

第二十条　本规定自公布之日起生效。

示例四

学生申诉制度

第一章　总　　则

第一条　(目的与依据)为保障学生的合法权益,依据《中华人民共和国教育法》《中华人民共和国义务教育法》《中华人民共和国未成年人保护法》《学生伤害事故处理办法》等法律法规中有关学生合法权益保护的规定,结合我校实际情况,制定本制度。

(适用范围)本校在籍学生或其法定代理人、监护人认为学校的教育管理行为侵犯学生合法权益的,可以向学生申诉处理机构提出申诉,学生申诉处理机构受理申诉申请、作出处理决定,适用本制度。

第二条　(申诉处理原则)学生申诉处理机构依照本制度履行申诉受理、审查、决定职责,应当遵循合法、公正原则,坚持有错必纠,保障学生的合法权益。

第二章　申 诉 主 体

第三条　(申诉主体)认为学校的教育管理行为侵犯学生的合法权益,并依据本制度向学生申诉处理机构提出申诉的本校在籍学生,为本制度所称的申诉人。

申诉人向学生申诉处理机构提出申诉的,作出被提出申诉的教育管理行为的主体,为本制度所称的被申诉人。可以作为被申诉人的主体为学校、学校内部职能部门、代表学校实施教育管理行为的教职工。

第四条　(申诉处理机构)本制度所称的学生申诉处理机构,包括学生申诉处理委员会及其下设的学生申诉办公室。

（申诉决定机构）学生申诉处理委员会是学校审查和处理学生申诉的决定机构，由本校【岗位职务】部门负责人组成。

第五条　（申诉受理机构）学生申诉处理委员会下设学生申诉办公室，负责受理学生的口头或书面申诉申请，接待处设在【部门名称】。

（申诉代理人）在校学生的法定代理人、监护人，认为学校的教育管理行为侵犯学生的合法权益的，可以作为申诉人的代理人，以该学生为申诉人代为提出申诉申请、参加申诉程序。

第三章　申 诉 范 围

第六条　（申诉受理范围）在校学生及其法定代理人、监护人认为学校做出的与下列事项有关的教学管理行为侵犯学生合法权益的，学生及其法定代理人、监护人可以依照本制度提出申诉：

（一）学校给予学生的处理、处分决定；

（二）校内推优、评优相关工作及结果；

（三）学校管理权限范围内学籍管理事项；

（四）学生申诉处理机构认为属于学生申诉受理范围其他事项。

第七条　（不予受理范围）申诉申请具有下列情形之一的，学生申诉处理机构不受理：

（一）申诉事项不属于申诉范围或超过申诉期限的；

（二）认为其合法权益遭受侵害的学生并非本校学生的；

（三）所申诉事项与申诉人本人无利害关系的；

（四）就与本校招生、考试成绩、教职工人事安排、教学计划有关的事项提出的申诉；

（五）就申诉人主动撤回申诉的事项，申诉人无正当理由就同一事项重新提起申诉的；

（六）申诉事项经学生申诉处理委员作出处理决定，申诉人就同一事实和理由再次提起申诉的。

第四章　申诉申请与受理

第八条　（申诉申请）学生及其法定代理人、监护人应当在知道或应当知道学生的合法权益受到侵犯后的 15 日内，以口头或书面形式向申诉办公室提出申诉申请。

(申诉接待)申诉人提出申诉申请,申诉办公室应当予以接待,做好申诉接待记录。

第九条 (书面申诉)书面提出申诉申请的,申诉书可由学生本人或其法定代理人、监护人直接提交学生申诉受理办公室。申诉书应当载明下列内容:

(一)申诉人的姓名、性别、年龄、联系方式、所属班级、学生证号;

(二)被申诉人的名称或姓名;

(三)申诉要求、事实与理由、相关法律法规依据;

(四)申诉人及法定代理人、监护人签名;

(五)提出申诉的日期。

第十条 (口头申诉)口头提出申诉申请的,申诉办公室还应当制作接待笔录,写明申诉人的基本情况、被申诉人、事实与理由、时间等,并由申诉人、接待人签名。

(申诉受理与不予受理)学生申诉办公室收到申诉申请后,应在5日内对申诉人主体资格、申诉事项是否属于申诉范围等进行审查。认为申诉符合受理条件的,应当受理并以书面形式告知申诉人、被申诉人,同时将申诉材料提交学生申诉处理委员会;不符合受理条件的,不予受理并以书面形式告知申诉人,《不予受理通知书》应当写明不予受理的理由。

第五章 申诉审查与决定

第十一条 (回避)申诉人与被申诉人认为学生申诉处理委员会组成成员与申诉人、被申诉人或申诉处理有利害关系或者有其他关系,可能影响公正处理的,有权申请回避。

学生申诉处理委员会成员与申诉处理有利害关系或者有其他关系,可能影响公正处理的,应当回避。

第十二条 (答辩)被申诉人及其负责人有权就申诉事项提出答辩意见。被申诉人是否提出答辩意见,不影响申诉程序的进行。

(调查)学生申诉处理委员会收到申诉材料后,应当组成调查组对申诉事项进行调查核实。调查组由3名学生申诉处理委员会人员组成。

第十三条 (听证)学生申诉处理委员会认为有必要时,可根据需要召开由学校领导、教师、家长代表、学生代表、申诉人、被申诉人等人员参加的听证会。

(笔录)调查、听证会均应当制作笔录,并由参与人签名后存入档案。

第十四条 (申诉审查)学生申诉处理委员会对学生申诉案件应在深入调

查的基础上取得佐证材料，对申诉申请、相关证据材料、调查及听证会笔录等进行全面审查。

（申诉决定）学生申诉处理委员会应当在申诉受理后的30日内，在对申诉案件进行全面调查核实的基础上做出下列处理决定：

（一）系争教育管理行为事实清楚，证据或理由充分，适用法律法规、校规校纪及相关依据正确，程序合法的，决定维持原具体教育管理行为；

（二）系争教育管理行为主要事实不清，证据或理由不足，或适用法律法规、校规校纪及相关依据错误，或者违反法定程序，有条件予以更正的，决定变更原具体教育管理行为；

（三）系争教育管理行为主要事实不清，证据或理由不足，或者适用法律法规、校规校纪及相关依据错误，或者违反法定程序，但不便直接予以更正的，决定撤销原决定。

情况复杂不能在规定限期内作出决定的，经校长批准，可延长15日。

第十五条　（申诉处理决定书）学生申诉处理委员会应就申诉决定制作《申诉处理决定书》。《申诉处理决定书》应当载明下列内容：

（一）申诉人、被申诉人基本情况；

（二）申诉人的申诉请求和所提交的证据、依据；

（三）被申诉人的答辩意见或辩解；

（四）申诉案件调查经过；

（五）审理后认定的事实；

（六）听证情况；

（七）申诉处理决定及理由、依据。

第十六条　（签收）《申诉处理决定书》应当送达申诉人、被申诉人，由申诉人或其法定代理人、监护人、被申诉人签收后，将签收材料存档。

（不服申诉处理决定）申诉人、被申诉人对学生申诉处理委员会作出的申诉处理决定有异议的，可在收到《申诉处理决定书》15日内，以书面形式向上一级教育主管部门提出申诉，逾期未提出申诉的，《申诉处理决定书》即发生效力。

第十七条　（退学处理、开除学籍处分申诉的特殊规定）受退学处理、开除学籍处分的学生在提起申诉期间，学校应允许其继续在校学习，其上课、成绩考核按照在校生办理。

受退学处理、开除学籍处分的学生在提起申诉期间继续留在学校，可能对他人造成人身伤害或者严重影响学校教育教学秩序的，经学生申诉处理机构同意,学校可以要求学生暂时离校。

第六章　附　　则

第十八条　(制度统一性)本制度实施前公布实施的校内规则与本制度规定不一致的,以本制度的规定为准。本制度未尽事宜按照法律法规及上级文件政策执行。如有抵触,以法律法规及上级文件政策为准。

(制定和生效)本制度由【部门名称】制定/修订,经【部门/组织】审议通过后公布,自【　　】年【　】月【　】日起施行。

第十九条　(制度解释)本制度由【部门名称】负责解释。

示例五

校园突发事件应对处理办法

第一条　(目的与依据)为积极预防、妥善处理校园突发事件,保障师生安全和校园安全,保护学生、学校的合法权益,根据《中华人民共和国突发事件应对法》《中华人民共和国教育法》《中华人民共和国未成年人保护法》和其他相关法律、行政法规及有关规定,制定本办法。

第二条　(适用范围)在学校实施的教育教学活动或者学校组织的校外活动中,以及在学校负有管理责任的校舍、场地、其他教育教学设施、生活设施内发生的突发性事件,适用本办法。

第三条　(突发事件范围)本办法中的突发事件是指学校内或者学校组织的校外活动中突然发生的、不可预料的严重危害师生安全,影响学校正常教育秩序,以及会造成一定社会影响的事故或事件。具体包括:

(一)学生在校内受伤或突发疾病事件;

(二)组织外出活动时的意外事故;

(三)感染性或季节性、暴发性疾病等公共卫生事件;

(四)发生火灾、地震等自然灾害事件;

(五)学校餐食、饮品引发的群体性食物中毒事故;

(六)学校建筑、校舍及设施设备引发的安全事故;

(七)来自校内外的冲击正常教学秩序、袭击等安全性事件;

(八)学校财产被盗、被毁事件;

(九)群体性事件;

（十）在校学生刑事犯罪事件；

（十一）学生出走、失踪、自残、自虐、自杀事件；

（十二）其他自然或人为的突发负面事件。

第四条　（预防教育）学校应当对在校学生进行必要的法治教育、安全教育和自护自救教育。

第五条　（制度建设）学校应当建立健全安全制度和预案制度，采取相应的管理措施，预防和消除教育教学环境中存在的安全隐患；当发生突发事件时，及时采取措施救助受伤害人员、保护学校财产。

第六条　（一般措施）学校应采取各种措施，尽量避免突发事件的发生。学校各部门和教职工应遵守工作职责和工作纪律，应事前积极预防、事后依规妥善及时地处理突发事件。

第七条　（后勤职责）后勤服务部门应有计划地检查固定设施和教育教学设备的安全性，发现问题及时检修或向分管校领导汇报；其他部门的教职工发现安全隐患的，应及时向后勤服务部门反映。

如遇恶劣天气，门卫及其他后勤管理人员应在学生到校前，及时组织清查校园内外安全隐患；班主任、各处室成员及校医应提前到校视察情况，做好安全防护、学生教育、课间巡视等工作。

第八条　（学生义务）学生应当自觉遵守学校的规章制度和纪律，服从学校管理，根据自身的年龄、认知能力和法律行为能力，避免和消除相应的危险。

第九条　（组织管理）学校成立以校长为组长，校长室、各部门主要领导为成员的安全工作领导小组，副组长由安全工作分管领导担任，并聘请法治副校长指导学校安全法治教育。领导小组成员随岗位变化自然调整，常态下负责学校的安全管理，在突发事件来临时，负责突发事件的处理。

突发事件发生时，由安全工作领导小组组长（校长）统一负责处理，校长外出时，由校长指定校领导统一负责对突发事件的处理，由副校长（或安全工作分管领导）具体负责突发事件的处理工作，相关部门职责如下：

（一）【部门名称】负责突发事件相关信息收集和相关会议人员的组织、召集。

（二）【部门名称】负责突发事件的信息公开以及舆情处理，其他部门和人员无权以学校名义或代表学校对突发事件发表或发布任何信息。

（三）【德育处】【总务处】【部门名称】等协助分管领导做好人员疏散、现场维护等工作。

（四）【部门名称】做好突发事件原因调查及追责。

第十条　(现场指挥)安全工作领导小组组长、成员要第一时间到达事发现场,组织指挥突发事件的处理工作。

第十一条　(处理流程)学生在校内发生伤害事故或突发疾病,按下列流程应对处理:

(一)任课教师或班主任应立即组织将受伤学生送至校医室或通知校医前来处理;校医不在或情形比较严重的,应立即向【部门名称】或校领导汇报并视情况送医院急救。

(二)骨折或病情较严重的,通知120急救中心专业人员搬运救治。

(三)如需送医院,相关教师(责任教师、班主任、校医)应及时组织送医,并在送医之前或送医同时通知受伤学生父母或其他监护人到医院。

(四)事故发生后,【部门名称】必须及时保护现场,保留证据。现场的事故处理人员,应进行现场摄像和拍照。

(五)班主任应在第一时间组织当事人和旁观者书写情况说明并留存。

(六)任课教师(班主任)应于当日书写情况说明并报【部门名称】留存。

(七)事发后,任课教师(班主任)应于当日及时电话关心和询问受伤学生的病情;病情严重的,相关处室应及时组织责任教师或学生家长登门看望与慰问。

(八)伤害事故涉及责任问题及相关费用的,【部门名称】应及时向保险公司通报,并做好调查和调解工作;问题严重或调解不成的,应及时上报校长室协调处理。

(九)有关协议书签订前,应经学校合同审核流程,签订后应及时交档案室留存。

(十)发生重大伤害事故的或上级主管部门要求上报的事件,学校应及时向上级主管部门汇报。

第十二条　(意外事故)在学校组织的校外活动中发生意外事故的,带队领导和教师除应及时救护伤者外,还应及时联系公安部门,并与活动场地、交通工具等的提供者协同处理。

事发后的其他处理工作,按本办法第十一条的相关规定实施。

第十三条　(公共卫生事件)发生手足口病、高致病禽流感、诺如病毒引发的肠道疾病等传染性、流行性疾病或出现其他群体性不明原因症状时,班主任及第一发现人应立即协同校医及时组织救治;病情严重的,要通知家长或亲自将学生送至医院抢救。相关场所(教室、实验室等)应立即停止使用并及时做好消毒工作。学校要及时上报卫生防疫部门和教育主管部门,并切实做好晨检工作。

第十四条　（中毒事件）发生食物中毒的，食物需留样待查，并及时上报卫生防疫部门、教育主管部门，视情况报公安部门。

第十五条　（灾害事件）发生火灾或液化气泄漏、水管爆裂等突发事故，当事人及第一发现人应立即组织灭火或关闭阀门，并及时向后勤服务部门或分管校长汇报。后勤服务部门应立即组织抢修。

情况危急时，班主任和任课教师应按预定路线将学生安全有序地撤离至安全区域。除组织抢救疏散外，要及时向消防、交警等有关单位报告，把损失降到最低限度。

第十六条　（施工事故）校园施工，应以安全第一为原则。施工单位应使用符合安全规范的仪器设备并做好防护工作；【学生管理部门】应会同班主任及时做好学生安全教育工作；【总务处】要加强安全巡视，杜绝校园安全隐患。如发生突发安全事故，学校应及时联系施工单位并上报上级教育主管部门，必要时还需上报安全监督部门。

对受伤人员的救治程序及办法，按本办法第十一条的相关规定实施。

第十七条　（暴力冲击）如遇校外人员暴力或强行冲击学校正常教学秩序，门卫及现场教职工应及时做好疏导劝解工作；情况严重的，应立即向校领导汇报，并向公安部门报案；必要时，要进行现场摄像和拍照。

情形严重或造成重大后果的，学校应及时向教育主管部门和公安部门汇报。

第十八条　（其他突发事件）其他突发事件的处理，应遵循及时、有效、规范的原则。发生本办法第三条第（八）项、第（九）项、第（十）项、第（十一）项突发事件，第一知情人员应及时将情况上报校领导，校领导按上级教育主管部门的规定做好信息上报工作，并按相关制度规定处理后续工作。

第十九条　（信息报告）突发事件发生后，相关班级班主任、知情者和学校各部门应立即将发生地点、时间等基本情况和有关信息立即报告【部门名称】，并不得擅自对外发布事件信息。突发事件处理的责任人员应及时向【部门名称】续报事件发展情况、原因、后果及对事件的处理情况。

安全工作领导小组根据突发事件的性质和程度，对符合上报情况的突发事件应立即向教育主管部门报告，并随时汇报事件的处理进展情况。

第二十条　（总结和奖惩）突发事件的事态发展基本控制后，安全工作领导小组应调查清楚事件发生的原因、经过、相关责任人员，认定事件性质，形成调查报告，并对事件提出处理意见和整改措施，总结经验，完善制度。

对在突发事件的预防、报告、调查、应对和处理过程中有玩忽职守、失职、渎职等行为的教职工，或迟报、瞒报、漏报重要情况的有关责任人，依照法律、法规及有关规定，给予行政处分，涉嫌违法犯罪的，依法将相关信息移送上级行政机关、司法机关或监察机关处理。

对参加突发事件应对处理工作并做出突出贡献的集体和个人，给予表彰和奖励。

第二十一条 （制度统一性）本办法实施前公布实施的校内规定与本办法规定不一致的，以本办法的规定为准。

第二十二条 （制定和生效）本办法由【部门名称】制定，经【部门/组织名称】审议通过后发布，自【　　】年【　】月【　】日起施行。

第二十三条 （解释机关）本办法由【部门名称】负责解释。

示例六

学校考勤管理制度

第一章　总　　则

第一条 （目的与依据）为维护学校正常的工作秩序，增强教职工的劳动纪律观念，规范考勤、加班、请假、休假等行为，依据《事业单位人事管理条例》（国务院令第652号）及其他相关法律法规并结合学校实际情况，特制定本制度。

第二条 （适用范围）本制度适用学校所有教职工，范围包括：

（一）本校依法聘用并与其依法签订《事业单位聘用合同》的人员；

（二）与本校存在有效的劳动关系、劳务派遣关系、劳务关系的人员；

（三）本校依法有权对其进行人事管理的其他人员。

本制度中所涉内容，教职工与学校、劳务派遣公司签订的劳动合同、劳务合同中另有约定的，从其约定。

第三条 管理部门与职责

（一）【部门名称】负责监管学校教职工的考勤工作，负责学校考勤休假日常管理工作。（说明：请学校按自己实际情况来确定负责人员。）

（二）【部门名称】由下列人员组成：

1. 考勤主管领导：

2. 各部门考勤负责人：

3.【部门名称】应严格依照本制度负责教职工的考勤纪律管理和请休假申请审批。

第二章　考 勤 管 理

第四条　（出勤要求）全体教职工应自觉遵守考勤纪律，保持良好的出勤习惯，严格按本制度出勤并高效、勤奋工作。

第五条　工作时间与考勤结果

岗位	工作时间

学校依据考勤数据确定教职工的考勤结果：

（一）考勤正常：严格按照考勤时间进行考勤记录；

（二）迟到、早退；

（三）旷工；

（四）考勤异常：因设备等技术原因无法正常记录考勤数据的情形。

第六条　（考勤方式）实行登记方式进行考勤管理

（一）考勤可采用电子打卡、指纹打卡、记录考勤等方式进行。

（二）【部门名称】负责统计检查记录教职工出勤情况，收集整理考勤信息、请休假资料等日常事务，每月制作并提交考勤统计报表。

（三）考勤登记次数，每天 2 次，上午上班时间前、下午下班时间后各 1 次。上班前首次和下班后首次考勤登记时间作为有效的考勤时间。

（四）外出登记

1. 午休时间外出，进出校园需记录；

2. 教职工在工作时间内需要外出培训或办理相关业务的，应向部门考勤负责人申请审批，进行登记备案；

3. 教职工次日需要直接外出培训或办理业务不能到校打卡考勤的，需要提前一天安排好工作，并向部门考勤负责人申请审批，进行登记备案。

第七条　（弹性工作时间）实行弹性工时制人员的考勤管理

（一）不需要以打卡等方式考勤登记的教职工，在完成工作任务的前提下，可根据自身工作性质需要弹性安排上下班时间。

（二）申请休产假、婚丧假等，以及超过 1 天的事假及病假的教职工，仍需按照学校的相关制度执行请假申请流程,履行相关手续。

(三)如有无故缺勤、迟到或未经学校同意私自外出办理与工作无关的事宜等违纪行为的,将按学校相关制度从重处罚。

(四)学校将不定期对不需要定时工作的教职工名单进行审核与更新。如发现教职工存在违反本制度规定的,将取消其适用弹性工作时间的资格。

第八条 考勤异常

(一)考勤负责人定期检查考勤打卡数据,如有考勤异常记录,需将考勤异常记录及时通知相关教职工,了解情况,进行核实。

(二)实际到岗工作但遗忘打卡、上下班途中遇到不可抗力或其他突发紧急情况等导致不能正常打卡的,可申请考勤异常处理。

(三)对因请假、外出等手续办理不全造成考勤数据异常的,教职工需补齐相关手续。

(四)学校可根据实际情况,一人一事一议。

第九条 迟到、早退

(一)各部门考勤负责人每月根据教职工上、下班打卡考勤记录,统计教职工迟到早退情况。

(二)教职工在上班途中如遇交通事故、公共交通工具故障、特殊恶劣天气,应提供相关证明。经学校认可后,可不做迟到处理。

(三)早班打卡时间超过规定的到岗时间但超过时间在【5】分钟以内的,不作迟到处理。对迟到的教职工,根据学校的规章制度进行处罚。

(四)学校可根据实际情况,一人一事一议。

第十条 旷工

(一)教职工无理由不上班的,以旷工论处。

(二)与学校建立人事聘用关系的教职工,一年内连续旷工超过15个工作日或一年内累计30个工作日,学校有权解除与其人事聘用关系。

第十一条 考勤纪律

(一)教职工应于规定上班时间之前处理好私人事务,打卡考勤后即进入有序的工作状态,有计划地开展一天工作,严禁在工作时间和工作场所做与工作无关的事务。

(二)教职工应严格按照要求办理外出登记、外出和请假手续,严格按作息时间上下班;如未登记且未口头报备擅自离开学校,或上班时间未请假外出办私事,将对此行为作当日旷工处理。

(三)教职工必须本人打卡考勤,严禁请人或代人打卡。违者双方均记过处理,情节严重的按严重违反学校规章制度处理。

(四)教职工虚报、伪造、篡改考勤休假资料或考勤记录的将按严重违反学校制度处理。考勤管理人员不得更改考勤原始记录,违者第一次予以口头警告;情节严重的,经考勤负责人决定,根据学校的规章制度进行处罚。

(五)教职工有其他违反考勤管理制度的行为,将根据情节严重程度进行处理,经考勤负责人决定,根据学校的规章制度进行处罚。

第三章 加班管理

第十二条 (加班情形)教职工应充分利用工作时间,高效优质地完成本职工作。在正常工作时间内已保质保量完成额定工作之后,确实因额外工作或者超前性工作任务且不能在正常工作日完成,需要被安排在法定休假日或者公休假日工作的,需填写加班单,经部门主管领导批准,确定加班时间和加班内容,加班待遇按有关国家规定补偿。

第四章 休假管理

第十三条 法定休假日,具体放假办法,按照《全国年节及纪念日放假办法》的规定执行。

第十四条 寒暑假

(一)教师享受寒暑假带薪休假的福利,寒暑假期间执行值班制。

(二)寒暑假值班期间,如遇有特殊情况需请假的教职工,须写请假申请递交考勤主管领导批准,准假后方可请假。

(三)具体值班安排由学校另行制定公布。寒暑期有托班需要教职工正常上下班的,学校将另行通知。

第十五条 病假

(一)教职工看病,原则上在不影响本职工作的前提下,事先请假,经学校同意方可调休就医。

(二)病假时间,以就医医院开具的病假单为准,向学校申请病假。教职工病假结束后,应向学校提交病历卡原件和病假单。

(三)在工作时间内,教职工一旦出现突发发热症状或其他严重病状,应立即上报至考勤负责人。从学生、教职工健康角度出发,相关人员应前往医院就医,并根据就医情况及医生开具的证明,进行后续病假处理。

(四)病假期间的工资待遇、绩效奖励及一次性奖励项目按相关办法操作。

(五)教职工就医医院应为二级甲等及以上医院。

（说明：请按学校实际情况加以规定申请病假流程及审批权限。）

第十六条　事假

（一）教职工享受寒暑假，故无特殊情况，不建议请事假。

（二）如有必须本人直接处理的事务，需向考勤主管领导提出书面申请，并做好课程调整安排。经批准后方可请假，否则作旷工处理。

（三）事假期间的工资待遇，按照国家相关规定执行：

1. 全年事假累计超过20天或连续事假超过10天，超过天数的工资，按基本工资的70%发放；

2. 全年事假累计超过30天，超过天数的工资，按基本工资的50%发放；

3. 全年事假累计超过60天，超过天数扣发基本工资；

4. 事假超过6个月，一年内实际工作不足半年的，不能累计工龄；

5. 工作量津贴、奖励性绩效工资按本单位绩效工资实施办法执行；其他绩效考核奖励、一次性奖励等项目，按相关发放办法操作。

第十七条　因工伤停工

按照《工伤保险条例》停工留薪期相关规定执行。

第十八条　婚育假

（说明：因全国各省市对生育假、陪产假、育儿假等存在不同规定，本条以上海市为例，根据《上海市人口与计划生育条例》的相关规定制定以下婚育假制度。）

（一）婚假

按照国家法律规定，享受10天婚假。婚假需连续使用，不扣除任何奖金。

从领结婚证书起一年内，不影响学校课程安排的前提下，可向学校申请婚假。申请时，需递交本人结婚证、婚假申请书。

（说明：请按学校实际情况加以规定，可以安排教师在寒暑假时间内休婚假。）

（二）产假、生育假及哺乳假

生育情况	产假时间
单胎顺产	产假98天+生育假60天，其中产前可以休息15天
流产	未满4个月流产的，享受产假15天 满4个月流产的，享受产假42天
难产	增加产假15天
多胎	每多生育一胎，增加产假15天

产假期间学校停发奖金、工资、福利待遇，由人力资源和社会保障行政主管部门发放生育金。

1. 产假遇寒暑假顺延，遇法定休假日不顺延。

2. 生育假，遇寒暑假和法定休假日顺延。

3. 前述寒暑假应扣除教职工寒暑假固定上班及轮值上班天数。

4. 女教职工生育后，若有困难且工作许可，由本人提出申请，经学校批准，可请哺乳假六个半月。哺乳假期间的工资按本人原工资的80%计发。

（三）哺乳假

1. 对哺乳未满1周岁婴儿的女教职工，在每天的劳动时间内安排1小时哺乳时间。女教职工生育多胞胎的，每多哺乳1个婴儿每天增加1小时哺乳时间。

2. 如因工作原因，在哺乳期内无法安排哺乳，可选择用调休方法结算，使用期限两年，至婴儿年满2周岁。

（四）陪产假

1. 配偶依法生育的男教职工，可享受配偶陪产假10天，陪产假需连续使用。

2. 男教职工使用陪产假的，需提前向学校申请。陪产假期间的工资，按照本人正常出勤应得的工资发给。

3. 教职工需提交申请，并于假期结束后，递交新生儿出生证明复印件。

（五）育儿假

符合法律法规规定生育的夫妻，在其子女年满3周岁之前，双方每年（周年）可以享受育儿假各5天。育儿假期间的工资，按照本人正常出勤应得的工资发给。每年的育儿假原则上应在当年使用，可以连续使用，也可以分散使用。

第十九条　丧假

（一）直系亲属（父母、配偶、子女）、直系姻亲（公婆、岳父母）、非直系亲属（祖父母、外公婆、兄弟姐妹）死亡时，可以根据具体情况，由考勤主管领导批准，酌情给予1至3天的丧假。

（二）丧假不扣除任何奖金、工资、福利待遇。如遇法定休假日、双休日、寒暑假等，丧假不补假。如在寒暑假值班期间需请丧假，按规定给予丧假。

（三）丧假需递交死亡证明复印件、丧假申请。

第二十条　调休

……

（说明：请按学校实际情况明确规定调休的方式及审批流程。）

第五章　附　　则

第二十一条　(制度统一性)本制度实施前公布实施的学校规章制度与本制度规定不一致的,以本制度的规定为准。本制度未尽事宜按照法律法规及上级行政主管部门文件政策执行。如有抵触,以法律法规及上级行政主管部门文件政策为准。

第二十二条　(解释部门)经学校授权,【部门名称】负责本制度的解释。

第二十三条　(施行日期)本制度自【　　】年【　】月【　】日起施行。

示例七

教职工校内申诉调解制度

第一章　总　　则

第一条　(目的与依据)为保障我校教职工的合法权益,依据《中华人民共和国教师法》《中华人民共和国教育法》等法律法规及我校章程,制定本制度。

第二条　(适用范围)本校在编教职工认为学校、学校内部职能部门的行政管理行为侵犯其合法权益的,可以向教职工校内申诉处理机构提出申诉,教职工校内申诉处理机构受理申诉申请、进行调解、作出处理决定,适用本制度。

其他非事业单位在编的用工人员,不适用本制度,如发生相关争议,依据《中华人民共和国民法典》《中华人民共和国劳动法》《中华人民共和国劳动合同法》等相关法律法规的规定处理。

第三条　(申诉处理原则)教职工校内申诉处理机构依照本制度履行申诉受理、审查、决定职责,应当遵循合法、公正原则,坚持有错必纠,保障教职工的合法权益。

第二章　申 诉 主 体

第四条　(申诉主体)认为学校、学校有关部门行政管理行为侵犯其合法权益,并依据本制度向教职工校内申诉处理机构提出申诉的本校教职工,为本制度所称的申诉人。

申诉人向教职工校内申诉处理机构提出申诉的,作出被提出申诉的行政管理行为的主体,为本制度所称的被申诉人。可以作为被申诉人的主体为学校、学校内部职能部门。

本校依法聘用的并且已与本校签订《事业单位聘用合同》的人员，是本制度所称的教职工。

第五条　（申诉处理机构）本制度所称的教职工校内申诉处理机构，指教职工校内申诉处理委员会、教职工校内申诉办公室。

第六条　（申诉决定机构）教职工校内申诉处理委员会是学校审查和处理教职工校内申诉的调解机构、决定机构，由本校【岗位职务】组成。教职工校内申诉处理委员会组成人员应当经教职工（代表）大会认可。

（说明：建议按本校实际情况填写如下人员为申诉处理组成人员：校长、党组织负责人、分管副校长、工会负责人、校内部门负责人、教师代表、学校法律顾问等。同时建议组成人员人数应为单数。）

第七条　（申诉受理机构）教职工校内申诉处理委员会下设的教职工校内申诉办公室是教职工申诉申请的受理机构，接待处设在【部门名称】。

第三章　申 诉 范 围

第八条　（申诉受理范围）本校教职工认为学校、学校内部职能部门作出的与下列事项有关的行政管理行为侵犯其合法权益的，可以依照本制度提出申诉：

（一）教职工聘用；

（二）职务评聘、学术评价；

（三）职责权利；

（四）年度考核结果；

（五）奖惩；

（六）教职工待遇；

（七）教职工申诉处理机构认为属于申诉范围的其他事项。

第九条　（不予受理范围）申诉申请具有下列情形之一的，教职工校内申诉处理机构不予受理：

（一）申诉事项不属于申诉范围或超过申诉期限的；

（二）提出申诉申请的人员与本校无聘用合同关系的；

（三）申诉事项与申诉人本人无直接利害关系的；

（四）申诉申请的内容与形式不符合本规定要求的；

（五）就申诉人主动撤回申诉的事项，申诉人无正当理由就同一事项重新提起申诉的；

（六）申诉事项经教职工校内申诉处理委员作出处理决定或由申诉人、被申诉人达成调解后，申诉人就同一事实和理由再次提起申诉的。

第四章 申诉申请与受理

第十条 （申诉申请）在申诉人应当在知道或应当知道本人的合法权益受到侵犯后的15日内，以书面形式向教职工校内申诉办公室提出申诉申请。

第十一条 （申诉方式）申诉人提出申诉申请的，应当提交《教职工校内申诉申请书》，有条件提供证据材料的还应当提交相关证据材料的复印件。《教职工校内申诉申请书》应当载明下列内容：

（一）申诉人的姓名、联系方式、职务、岗位；

（二）被申诉人的名称；

（三）申诉要求、事实与理由、相关法律法规依据；

（四）申诉人本人签名；

（五）提出申诉的日期。

第十二条 （申诉接待）申诉人提出申诉申请的，教职工校内申诉办公室应当予以接待，接收《教职工校内申诉申请书》及相关材料并做好申诉接待记录。

第十三条 （申诉受理与不予受理）教职工校内申诉办公室收到申诉申请后，应在5日内对申诉人主体资格、申诉事项是否属于申诉范围等进行审查。认为申诉符合受理条件的，应当受理并以书面告知申诉人、被申诉人，同时将申诉材料提交教职工校内申诉处理委员会；不符合受理条件的，不予受理并以书面形式告知申诉人，《不予受理通知书》应当写明不予受理的理由。

第五章 申诉审查

第十四条 （回避）申诉人或被申诉人认为教职工校内申诉处理机构组成人员与申诉人、被申诉人或申诉事项有利害关系或者有其他关系可能影响公正处理的，有权申请回避。

教职工校内申诉处理机构组成人员与申诉人、被申诉人或申诉事项有利害关系或者有其他关系可能影响公正处理的，应当回避。

第十五条 （答辩）被申诉人及其负责人由有权就申诉事项提出答辩意见。被申诉人是否提出答辩意见，不影响申诉程序的进行。

第十六条 （调查）教职工校内申诉处理委员会收到申诉材料后，应当组成调查组对申诉事项进行调查核实。调查组由三名教职工校内申诉处理委员会人员组成。

第十七条　(听证)教职工校内申诉处理委员会认为有必要时,可根据需要召开由学校领导、工会负责人、申诉人、被申诉人等人员参加的听证会。

第十八条　(笔录)调查、听证会均应当制作笔录,并由参与人签名后存档。

第十九条　(申诉审查)教职工校内申诉处理委员会对教职工申诉案件要在深入调查的基础上取得佐证材料,对申诉申请、相关证据材料、调查及听证会笔录等进行全面审查。

第六章　申诉调解

第二十条　(自愿调解)教职工校内申诉处理委员会可以基于申诉人的自愿,在申诉事项事实清楚的基础上,进行调解。

第二十一条　(调解主持)教职工校内申诉处理委员会进行调解,可以指派一至三名教职工校内申诉处理委员会组成人员主持调解。

教职工校内申诉处理委员会进行调解,应当通知申诉人、被申诉人到场。

第二十二条　(达成调解协议)调解达成协议,必须由申诉人和被申诉人双方自愿,不得强迫。调解协议的内容不得违反法律规定及学校内部管理规定。

第二十三条　(调解书签署和生效)调解达成协议,教职工校内申诉处理委员会应当制作调解书。调解书应当写明申诉请求、申诉事实和调解结果。

调解书由申诉人、被申诉人或被申诉人代表、参与调解的教职工校内申诉处理委员会人员签名,一式三份,申诉人、被申诉人各执一份,另一份交教职工校内申诉处理机构。

调解书经申诉人、被申诉人或被申诉人代表、参与调解的教职工校内申诉处理委员会人员签名后即生效,申诉程序终止。

第七章　申诉决定

第二十四条　(申诉决定)教职工校内申诉处理委员会应当在申诉受理后的30日内,在对申诉案件进行全面调查核实的基础上作出下列处理决定:

(一)系争行政管理行为事实清楚,证据或理由充分,适用法律法规、校内规章制度及相关依据正确,程序合法的,决定维持原行政管理行为;

(二)系争行政管理行为主要事实不清,证据或理由不足,或适用法律法规、校内规章制度及相关依据错误,或者违反法定程序,有条件予以更正的,决定变更原行政管理行为;

（三）系争行政管理行为主要事实不清，证据或理由不足，或者适用法律法规、校内规章制度及相关依据错误，或者违反法定程序，但不便直接予以更正的，决定撤销原行政管理行为并重新作出行政管理行为。

情况复杂不能在规定限期内作出决定的，经校长批准，可延长15日。

第二十五条 （申诉处理决定书）教职工校内申诉处理委员会应就申诉决定制作《申诉处理决定书》，《申诉处理决定书》应当载明下列内容：

（一）申诉人、被申诉人基本情况；

（二）申诉人的申诉请求和所提交的证据、依据；

（三）被申诉人的答辩意见或辩解；

（四）申诉案件调查经过；

（五）审理后认定的事实；

（六）听证情况；

（七）申诉处理决定及理由、依据。

第二十六条 （签收）《申诉处理决定书》应当送达申诉人、被申诉人，由申诉人、被申诉人负责人签收后，将签收材料存档。

第二十七条 （不服申诉处理决定）申诉人、被申诉人对教职工校内申诉处理委员会作出的申诉处理决定有异议的，可在收到《申诉处理决定书》15日内，以书面形式向上一级教育主管部门提出申诉；逾期未提出申诉的，《申诉处理决定书》即发生效力。

第二十八条 （涉嫌违规违法的处理）教职工校内申诉处理委员会在对教职工申诉案件调查、审查、调解的过程中，发现教职工利用职务之便，在学校或学校内部职能部门行政管理工作中徇私舞弊、滥用职权的，应当将相关信息移送至【部门名称】按校内人事管理规定处理。涉嫌违法或违反教育行政管理规定的，应当依法将信息报送至行政机关、司法机关。

第八章　附　　则

第二十九条 （制度统一性）本办法实施前公布实施的校内规定与本制度规定不一致的，以本制度的规定为准。本制度未尽事宜按照法律法规及上级文件政策执行。如有抵触，以法律法规及上级文件政策为准。

第三十条 （制定和生效）本制度由【部门名称】制定/修订，经【部门/组织】审议通过后公布，自【　　】年【　】月【　】日起施行。

第三十一条 （制度解释）本制度由【部门名称】负责解释。

示例八

教职工大会组织办法

（说明：本办法适用于教职工不足80人的学校。依据《学校教职工代表大会规定》第十五条第一款的规定，有教职工80人以上的学校，应当建立教职工代表大会制度；不足80人的学校，建立由全体教职工直接参加的教职工大会制度。

学校根据实际情况，可在其内部单位建立教职工代表大会制度或者教职工大会制度，在该范围内行使相应的职权。

教职工大会制度的性质、领导关系、组织制度、运行规则等，与教职工代表大会制度相同。）

第一章　总　　则

第一条　（制定依据）为依法保障教职工参与本校（或称本园）民主管理和监督，完善现代学校制度，促进本校（或称本园）依法治校，依据《中华人民共和国教育法》《中华人民共和国教师法》《中华人民共和国工会法》《学校教职工代表大会规定》等法律规定，制定本办法。

第二条　（教职工大会）本校教职工大会是教职工依法参与学校民主管理和监督的基本形式。

第三条　（指导思想）教职工大会应当高举中国特色社会主义伟大旗帜，以马克思列宁主义、毛泽东思想、邓小平理论和“三个代表”重要思想为指导，深入贯彻落实科学发展观和习近平新时代中国特色社会主义思想，全面贯彻执行党的基本路线和教育方针，认真参与学校民主管理和监督。

第四条　（依法实施）教职工大会当遵守国家法律法规，遵守学校规章制度，正确处理国家、学校、集体和教职工的利益关系。

第五条　（组织原则）教职工大会在本校【校党委/党支部】领导下开展工作。教职工大会的组织原则是民主集中制。

第二章　职　　权

第六条　（职权范围）教职工大会的职权是：

（一）听取学校章程草案的制定和修订情况报告，提出修改意见和建议；

（二）听取学校发展规划、教职工队伍建设、教育教学改革、校园建设以及其他重大改革和重大问题解决方案的报告，提出意见和建议；

(三)听取学校年度工作、财务工作、工会工作报告以及其他专项工作报告,提出意见和建议;

(四)讨论通过学校提出的与教职工利益直接相关的福利、校内分配实施方案以及相应的教职工聘任、考核、奖惩办法;

(五)审议学校上一届(次)教职工大会提案的办理情况报告;

(六)按照有关工作规定和安排评议学校领导干部;

(七)通过多种方式对学校工作提出意见和建议,监督学校章程、规章制度和决策的落实,提出整改意见和建议;

(八)讨论法律法规规章规定的以及学校与学校工会商定的其他事项。

第七条 教职工大会的意见和建议,以会议决议的方式作出。

第三章 组织制度

第八条 (教职工大会)教职工大会由全体教职工直接参加。

第九条 (教职工权利)教职工在教职工大会中享有以下权利:

(一)选举权、被选举权和表决权;

(二)在教职工大会上充分发表意见和建议;

(三)提出提案并对提案办理情况进行询问和监督;

(四)就学校工作向学校领导和学校有关机构反映教职工的意见和要求;

(五)因履行职责受到压制、阻挠或者打击报复时,向有关部门提出申诉和控告。

第十条 (教职工权利)教职工在教职工大会中应当履行以下义务:

(一)努力学习并认真执行党的路线方针政策、国家的法律法规、党和国家关于教育改革发展的方针政策,不断提高思想政治素质和参与民主管理的能力;

(二)积极参加教职工大会的活动,认真宣传、贯彻教职工大会决议,完成教职工大会交给的任务;

(三)办事公正,为人正派,密切联系教职工群众,如实反映群众的意见和要求;

(四)自觉遵守学校的规章制度和职业道德,提高业务水平,做好本职工作。

第十一条 (组织保障)学校应当遵守教职工大会的组织规则,定期召开教职工大会,支持教职工大会的活动。

第十二条 (大会召开)教职工大会每【年】召开一次。如遇重大事项,经学校、学校工会或1/3以上教职工提议,可以临时召开教职工大会。

第十三条　(大会届期)教职工大会每【3/5】年为一届。

第十四条　(主席团)教职工大会由大会主席团主持会议。主席团成员从教职工中推选【9】人组成。主席团应当由学校各方面人员组成,其中包括学校、学校工会主要领导,教师应占多数。主席团应推荐产生正、副主席各1人。主席团正、副主席一般由校工会正、副主席担任,大会召开期间即为执行主席。

第十五条　(主席团职责)教职工大会主席团的职责是:

(一)组织、主持大会期间的各项活动,处理大会期间发生的问题;

(二)听取和讨论教职工、专门工作委员会对各项议题、议程的审议意见;

(三)讨论审议提交大会表决的议题、议程以及决议、决定草案等;

(四)决定其他重大问题。

第十六条　(专门委员会)教职工大会设立若干专门委员会(工作小组),完成教职工大会交办的有关任务。专门委员会(工作小组)对教职工大会负责。

(说明:学校根据实际情况,设立多个专门委员会,明确各自职能和组成人员。)

第四章　议事规则

第十七条　(大会召开)召开教职工大会须有2/3以上教职工出席。

教职工大会根据需要可以邀请离退休教职工等非教职工,作为特邀或列席人员参加会议。特邀或列席人员在教职工大会上不具有选举权、被选举权和表决权。

第十八条　(议题与表决)教职工大会的议题,应当根据学校的中心工作、教职工的普遍要求,由学校工会提交学校研究确定,并提请教职工大会表决通过。

教职工大会的表决,须经全体教职工总数半数以上通过方为有效。

第十九条　(决议公布)教职工大会审议通过的事项和决议应当在教职工大会闭会后公布。

第二十条　(决议效力)教职工大会在其职权范围内审议通过的事项对本单位以及全体教职工具有约束力,未经教职工大会重新审议通过不得变更。

第五章　工作机构

第二十一条　(工作机构)学校工会为教职工大会的工作机构。

第二十二条　(工作机构职责)学校工会承担以下与教职工大会相关的工作职责:

(一)做好教职工大会的筹备工作和会务工作,征集和整理提案,提出会议议题、方案和主席团建议人选;

(二)教职工大会闭会期间,组织传达贯彻教职工大会精神,督促检查教职工大会决议的落实,组织各专门委员会(工作小组)的活动;

(三)就学校民主管理工作向学校党组织汇报,与学校沟通;

(四)完成教职工大会委托的其他任务。

第二十三条　(工会工作保障)学校应当为学校工会承担教职工大会工作机构的职责提供必要的工作条件和经费保障。

第六章　附　　则

第二十四条　(制度统一性)本办法实施前公布实施的校内规定与本办法规定不一致的,以本办法的规定为准。本办法未尽事宜按照法律法规及上级文件政策执行。如有抵触,以法律法规及上级文件政策为准。

第二十五条　(制定和生效)本办法由【学校名称】工会制定/修订,经【学校名称】第【　】届教职工大会第【　】次会议审议通过后公布,自【　　】年【　】月【　】日起施行。

第二十六条　(制度解释)本办法由【工会】负责解释。

示例九

学校人事管理制度

(说明:在法律依据方面,虽然《事业单位人事管理条例》对事业单位工作人员的聘用及聘用合同的履行、终止和解除等内容作出了规定,但各省市在事业单位聘用合同管理方面仍存在一定的差异。因此,本示例以上海市为例,根据《事业单位人事管理条例》与《上海市事业单位聘用合同管理办法》的相关规定制定以下学校人事管理制度。)

第一章　总　　则

第一条　人事管理的原则

……

（说明：本项为原则性规定，请按学校实际情况制定。）

第二条　人事管理的对象

人事管理的对象（或称教职工），范围包括：

（一）本校依法聘用并与其依法签订《事业单位聘用合同》的人员；

（二）与本校间存在有效的劳动关系、劳务派遣关系、劳务关系的人员；

（三）本校依法有权对其进行人事管理的其他人员。

本制度中所涉内容，若教职工与学校、劳务派遣公司签订的劳动合同、劳务合同中另有约定，从其约定。

第三条　人事管理的实施主体

学校、校长及具有人事管理权限的学校内部机构及人员。

第二章　岗位分类

本校教职工岗位分类如下：

第四条　教师岗

岗位描述：

岗位职责：

第五条　行政岗位

岗位描述：

岗位职责：

（说明：学校可根据实际情况规定。）

第三章　工作规范

第六条　基本工作规范

……

（说明：本项为教职工均应遵守的、最基本的基本规范，请按学校实际情况制定。）

第七条　职业道德规范

本校教职工不得有如下违反职业道德的行为：

（说明：下述规定适用于中小学，系参考《中小学教师违反职业道德行为处理办法》制定。）

（1）在教育教学活动中及其他场合有损害党中央权威、违背党的路线方针政策的言行。

（2）损害国家利益、社会公共利益，或违背社会公序良俗。

(3)通过课堂、论坛、讲座、信息网络及其他渠道发表、转发错误观点,或编造散布虚假信息、不良信息。

(4)违反教学纪律,敷衍教学,或擅自从事影响教育教学本职工作的兼职兼薪行为。

(5)歧视、侮辱学生,虐待、伤害学生。

(6)在教育教学活动中遇突发事件、面临危险时,不顾学生安危,擅离职守,自行逃离。

(7)与学生发生不正当关系,有任何形式的猥亵、性骚扰行为。

(8)在招生、考试、推优、保送及绩效考核、岗位聘用、职称评聘、评优评奖等工作中徇私舞弊、弄虚作假。

(9)索要、收受学生及家长财物或参加由学生及家长付费的宴请、旅游、娱乐休闲等活动,向学生推销图书报刊、教辅材料、社会保险或利用家长资源谋取私利。

(10)组织、参与有偿补课,或为校外培训机构和他人介绍生源、提供相关信息。

(11)其他违反职业道德的行为。

本园教职工不得有如下违反职业道德的行为:

(说明:下述规定适用于幼儿园,系参考《幼儿园教师违反职业道德行为处理办法》制定。)

(1)在保教活动中及其他场合有损害党中央权威、违背党的路线方针政策的言行。

(2)损害国家利益、社会公共利益,或违背社会公序良俗。

(3)通过保教活动、论坛、讲座、信息网络及其他渠道发表、转发错误观点,或编造散布虚假信息、不良信息。

(4)在工作期间玩忽职守、消极怠工,或空岗、未经批准找人替班,利用职务之便兼职兼薪。

(5)在保教活动中遇突发事件、面临危险时,不顾幼儿安危,擅离职守,自行逃离。

(6)体罚和变相体罚幼儿,歧视、侮辱幼儿,猥亵、虐待、伤害幼儿。

(7)采用学校教育方式提前教授小学内容,组织有碍幼儿身心健康的活动。

(8)在入园招生、绩效考核、岗位聘用、职称评聘、评优评奖等工作中徇私舞弊、弄虚作假。

(9)索要、收受幼儿家长财物或参加由家长付费的宴请、旅游、娱乐休闲等活动,推销幼儿读物、社会保险或利用家长资源谋取私利。

(10)组织幼儿参加以营利为目的的表演、竞赛活动,或泄露幼儿与家长的信息。

(11)其他违反职业道德的行为。

第八条　岗位责任规范

……

(说明:本项为基于工作岗位对教职工提出的更高要求的工作规范,请按学校实际情况制定。)

第四章　处罚、处分规定

第九条　处罚

本校教职工出现违反工作规范行为的,学校依据相关规定对其进行相应的处罚,处罚方式包括:停发奖励、奖金;批评教育;诫勉谈话;责令检查;通报批评;取消在评奖评优、职务晋升、职称评定、岗位聘用、工资晋级、申报人才计划等方面的资格。

第十条　教师处分

本校教师出现违反职业道德规范行为,情节严重的,学校依据《中小学教师违反职业道德行为处理办法》/《幼儿园教师违反职业道德行为处理办法》的相关规定,对其进行处分或建议主管教育部门对其进行处分,处分方式包括:

(1)警告处分(6个月)。

(2)记过处分(12个月)。

(3)建议主管教育部门作出降低岗位等级或撤职处分(24个月)。

(4)建议主管教育部门作出开除处分。

(5)教师涉嫌违法犯罪的,及时移送司法机关依法处理。

第十一条　其他处理

除教师以外的本校教职工出现违反职业道德规范行为,情节严重的,学校有权单方面解除与该人员间的劳动关系、劳务派遣关系或劳务关系,涉嫌违法犯罪的,及时移送司法机关依法处理。

第五章　入职、续聘与离职规定

第十二条　入职引领

(一)教师岗位入职引领

……

(说明:请学校根据实际情况规定。)

(二)除教师以外的岗位入职引领

……

(说明:请学校根据实际情况规定。)

第十三条 续聘、续约

本校依法聘用并与其依法签订《事业单位聘用合同》的人员,聘用合同期满,因岗位需要,聘期考核合格,受聘人员愿意续聘的,学校可以续聘其从事原岗位工作。

[说明:本条依据《上海市事业单位聘用合同管理办法》第十一条(续聘)聘用合同期满,因岗位需要,聘期考核合格,受聘人员愿意续聘的,聘用单位可以续聘其从事原岗位工作。]

本校依法与其建立劳动关系,并与其签订《劳动合同》的人员,劳动合同期满,因岗位需要,工作考核合格,该劳动者愿意续约的,学校可以重新与其签订《劳动合同》聘请其从事原岗位工作。

第十四条 解聘

教职工解聘,按如下规定实施:

(一)本校依法聘用并与其依法签订《事业单位聘用合同》的人员的解聘,依照《事业单位人事管理条例》及其他有关规定执行。

(二)本校依法与其建立劳动关系,并与其签订《劳动合同》的人员的劳动关系的解除事宜,依照《劳动法》《劳动合同法》及其他有关规定执行。

(三)本校依法与其建立劳务关系的人员及经第三方派遣至本校工作人员的解聘事宜,依照学校与该人员或派遣公司签订的合同的约定及其他有关规定执行。

第十五条 离职流程

……

(说明:本项为离职手续、物品交接等规定。请按学校实际情况及教育行政主管部门的要求予以规定。建议着重规定物品交接流程、归还物品流程等事项。)

第六章 考核、评优规定

第十六条 聘用考核

……

（说明：请学校根据实际情况规定。《上海市事业单位聘用合同管理办法》第二十四条规定："聘用单位应当按照国家规定，以及聘用合同约定的岗位职责任务，全面考核受聘人员的表现，重点考核工作绩效。考核应当听取服务对象的意见和评价。聘用工作组织对受聘人员提出考核档次意见后，由单位负责人员集体决定考核结果。考核结果作为受聘人员续聘、调整岗位、解聘的依据"。）

第十七条 其他考核

……

（说明：请学校根据实际情况规定。）

第十八条 评优规定

……

（说明：请学校根据实际情况规定。）

第七章 奖励规定

（说明：请学校根据实际情况规定。）

第八章 福 利

（说明：请学校根据实际情况规定。）

第九章 其他规定

（说明：请学校根据实际情况规定。）

第十章 附 则

第十九条 制度统一性

本制度实施前公布实施的校内规则与本制度规定不一致的，以本制度的规定为准。本制度未尽事宜按照法律法规及上级文件政策执行。如有抵触，以法律法规及上级文件政策为准。

第二十条 制定和生效

本制度由【部门名称】制定/修订，经【部门/组织】审议通过后公布，自【 】年【 】月【 】日起施行。

示例十

教师职业道德行为准则管理办法

第一条 (目的与依据)为规范本校教师职业道德行为,保障教师、学生的合法权益,根据《中华人民共和国教育法》《中华人民共和国未成年人保护法》《中华人民共和国教师法》《事业单位工作人员处分规定》《教师资格条例》等法律法规和规范性文件,结合我校实际,制定本管理办法。

第二条 (适用范围)本管理办法所称教师指本校在编教师。

本校其他教职工,参照适用本管理办法。

第三条 (职业行为准则)教师应当遵守以下职业行为准则:

(一)做党的领导的拥护者。坚持以习近平新时代中国特色社会主义思想为指导,坚定"四个自信",拥护中国共产党的领导,拥护和贯彻党的路线方针政策。

(二)做爱国守法的模范者。忠于祖国,忠于人民,恪守宪法原则,遵守法律法规,自觉履行公民义务,依法履行教师职责,模范遵守社会公德,自觉遵守保密管理规定。

(三)做优秀文化的传播者。带头践行社会主义核心价值观,自觉传承中华优秀传统文化、革命文化和社会主义先进文化,弘扬真善美,传递正能量。

(四)做素养厚重的专业者。落实立德树人根本任务,树立崇高的职业理想,掌握现代教育理论,更新教育理念,潜心钻研业务,勇于探索创新,爱岗敬业,细致耐心,为人师表,言行雅正。

(五)做严慈相济的育人者。面向全体学生,尊重学生人格,有爱心、责任心和亲和力,呵护学生身心健康,公平公正对待每一个学生。

(六)做校园安全的守护者。增强安全意识,掌握必备的安全知识和技能,提升安全防范能力,把安全教育融入一日生活各个环节,保护学生安全,防范事故风险,防止学生间的攻击性行为,妥善处置突发事件。

(七)做教学规律的践行者。尊重学生身心发展的规律和学习特点,关注学生的个体差异,因材施教,循序渐进,寓教于乐。

(八)做公平诚信的教育者。坚持原则,处事公道,公正公平,光明磊落,为人正直。讲信用、重信誉、守承诺。

(九)做清正廉洁的自律者。严于律己,清廉从教。

(十)做规范从教的责任者。全面落实市教委、区教育局的教育目标与要求，建立良好的家园关系，有效指导家长科学教育，尊重学生权益，抵制不良风气。

（十一）做和谐社会的奉献者。履行社会责任，积极服务社会，努力为经济社会发展贡献聪明才智。维护社会正义，引领社会风尚，树立正确义利观。

第四条　（负面清单）教师如发生以下违反职业道德的行为，应予以处理：

（一）思想政治纪律方面

1. 在教学活动、学术交流活动中及其他场合有损害党中央权威、违背党的路线方针政策的言行。

2. 损害国家利益、民族利益、人民利益、社会公共利益、教师的形象和学校的声誉。

3. 危害国家安全、违反法律法规或违背社会公序良俗。

4. 通过课堂、教学活动、论坛、讲座、信息网络及其他渠道发表、转发错误观点，或编造散布虚假信息、不良信息。

5. 组织或参与地下宗教、邪教、赌博、传销和迷信等活动；组织或诱导学生或家长参加非法组织及活动；组织或参加非法集会、游行活动；在校内外传播和通过网络传播宗教或封建迷信思想；通过罢课、罢教或变相罢课、罢教等非正常渠道反映诉求。

6. 违反国家有关保密的法律、法规或学校有关保密规定，在校内违规录音录像，泄露学校秘密，侵犯个人信息、隐私权、肖像权等权益，泄露学生或家长的个人信息。

（二）教育教学方面

1. 违反教学纪律，敷衍教学。不经学校批准，随意停课、换课或调整教学计划，并产生不良影响。

2. 组织有碍学生身心健康的活动，向学生布置超过身心负荷的任务。

3. 拒绝学生基本生理需求；漠视、歧视、侮辱、虐待、伤害学生；体罚或以讽刺、挖苦等变相方式体罚学生。

4. 在校园中言语粗鲁、在学生面前吸烟等有损教师仪表形象的行为；歧视、指责、训斥家长，态度简单粗暴。

5. 在教育教学活动中遇突发事件、面临危险时，不服从指挥、调遣、消极对抗，或不顾学生安危，擅离职守，自行逃离。

（三）学术道德方面

1. 在学术活动中抄袭剽窃、篡改侵吞他人学术成果，或滥用学术资源和学术影响。伪造学历、学位、资格证书、工作经历等。

2. 在课题成果申报、职称评审、人才评价、业绩考核、评优评先活动中提供虚假学术成果和个人信息、恶意诋毁他人等。

(四)工作作风和生活作风方面

1. 违反工作纪律,在工作期间玩忽职守、消极怠工,或空岗、未经批准找人替班;无正当理由不服从学校工作安排。

2. 对学生实施猥亵、性骚扰、性侵行为。

3. 违规侵占或外借学校设备、设施或仪器。

4. 造谣、传谣,对他人进行诬告、陷害、侮辱、诽谤和人身攻击。

(五)廉洁从教方面

1. 索要、收受学生或家长及其他利益相关人赠送的礼品、礼金等财物;参加由家长付费的宴请、旅游、娱乐休闲等活动;向学生或家长推销图书报刊、教辅材料或其他商品;让家长为自己或亲友办私事、谋私利;向家长借款。

2. 组织、参与有偿补课;为校外培训机构和他人介绍生源、提供相关信息;擅自从事影响教育教学本职工作的兼职兼薪行为;组织学生参加以营利为目的的表演、竞赛活动。

3. 擅自利用学校的名义、场所等资源谋取个人利益。

4. 在入校招生、考试、推优、评先、入团入党、选拔班干、奖学金评定或教师岗位聘用、职称评聘、绩效考核等工作中,徇私舞弊,谋取私利。

(六)其他有损教师职业声誉、违反教师职业道德的言行。

第五条　(处理程序)发现教师存在第四条列举违反教师职业道德行为的,学校应及时自行或提请上级教育主管部门组织调查核实,视情节轻重给予相应处理。作出处理决定前,应当听取教师的陈述和申辩,调查了解学生情况,听取其他教师、家长委员会或者家长代表意见等,并告知教师有权要求举行听证。

第六条　(处理原则)对于违反教师职业道德行为的处理,应当秉持公平公正、教育与惩处相结合的原则,应当与其违反职业道德行为的性质、情节、危害程度相适应;应当事实清楚、证据确凿、定性准确、处理恰当、程序合法、手续完备。

第七条　(处理种类)教师存在违反教师职业道德行为情节较轻的,由本校或上级教育主管部门依照管理权限,给予批评教育、诫勉谈话、责令检查、通报批评以及取消在评奖评优、职务晋升、职称评定、岗位聘用、工资晋级、申报人才计划等方面的资格的处理。取消相关资格的处理执行期限不少于 24 个月。

教师存在违反教师职业道德行为情节严重的,由本校向上级教育主管部门提出建议，并由上级教育主管部门给予警告、记过、降低岗位等级或撤职、开除。警告期限为 6 个月，记过期限为 12 个月，降低岗位等级或撤职期限为 24 个月。是中共党员的，同时给予党纪处分。

教师涉及在招生、考试、推优、保送等方面利用职务便利的失范行为，及时移送监察委；教师涉嫌违法犯罪的，及时移送司法机关依法处理。

非在编教职工存在违反教师职业道德行为的，由本校决定解除与其的劳动合同或将其退回派遣单位。

第八条　（复核与申诉）处理决定应当书面通知教师本人并载明认定的事实、理由、依据、期限及申诉途径等内容。

教师不服处理决定的，可向上级教育主管部门申请复核。对复核结果不服的，可向上级教育主管部门的上一级行政部门提出申诉。

对教师的处理，在期满后根据悔改表现予以延期或解除，处理决定和处理解除决定都应完整存入人事档案及教师管理信息系统。

第九条　（教师资格的撤销）教师受到处分，符合《教师资格条例》第十九条规定的，依法撤销其教师资格。

教师受处分期间暂缓教师资格定期注册。依据《中华人民共和国教师法》第十四条的规定丧失教师资格的，不能重新取得教师资格。

教师受记过以上处分期间不能参加专业技术职务任职资格评审。

第十条　（管理部门）师德建设工作领导小组是本校师德建设管理部门，由校长、党支部书记、工会主席等人员组成，履行师德失范行为的报送、通报、处理等管理职责，有下列情形的，严肃追究部门主要负责人和直接责任人的责任：

（一）日常监督督导教师职业道德行为不到位；

（二）师德失范问题排查发现不及时；

（三）对已发现的师德失范行为处置不力、方式不当或拒不处分、拖延处分、推诿隐瞒；

（四）对已作出的师德失范行为处理决定落实不到位，师德失范行为整改不彻底；

（五）多次出现教师职业道德失范行为问题或因失范行为引起不良社会影响；

（六）其他应当问责的失职失责情形。

第十一条　（制定与施行）本管理办法由【部门名称】制定，经教职工（代表）大会通过后，自发布之日起施行。

示例十一

家长委员会章程

第一章 总 则

第一条 为增进学校与学生家长之间的联系,推动学校与社会相互理解、良性互动,共创学校、学生良好的发展环境、促进学生的健康成长,特成立学校/幼儿园家长委员会(以下简称本委员会)。

第二条 本委员会的宗旨是坚持家校沟通与合作,让家长充分参与学校管理,有效体现家长对学校教育教学工作的建议权、参与权和监督权。

第三条 学校/幼儿园为本委员会的组成和会议召开提供指导和支持。

第二章 组 织

第四条 本委员会由在校学生家长或法定监护人组成,每班级推荐或选举一名委员。

(说明:家长委员会委员人数及选举方式,学校/幼儿园可结合本校实际情况,予以修改调整。)

第五条 本委员会委员应热爱祖国、拥护中国共产党领导、拥护社会主义制度、思想品德高尚、关心孩子健康成长、热心支持学校工作。

第六条 本委员会出现委员空缺时,由推荐或选举该委员的班级候补。

第七条 本委员会通过选举产生主任委员一名,副主任委员两名,秘书长一名。

主任委员负责本委员会日常工作,并负责召集和主持家长委员会会议。主任委员因故不能执行职务时,应委托一名副主任委员代理。

第八条 本委员会每届任期一学年,连任不得超过三届。

第三章 职 能

第九条 本委员会的职能包括但不限于:

1. 参与职能:积极参与学校教育教学管理,关心学校事业发展;
2. 配合职能:主动配合学校深化教学改革,强化学生素质教育;
3. 督促职能:督促学校全面贯彻教育方针,保证学生全面发展;
4. 沟通职能:沟通学校与家庭,加强学校和家长之间的联系。

第四章　权利和义务

第十条　本委员会协助学校召开家长会议，每学期开学后至少召开一次家长会议。

第十一条　本委员会每学期召开定期会议至少两次，由主任委员负责召集组织。

第十二条　本委员会原则上应有三分之二以上的委员出席开会，须获得与会人员半数以上通过方可形成决议。

第十三条　本委员会开会时，可邀请校方代表列席会议。

第十四条　本委员会权利如下：

1. 建议权：(1)有权对学校的办学思想、办学方向、教育教学质量、教师工作、行政管理等方面提出意见和建议。(2)有权向上级主管部门反映意见和建议，或代表家长提出具体诉求。(3)有对学校的各项规章制度进行质疑和提出修改意见的权利。

2. 监督权：(1)听取学校工作报告，审议学校工作计划，有权对学校各项工作提出咨询。(2)有权通过参与学校的重大活动或组织听课等，关心、了解学校工作，并作出适当的评价，实行必要的监督。(3)有权对学校工作人员进行监督，予以表彰和批评；(4)监督学校的各项收费。

3. 参与权：(1)参与学校重大事项、重大活动的筹备。(2)与学校共同举办学生家长参加的活动。(3)参与其他有助学校教学管理和学生在校学习生活的活动。

第十五条　本委员会义务如下：

1. 广泛征集家长对学校的意见和要求，定期召开家长会议，交流家庭教育的情况和经验。

2. 发挥家长与社会接触广泛、职业多样的优势，及时为学校教育提供信息，使学校不断拓宽教育渠道，调整教育对策。

3. 大力支持学校工作，为学校的重大教育、教学活动提供可能的帮助。力所能及地协助学校解决办学中的问题，向有关部门反映情况，争取支持，不断改善办学条件。

4. 配合学校用正确的教育思想、方法去引导家长。协调学校与社会、家庭的关系，使家庭教育、社会教育与学校教育相一致，增强教育的合力，为学校的发展营造良好的氛围。

5. 了解学生心理状态并及时向学校反馈，探讨如何使学校教育与家庭教育结合起来。

第五章　附　　则

第十六条　本委员会设联络人一名，由本委员会秘书长担任，联络人为本委员会与家长沟通联系的纽带和桥梁。

第十七条　本章程自本委员会通过之日起实施，解释权归本委员会。

示例十二

学校信息公开实施办法

第一章　总　　则

第一条　（目的与依据）为促进依法治校、依法治教，保障公民、法人和其他组织依法获取学校信息，根据《中华人民共和国教育法》、教育部《全面推进依法治校实施纲要》，参照《中华人民共和国政府信息公开条例》的有关规定，结合学校实际情况，制定本办法。

第二条　（信息定义）本办法所称信息，是指学校在开展办学活动过程中产生、制作、获取的以一定形式记录、保存的信息。

第三条　（领导部门）学校设信息公开工作领导小组（以下简称领导小组）作为信息公开工作的领导机构，负责统筹推进、协调、监督学校信息公开工作。领导小组由校长任组长，另设若干副组长，由相关校领导担任；其他成员由相关部门负责人担任。领导小组成员工作调整的，由继任者接任。

第四条　（工作部门及其职责）【部门名称】负责信息公开日常工作，其职责是：

（一）具体承办学校信息公开事宜；

（二）管理、协调、维护和更新学校公开的信息；

（三）统一受理、协调处理、统一答复向学校提出的信息公开申请；

（四）组织编制本校信息公开目录和信息公开工作年度报告，报请领导小组批准；

（五）协调对拟公开的学校信息进行保密审查；

（六）组织学校信息公开工作的内部评议；

（七）承担与学校信息公开工作有关的其他职责。

（说明：学校可结合本校职能部门设置情况自行确定具体部门负责信息公开日常工作。）

第五条　（监督部门）领导小组负责监督检查学校信息公开工作，受理和处理对信息公开工作的投诉，对信息公开工作提出整改意见。

第六条　（保密审查机制）学校建立信息发布保密审查机制，所有信息必须通过信息公开保密审查后方可公开。

第七条　（信息公开原则）信息公开工作坚持公正、公平、便民、法治原则，做到程序规范、公开的信息内容准确。

信息公开工作应当依法处理好保障公众知情权同保守国家秘密、维护学校利益、尊重个人隐私或商业秘密之间的关系。

第八条　（危害信息和虚假信息处理）公开信息不得危及国家安全、公共安全、经济安全、社会稳定和学校安全稳定。

【部门名称】发现不利于校园和社会稳定的虚假信息或者不完整信息的，应当在职责范围内及时发布准确信息予以澄清。

第二章　公开的内容与范围

第九条　（信息分类）学校信息分为主动公开、不予公开和依申请公开三类；主动公开信息的受众范围分为校内受众和社会受众。

第十条　（主动公开）学校下列信息应予以主动公开：

（一）学校章程、现行的规章制度、历史沿革、学校定位、办学规模、办学指导思想、办学特色、发展目标、校训、校风、校园环境风貌、校级领导、学校联系方式等；

（二）学校各职能部门的设置、职责及办公地点、联系方式；

（三）各类学生的招生政策、招生资格及招生计划、录取信息等；

（四）考试规程、纪律；

（五）学籍管理规定；

（六）评优、评先、学生奖学金和助学金的发放、学费减免等帮困助学情况等；

（七）教职工和学生申诉渠道和处理程序、重大违规事件调查和处理结果；

（八）学校收费项目、标准、依据等；

（九）物资设备采购招投标过程中的有关信息和招投标的结果，重大基本建设与维修工程的方案、招投标、进展情况、工程验收等；

（十）自然灾害等突发事件的应急处理预案、处置情况，涉及学校的重大事件的调查和处理情况；

（十一）法律、法规和规章规定需要主动公开的其他事项；

（十二）领导小组决定需要主动公开的其他信息。

【部门名称】通过编制《信息公开目录》，细化本条第一款规定的主动公开信息的范围，并根据需要及时建议更新。

对已主动公开的信息进行更新或者更正的，按照本办法第六条的规定进行保密审查和核准。

第十一条　（不予公开）下列信息不予公开：

（一）涉及国家秘密的信息；

（二）涉及商业秘密、个人隐私的信息，但权利人书面同意公开或者不公开可能对公共利益造成重大影响的除外；

（三）公开后可能危及国家安全、公共安全、经济安全或者社会稳定、校园稳定的信息；

（四）经上级主管部门、保密行政部门确定不予公开的信息；

（五）尚处于讨论、研究、审议或者审查过程中，如果公开明显将引起混乱、不公或者妨碍管理目的实现的信息；

（六）在学校教学、科研活动中产生的属于教师或者学校的知识产权，一旦公开将导致知识产权严重受损或者学校对第三人承担法律责任的信息，但权利人书面同意公开或者不公开可能对公共利益造成重大影响的除外；

（七）在学校为保密条款或者保密协议一方当事人时，根据保密条款或者保密协议约定应当保密的合同条款内容和相互提供的与订立、履行合同有关的信息，以及在不公开审理的仲裁案件中作出的裁决书和双方交换的证据材料，但各方当事人均书面同意公开或者不公开可能对公共利益造成重大影响的除外；

（八）法律、法规、规章明确规定不予公开的其他信息。

第十二条　（依申请公开）除本办法第十条、第十一条规定以外的信息，属于依申请公开的信息。

第三章　公开的方式和程序

第十三条　（主动公开的途径）学校对于主动公开的信息，采取符合其特点的以下一种或者几种方式予以公开：

（一）学校门户网站及相关网站；

（二）学校年鉴、会议纪要、简报等；

（三）学生手册、教师手册等文件汇编；

（四）校内外广播、电视、报纸、杂志等；

（五）信息公告栏、电子显示屏、触摸屏等；

（六）新闻发布会、记者招待会；

（七）教职工（代表）大会、学生代表大会、咨询会、听证会等会议；

（八）其他便于有权受众及时、准确获取信息的方式。

第十四条　（主动公开的期限）除法律、法规、规章另有规定外，本办法第十条所列信息，应当在其被制作或者为学校所获取后的20个工作日内予以公开。已经主动公开的信息的内容发生变更的，应当自变更之日起20个工作日内更新相关信息。法律、法规、规章对信息公开的期限另有规定的，从其规定。

学校及各部门的决策事项需要征求教职工、学生家长意见的，公开征求意见的期限不少于10个工作日。学校其他规范性文件规定了更长的征求意见时间的，从其规定。

第十五条　（申请公开）公民、法人或者其他组织可以根据自身教学、学习、科研、生产、生活等特殊需要，采用书面形式向【部门名称】申请获取信息。信息公开申请应当包括下列内容：

（一）申请人的姓名或者名称、联系方式；

（二）申请公开的信息的内容描述；

（三）申请公开的信息的形式要求；

（四）申请公开的目的和用途。

申请人向学校申请公开信息的，应当出示有效身份证件或者证明文件。

第十六条　（申请答复）对申请人的信息公开申请，学校根据下列情况在15个工作日内分别作出答复：

（一）所申请公开信息已经主动公开的，应当告知申请人获取该信息的方式和途径。

（二）所申请公开信息属于公开范围的，向申请人提供该信息。

（三）属于不予公开范围的，应当告知申请人并说明理由。

（四）不属于本校职责范围的或者该信息不存在的，应当告知申请人，对能够确定该信息的职责单位的，应当告知申请人该单位的名称、联系方式。

（五）申请公开的信息含有不应当公开的内容但能够区分处理的，应当告知申请人并提供可以公开的信息内容，对不予公开的部分，应当说明理由。

（六）申请内容不明确的，应当告知申请人作出更改、补充；申请人逾期未补正的，视为放弃本次申请。

（七）同一申请人无正当理由重复向学校申请公开同一信息，学校已经作出答复且该信息未发生变化的，应当告知申请人，不再重复处理。

（八）学校根据实际情况作出的其他答复。

除【部门名称】外，各部门不得以学校或者其自身的名义，擅自受理、答复申请人向学校提出的信息公开申请。

第四章　监督和保障

第十七条　（监督检查）领导小组对学校信息公开工作进行监督检查，监督检查时可以邀请教师代表、学生代表和家长代表参加。

第十八条　（监督范围）信息公开的监督检查的范围包括：

（一）信息公开年度工作报告的情况；

（二）网站建设情况；

（三）信息公开的内容、方式和程序是否符合本办法的规定；

（四）与信息公开内容相关的文件、资料的整理情况；

（五）是否建立了有效的信息公开工作制度和工作机制；

（六）执行本办法的其他情况。

第十九条　（举报）公民、法人和其他组织认为学校或者部门未按照法律、法规、规章和本办法的规定履行信息公开义务的，可以向领导小组举报；领导小组应当及时处理，并以适当方式向举报人告知处理结果。

未经举报人书面同意，领导小组不得泄露举报人的身份信息。

第二十条　（评议）领导小组可以定期聘请教师、学生和家长对各部门信息公开工作进行评议，并及时将评议结果在学校网站或信息公告栏予以公布。

未经评议人书面同意，领导小组不得泄露可以据以推测评议人评议意见的有关信息。

第二十一条　（年度报告）【部门名称】每年【8】月底前编制并公布上一学年学校信息公开工作年度报告，并报送领导小组备案。

学校信息公开工作年度报告应当包括下列内容：

（一）主动公开情况；

（二）不予公开情况；

（三）依申请公开情况；

（四）因信息公开被申请行政复议、提起行政诉讼的情况；

（五）信息公开工作存在的主要问题及改进情况；

（六）其他需要报告的事项。

第二十二条　(责任追究)违反法律、法规、规章和本办法规定,有下列情形之一的,由领导小组对责任人进行谈话提醒并要求限期整改;情节严重或者影响恶劣的,由领导小组予以通报批评:

(一)不履行信息公开义务;

(二)不及时更新公开的信息内容、信息公开目录;

(三)公开不应当公开的信息;

(四)在信息公开工作中隐瞒或者捏造事实;

(五)通过其他组织、个人以有偿服务方式提供信息;

(六)违反有关法律、法规、规章和本办法规定的其他行为。

上述行为侵害当事人合法权益,致使学校对当事人承担民事责任的,或者导致学校被上级主管部门责令改正或者通报批评的,或者行为人构成犯罪,被国家司法机关依法追究刑事责任的,均属于情节严重、影响恶劣。

第五章　附　　则

第二十三条　(制度统一性)本办法实施前公布实施的校内规则与本办法规定不一致的,以本办法的规定为准。本办法未尽事宜按照法律法规及上级文件政策执行。如有抵触,以法律法规及上级文件政策为准。

第二十四条　(本办法解释)本办法由【部门名称】负责解释。

第二十五条　(本办法审议通过程序与施行日期)本办法由【部门名称】制定,经【部门/组织名称】审议后公布,自【　　】年【　】月【　】日起施行。

附　信息公开申请表

附

信息公开申请表

<table>
<tr><td rowspan="10">申请人信息</td><td rowspan="5">公民</td><td>姓名</td><td></td><td>工作单位</td><td></td></tr>
<tr><td>证件名称</td><td></td><td>证件号码</td><td></td></tr>
<tr><td>联系电话</td><td></td><td>邮政编码</td><td></td></tr>
<tr><td>电子邮箱</td><td colspan="3"></td></tr>
<tr><td>联系地址</td><td colspan="3"></td></tr>
<tr><td rowspan="5">法人/
其他组织</td><td>名称</td><td></td><td>统一社会
信用代码</td><td></td></tr>
<tr><td>法定代表人</td><td></td><td>联系人姓名</td><td></td></tr>
<tr><td>联系人电话</td><td></td><td>邮政编码</td><td></td></tr>
<tr><td>电子邮箱</td><td colspan="3"></td></tr>
<tr><td>联系地址</td><td colspan="3"></td></tr>
<tr><td rowspan="5">所需信息情况</td><td>信息公开义务机构名称</td><td colspan="4">【学校名称】</td></tr>
<tr><td>所需信息的内容描述（名称、文号或其他特征描述）</td><td colspan="4"></td></tr>
<tr><td>获取信息的方式</td><td colspan="4">□邮寄　□当面领取　□现场查阅　□电子邮件</td></tr>
<tr><td>信息的载体</td><td colspan="4">□纸质文本　□数据电文</td></tr>
<tr><td>所需信息的用途</td><td colspan="4">类型:□自身生产的需要　□自身生活的需要
□自身科研的需要　□查验自身信息</td></tr>
<tr><td colspan="6">特别申明:本人承诺本表格所填写的各项内容均准确无误,愿意承担可能出现的有关法律责任。
申请人签名(盖章):
申请时间:　　年　月　日</td></tr>
</table>

示例十三

学校监控系统管理制度

第一章　总　　则

第一条　为进一步加强本校监控系统管理,确保监控系统的正常使用、安全运作和规范高效运行,充分发挥监控系统的安全保障作用,特制定本管理制度。

第二条　本管理制度所指监控系统指学校范围内投入使用的监控系统,包括但不限于监控设备、传输设备、存储设备、控制及显示设备。

第二章　管理准则

第三条　严禁擅自开发、删除、修改、升级、安装影响监控系统正常运行和安全的程序或软件;不得无故中断监控系统。

第四条　严禁擅自改变监控系统的用途。

第五条　监控设备录制的资料应妥善保存,严禁删改、破坏原始视频影像和其数据备份。

第六条　涉及学校安全、秘密和教职工、学生个人肖像权、隐私权等人格权利的视频影像和数据备份,应当严格保密。严禁擅自查阅、复制、提供、传播、使用或向有司法、行政执法职权的国家机关以外的其他单位或个人提供原始视频影像或其数据备份。

第三章　工作人员与工作职责

第七条　为了及时有效开展监控系统管理相关工作,特成立了学校监控系统领导小组(以下简称监控领导小组),主要成员为:

组长:校长。

组员:校园安全工作负责人、监控室值班人员等。

(提示:学校可根据教职工的具体职务和分工酌情安排。)

监控领导小组各成员应当明确分工,责任落实到个人,切实落实好校园监控的管理。

第八条　教育教学监控系统(包括教室、会议室等)由校长负责管理;学校其他公共部位或场所监控系统(包括操场、楼道、食堂、活动室、保健室等)由校园安全工作负责人负责管理。

第九条　监控室实行专人值班制度。值班人员必须遵守值班时间,不得迟到、早退,不得擅自换岗;严禁脱岗、睡觉、酒后上岗;不得在监控室内进行娱乐活动。

第十条 监控室值班人员应保持监控室的清洁卫生,严禁在监控室吸烟、使用明火及违章电器;严禁在监控室存放杂物和个人物品;严禁携带易燃、易爆、有毒的物品进入监控室。

第十一条 监控室值班人员应注意监控系统各项设备的防尘、防潮和防腐,为监控系统设备正常运行提供适宜的环境。

第十二条 监控室值班人员应严禁擅自改变监控系统的位置,严禁干扰、妨碍监控系统的正常运行。

第十三条 监控室值班人员严禁他人进入监控室。监控系统维修人员需进入监控室的,监控室值班人员应主动报告校园安全工作负责人,经批准后方可进入。监控室值班人员应及时做好工作记录。

第十四条 监控室值班人员应熟练掌握各种情况的处置方案,全面保证各项设备的正常运作。

第十五条 监控室值班人员必须具有安全防范意识。监控室值班人员不得私自向他人外泄监控录像内容,不得在监控室以外的场所议论监控录像内容。

第十六条 监控室值班人员应当每日检查监控系统设备运行状况,并做好相关记录。若发现故障,应及时请专业人员进行维修,做好维修或报修记录,并向有关领导报告。

第四章 监控录像调阅准则

第十七条 监控调阅实行权限管理,校长拥有监控调阅的最终审批权。如申请调阅的监控录像与公安部门、消防部门、市场监管局等政府部门联网的,校长在审批时须事先征求有关部门的意见。

第十八条 监控调阅实行密码保密管理,调阅密码严禁泄露。校内教育教学(包括教室、会议室等)监控调阅密码由校长保管,其他公共部位或场所(包括操场、楼道、食堂、活动室、保健室等)监控调阅密码由校园安全工作负责人保管。

第十九条 监控调阅分为内部调阅和外部调阅,均实行申请登记审批制度。

第二十条 内部调阅适用于学校管理人员为查明其管理职责内的事情发生经过查看监控录像的情形。

调阅前,调阅人应填写《监控录像调阅申请表》,并逐级上报领导,获校长签字同意方可进行调阅。

调阅时,由监控室值班人员操作监控设备,由监控调阅密码保管人输入密码。学校安排一名监控领导小组成员在场监督,查阅监控录像时,严禁在场人员拍照、录音录像。

调阅完毕后，监控领导小组成员应及时填写《监控录像调阅情况记录表》。

第二十一条　外部调阅适用于家长或校外人员因其本人或被监护人相关权益受到侵害时查看监控录像的情形。

调阅前，调阅人应填写《监控录像调阅申请表》，并由校方逐级审批，获校长签字同意方可进行调阅。

调阅时，由监控室值班人员操作监控设备，由监控调阅密码保管人输入密码。学校安排一名监控领导小组成员并邀请校外法治辅导员在场监督，查阅监控录像时，严禁在场人员拍照、录音录像。

调阅完毕后，监控领导小组成员应及时填写《监控录像调阅情况记录表》。

第二十二条　外部调阅时，监控领导小组成员应当将注意事项告知调阅人，要求调阅人务必遵守学校管理制度，必要时应形成书面教育材料，并要求调阅人在书面材料上签字。

第二十三条　至少二名享有特定司法、行政执法职权的国家工作人员，持本人的工作证并携带国家机关出具的调查取证通知书或单位介绍信，方可调阅监控录像。

调阅完毕后由监控领导小组成员填写《监控录像调阅情况记录表》，并将调查取证通知书或单位介绍信附后。

第二十四条　学校应安排专业技术人员及时调取被申请调阅或经过调阅的原始视频影像及其数据备份，交由校园安全工作负责人保管，保存期限不短于【3】年。

第五章　法 律 责 任

第二十五条　违反本管理制度的，按严重违反学校规章制度处理。如涉嫌违法犯罪的，移送公安机关依法处理。

第六章　附　　则

第二十六条　本制度经本校【校务会议】审议通过后生效。【校长办公室】负责本管理制度的解释和修订。

第二十七条　本管理制度自公布之日起执行。

＿＿＿＿＿＿学校

日期：　　年　月　日

附一　监控录像调阅申请表

附二　监控录像调阅情况记录表

附一

监控录像调阅申请表

<table>
<tr><td colspan="2">申请日期</td><td colspan="3"></td></tr>
<tr><td colspan="2">申请人姓名</td><td></td><td>电话</td><td></td></tr>
<tr><td colspan="2">身份证号</td><td></td><td>地址</td><td></td></tr>
<tr><td rowspan="2">申请调阅内容</td><td>拍摄地点</td><td></td><td>日期及时间段</td><td></td></tr>
<tr><td>事由</td><td colspan="3"></td></tr>
<tr><td colspan="2">告知事项</td><td colspan="3">监控录像涉及学校安全秘密和教职工、学生肖像权、隐私权、个人信息等人格权利，调阅时严禁复制、翻拍；擅自复制、翻拍或向任何第三方泄露的，学校保留追究法律责任的权利。</td></tr>
<tr><td colspan="2">申请人承诺</td><td colspan="3">本人承诺遵守上述告知事项，如有违反，愿意承担法律后果。
申请人签字：
日期：</td></tr>
<tr><td colspan="2">备注</td><td colspan="3"></td></tr>
<tr><td colspan="2">校长审批意见</td><td colspan="3">同意与否：
签字：
日期：</td></tr>
</table>

附二

监控录像调阅情况记录表

调阅日期		调阅者	
监控录像拍摄地点及时间段			
调阅事由			
备注			
签字	调阅人签字： 在场人签字： 日期：		

示例十四

校内纠纷协商调处办法

第一条 （目的与依据）为了有效预防和及时化解校园内矛盾纠纷，保障学校、教职工和学生合法权益，构建和谐家校关系、创建平安校园，为学校的教学工作及学生的学习营造安定有序的环境，特依据《全面推进依法治校实施纲要》的要求，建立制定本办法。

第二条 （基本原则）校内纠纷协商调处的基本原则

（一）合法、公正、及时组织进行协商调处。

（二）在充分协商的基础上，依据法律、法规、规章和政策进行调解；法律、法规、规章和政策没有规定的，依据社会主义道德规范进行调解。

（三）在双方当事人平等协商、互谅互让、合理合法、自愿平等的基础上协商一致，达成调解协议。

第三条 （适用范围）本办法所称校内纠纷，指发生在本校的或因本校日常教学管理工作所引起的，包括：

（一）教师、学生与学校之间的纠纷；

（二）教师与学生之间的纠纷；

（三）教师之间、学生之间的纠纷；

（四）学校与其他公民、法人、社会团体之间的纠纷。

本校校内纠纷依据本办法进行调处，但法律、法规规定由专门机关处理的或法律、法规规定禁止采用民间调解方式解决的纠纷以及人民法院、公安机关或其他行政机关已经受理或解决的纠纷除外。

第四条 （领导机构）为做好校内纠纷协商调处工作，本校成立校内纠纷协商调处委员会（以下简称调处委员会），负责领导和组织校内纠纷协商调解工作。

调处委员会由本校校长、基层党组织负责人、工会负责人、人事工作负责人、法治副校长组成。

调处委员会设调处委员会秘书1名，负责校内纠纷调处的联络、资料管理、文书等辅助工作。

第五条 （实施机构）当发生校内纠纷时，调处委员会依据本办法组成校内纠纷协商调处小组（以下简称调处小组），由调处小组具体负责该校内纠纷的协商、调解、处理。

调处小组由 1 名调处委员会成员和 2 名校内纠纷调处人员组成，调处委员会成员担任调处小组组长。

第六条 （实施机构职责）调处小组的职责

（一）依法组织纠纷双方当事人协商、调解、处理校内纠纷；

（二）通过协商调解，促成纠纷双方达成调解协议，预防和化解校内纠纷；

（三）宣传、解释相关政策法规，引导纠纷双方采用合理合法的方式维护自身合法权益。

第七条 （调处人员）调处委员会在以下范围内选聘校内纠纷调处人员，编制本校校内纠纷调处人员名录：

（一）本校退休教师；

（二）本校教职工代表大会代表；

（三）本校家长委员会成员；

（四）本校学生代表大会代表；

（五）社区未成年人保护工作人员、分管校警、本校法律顾问；

（六）教育行政部门和司法行政机关的退休工作人员、法官等熟悉法律政策、具有调解经验的人员。

校内纠纷调处人员应当熟悉相关政策法规，具有一定法律知识，为人正派，办事公道。

第八条 （调处程序）校内纠纷按照下列程序进行调处：

（一）当发生校内纠纷后，由调处委员会根据纠纷性质、当事人身份等情况，确定调处小组组长、在校内纠纷调处人员名录中选派调处人员，在 2 日内组成调处小组；

（二）调处小组分别向双方当事人询问纠纷的事实和情节，了解双方的要求及其理由，根据需要向有关方面调查核实，做好调解前的准备工作；

（三）调处小组组织并听取双方当事人陈述事实、申辩理由，并做好笔录；

（四）调处小组召开调解会议，根据双方当事人的意愿，提出调解建议；

（五）经调解达成协议的，调处小组起草《协议书》，写明双方当事人的基本情况、争议事实和协议内容，并由双方当事人签名或者盖章。

第九条 （调处工作要求）调处小组开展校内纠纷调处工作，应当在查明事实、分清责任的基础上，根据当事人的特点和纠纷性质、难易程度、发展变化的情况，采取灵活多样的方式方法，开展耐心、细致的说服疏导工作，促使双方当事人互谅互让，消除隔阂，引导、帮助当事人达成解决纠纷的调解协议。

调处小组调处校内纠纷，应当密切注意纠纷激化的苗头，通过调解活动防止纠纷激化。

第十条 （调处完成）经调处小组调解达成《协议书》，并由双方当事人在《协议书》中签字或者盖章的，即为调处完成。

《协议书》具有民事合同性质，对双方当事人均具有法律效力。

第十一条 （调处文书）经调处小组调解达成的《协议书》应载明下列事项：

（一）双方当事人基本情况；

（二）纠纷简要事实、争议事项及双方责任；

（三）双方当事人协议约定的内容；

（四）履行协议的方式、地点、期限；

（五）当事人签名。

《协议书》一式三份，纠纷双方当事人各执一份，调处委员会留存一份。

第十二条 （调处期限）调处小组调处校内纠纷，应当自争议发生之日起30日内调处完毕。调处期满，当事人双方未达成协议的，视为调处不成。

第十三条 （调处不成及处理）调处不成或者达成调解协议后一方当事人在约定的期限内不履行调解协议的，调处委员会应当做好记录，并指引双方当事人通过合法途径依法主张权益。

第十四条 （代理）未满18周岁的学生作为校内纠纷一方当事人的，该学生参与校内纠纷调处的任何环节，均应由其法定代理人在场。经调处小组调解达成《协议书》的，应由该学生的法定代理人代表该学生签名。

第十五条 （代表）学校作为校内纠纷一方当事人的，由本校校长代表学校参加调处。

第十六条 （回避）调处小组开展校内纠纷调处工作，实行回避制度。

校内纠纷的当事人或者当事人近亲属，或与校内纠纷有直接利害关系，不得担任该校内纠纷的调处小组成员。调处小组成员应当自行申请回避，校内纠纷当事人也可以口头或书面申请其回避。

本校作为校内纠纷一方当事人的，本校校长不得担任调处小组成员。

第十七条 （登记和归档）调处委员会应当做好校内纠纷调处的登记和档案管理工作。

第十八条 （调处保障）调处委员会、调处小组从事校内纠纷调处活动，本校提供办公场所，保障必要工作经费。

第十九条 （制定程序）本办法由【部门名称】制定，经【部门/组织名称】审议通过后公布实施。

第二十条　（解释部门）经学校授权，【部门名称】负责本办法的解释。

第二十一条　（本办法施行日期）本办法自【　　】年【　】月【　】日起施行。

示例十五

中小学知识产权管理办法

第一章　总　　则

第一条　为了加强我校知识产权保护和管理，规范我校师生、工作人员在知识产权方面的行为，鼓励教职工、学生发明创造和智力创作的积极性，根据《中华人民共和国专利法》《中华人民共和国著作权法》《中华人民共和国商标法》等知识产权法律法规，制定本办法。

第二条　本办法所称的知识产权是指我国现行法律、法规所涵盖的知识产权。包括但不限于：

（一）专利权；

（二）著作权及其邻接权；

（三）商标权；

（四）未公开信息专有权（包括技术秘密和商业秘密）；

（五）其他国家法律、法规所规定或依法由合同约定归属于学校的知识产权。

第三条　本办法中的教职工是指我校任职的教师、职员、临时聘用人员、实习人员，以及来我校的访问学者、进修人员等。

第二章　知识产权管理

第一节　组 织 管 理

第四条　我校建立知识产权专门的管理机构，配备专职工作人员，管理全校的知识产权工作，处理知识产权管理的日常事务。具体如下：

（一）拟定知识产权工作规划并组织实施；

（二）拟定支持产权政策文件并组织实施，包括知识产权质量控制，知识产权运用的策划与管理等；

（三）提出知识产权绩效评价体系的方案；

（四）建立知识产权资产清单和知识产权资产评价及统计分析体系，提出知识产权重大资产处置方案；

（五）审查合同中的知识产权条款，防范知识产权风险；

（六）负责知识产权日常管理，包括知识产权培训，知识产权信息备案，知识产权外部服务机构遴选、协调、评价工作等。

第五条　我校可聘请外部专业服务机构，并承担以下职责：

（一）受知识产权管理机构委托，提供知识产权管理工作的服务支撑；

（二）为知识产权重大事务、重大决策提供服务支撑；

（三）受知识产权管理机构委托，建设、维护知识产权信息管理平台，承担知识产权信息利用培训和推广工作；

（四）承担知识产权信息及其他数据文献情报收集、整理、分析工作。

第六条　我校根据知识产权管理需要，可聘请有关专家为我校的知识产权顾问，为知识产权重大事务提供决策咨询意见。

第二节　资源管理

第七条　在人事合同中应明确知识产权内容，包括：

（一）在劳动合同、聘用合同、劳务合同等各类合同中约定知识产权权属、奖励报酬、保密义务等；明确发明创造人员享有的权利和承担的义务，保障发明创造人员的署名权；明确教职工造成知识产权损失的责任。

（二）对新入职教职工进行适当的知识产权背景调查，形成记录；对于与知识产权关系密切的岗位，应要求新入职教职工签署知识产权声明文件。

（三）对离职、退休的教职工进行知识产权事项提醒，明确有关职务发明的权利和义务；涉及核心知识产权的教职工离职、退休时，应签署知识产权协议，进一步明确约定知识产权归属和保密责任。

第八条　建立激励与评价机制，包括：

（一）建立符合知识产权工作特点的职称评定、岗位管理、考核评价制度，将知识产权工作状况作为对相关知识产权管理机构以及教职工进行评价、科研资金支持的重要内容和依据之一；

（二）建立职务发明奖励报酬制度，依法对发明人给予奖励和报酬，对为知识产权运用作出重要贡献的人员给予奖励。

第九条　加强信息资源的知识产权管理：

（一）建立信息收集渠道，及时获取知识产权信息；

（二）对知识产权信息进行分类筛选和分析加工，并加以有效利用；

（三）明确涉密信息，规定保密登记，期限和传递、保存、销毁的要求；

（四）建立信息披露的知识产权审查机制，避免出现侵权知识产权情况或造成知识产权流失。

第三节　其他知识产权管理

第十条　加强合同中的知识产权管理，包括：

（一）对合同中的有关知识产权的条款进行审核；

（二）检索与分析、申请、诉讼、管理咨询等知识产权对外委托业务应签订书面合同，并约定知识产权权属、保密等内容；

（三）明确参与知识产权联盟、协同创新组织等情况下的知识产权归属、许可转让及利益分配、后续改进的权益归属等事项。

第十一条　加强知识产权风险管理，主动维护自身权益，包括：

（一）及时发现和监控知识产权风险，制定有效的风险规避方案，避免侵犯他人知识产权；

（二）及时跟踪和调查有关知识产权被侵权的情况，建立知识产权纠纷应对机制；

（三）在应对知识产权纠纷时，评估通过行政处理、司法诉讼、仲裁、调解等不同处理方式对学校产生的影响，选取适宜的争议解决方式，适时通过行政和司法途径主动维权；

（四）加强学术交流中的知识产权管理，避免知识产权流失。

第十二条　加强其他方面的知识产权管理，包括：

（一）规范校名、校标、校徽、域名及服务标记的使用，需要商标保护的应及时申请注册；

（二）建立非职务发明知识产权申请前登记工作机制；

（三）规范著作权的使用和管理，加强论文和设计的查重检测工作，明确教职工在发表论文时标注主要参考文献、利用国家重大科研基础设施和大型科研仪器情况的要求。

第十三条　涉及国家机密的科技成果，按照国家科技保密的有关规定进行管理。

第四节　知识产权申请

第十四条　我校教职工、师生完成的智力成果、发明创造，申请著作权以及专利权应按下列程序：

（一）知识产权属于创作者的，在我校知识产权管理机构的指导下，可自行申请或自行联系有资质的专业代理机构。

（二）知识产权属于学校的，创作者、发明人应填写《×××××知识产权申请审批表》，由我校知识产权管理机构进行可行性评估、权属审核、备案之后，在5个工作日内将审核结果通知创作者、发明人。

（三）学校可以自行申请知识产权，或联系有资质的专业代理机构办理。

（四）我校知识产权管理机构应将关于申请知识产权的相关文书原件及时归档。

第十五条　以我校名义申请商标权的，应按下列程序：

（一）由我校知识产权管理机构联系有资质的专业代理机构，配合机构完成商标权的申请。

（二）我校知识产权管理机构应将关于申请商标权的相关文书原件及时归档。

第三章　知识产权归属

第十六条　我校教职工承担学校和各级政府委托的科研项目和技术开发任务，主要利用我校经费、物资、设备等条件完成的科研成果、发明创造和作品等，系我校的职务成果、职务发明和职务作品，知识产权归我校所有，完成人依法享有在有关文件和作品上署名以及获得奖励和报酬的权利；以我校名义申请注册的商标、校标以及其他服务性标记，我校依法享有其商标权。

第十七条　在执行学校等科研等工作任务过程中所形成的信息、资料等技术秘密属于我校所有。涉及国家安全或国家重大利益的，属于国家科学技术秘密的，应按照国家有关规定办理。

第十八条　我校派遣出国访问、进修、留学及开展合作项目研究的人员，对其在校已进行的研究，而在国外可能获得的知识产权，出国以前应当与学校签订协议，确定知识产权的归属。

第十九条　我校教职工、学生利用学校的资源与我校以外的单位进行合作研究、开发或受我校以外的单位委托进行研究、开发时，必须签订合同以明确约定知识产权的归属。

第二十条　我校的离职、退休、停薪留职、辞职、辞退以及调离的人员，在离开岗位一年内申请的专利权，与其在校承担的本职工作或者学校分配的任务有关的作品，其知识产权归学校所有。

第四章 知识产权转让、许可

第二十一条 资产是指学校依法直接支配的各类经济资源,包括流动资产、固定资产、在建工程、无形资产、对外投资、文物文化资产等。无形资产是指不具有实物形态而能为使用者提供某种权利的资产,包括专利权、商标权、著作权、土地使用权、非专利技术以及其他财产权利。学校转让无形资产取得的收入、取得无形资产发生的支出,应当按照国家有关规定处理。

如涉及外国主体,协议双方应当考虑法律适用、税费、合同语言效力、保密等条款的订立。如涉及技术进出口情况,应符合我国相关法律法规的规定。如涉及外国许可或转让知识产权,应按照《知识产权对外转让有关工作办法(试行)》(国办发〔2018〕19号)等有关法律法规执行。

第二十二条 我校鼓励知识产权有偿转让、许可,以及校企合作项目。

第二十三条 在知识产权许可或转让时,应遵循下列要求:

(一)许可或转让前确认知识产权的法律状态及权利归属,确保相关知识产权的有效性;

(二)调查被许可方或受让方的实施意愿,防止恶意申请许可与购买行为;

(三)许可或转让应签订书面合同,明确双方的权利和义务;

(四)监控许可或转让过程,包括合同的签署、备案、变更、执行、中止与终止,以及知识产权权属的变更等,预防与控制交易风险。

第二十四条 在利用知识产权作价投资时,应遵循下列要求:

(一)调查合作方的经济实力、管理水平、生产能力、技术能力、营销能力等实施能力;

(二)对知识产权进行价值评估;

(三)明确收益方式和分配比例。

第二十五条 学校教职工申请非职务专利、著作权后进行转让和许可的,应接受学校知识产权管理机构审核。对于符合非职务条件的,学校可以出具相应的证明。

第二十六条 在校企合作项目中,学校应创新对接合作方式,运用信息化等手段建立完善的校企对接常态化机制,降低对接成本,提升对接效率,促进协同创新。

第二十七条 学校应当建立健全资产管理制度,明确资产使用人和管理人的岗位责任,按照国家规定设置国有资产台账,加强和规范资产配置、使用和处置管理,维护资产安全完整,提高资产使用效率。涉及资产评估的,按照国家有关规定执行。

学校应当汇总编制学校行政事业性国有资产管理情况报告。

学校应当定期或者不定期对资产进行盘点、对账。出现资产盘盈盘亏的，应当按照财务、会计和资产管理制度有关规定处理，做到账实相符和账账相符。

学校对需要办理权属登记的资产应当依法及时办理。

第五章　法律责任

第二十八条　学校教职工、学生以及本办法所述人员，均有保护学校知识产权的义务，任何人不得采用不正当手段擅自将学校的知识产权泄露、使用、许可或转让。

第二十九条　违反本规定，剽窃、篡改、骗取、假冒校内外知识产权的，学校责令其立即改正，退还非法所得，并建议有关部门取消其因此获得的荣誉、待遇和奖励；擅自转让、变相转让以及许可使用学校的知识产权，或造成学校知识产权流失和损失的，学校将对责任人员给予相应的行政处分；给学校造成经济损失的，由责任人员依法进行相应的赔偿；触犯法律的，学校将依法追究其法律责任。

第六章　附　　则

第三十条　本办法由【　　】解释并组织实施。

第三十一条　本办法自【　　】年【　】月【　】日起实施。

示例十六

学校个人信息保护管理办法

第一章　总　　则

第一条　（目的与依据）为规范本校对个人信息的处理，明确本校对个人信息保护的管理要求，避免个人信息处置不当造成师生、学院及其他相关部门、人员利益受损，按照《中华人民共和国个人信息保护法》《中华人民共和国网络安全法》等法律法规要求，根据《信息安全技术　个人信息安全规范》（GB/T 35273—2020）及公安部《互联网个人信息安全保护指南》，特制定本办法。

第二条　（适用范围）本办法适用于本校在教学管理中所涉及的个人信息

采集、存储、使用、共享、公开及删除等各环节。为满足学校教学及校务管理需求，且符合国家及相关主管部门在学籍、教务、人事、财务、档案、设备、资产管理等方面的法律法规及规章制度要求时，可依照本办法处理校内师生的个人信息，校内师生有义务提供相关个人信息。

第三条　（个人信息的范围）根据国家法律法规和国家标准，本办法中个人信息是指以电子或者其他方式记录的能够单独或者与其他信息结合识别特定自然人身份或者反映特定自然人活动情况的各种信息。

个人信息中的敏感个人信息指一旦泄露或者非法使用，容易导致自然人的人格尊严受到侵害或者人身、财产安全受到危害的个人信息，包括如下信息：

1. 生物识别、宗教信仰、特定身份、医疗健康、金融账户、行踪轨迹等信息；

2. 不满十四周岁未成年人的个人信息；

3. 其他可能导致自然人的人格尊严受到侵害或者人身、财产安全受到危害的个人信息。

第四条　（个人信息保护原则）个人信息保护应遵循如下原则：

1. 合法原则：不得违反相关法律、法规的规定。

2. 最小必要原则：在满足学校日常教学、管理必要需求前提下，在最小范围内采集、存储、使用个人信息，对于个人信息的处理采用最小操作权限划分，不得超范围处置个人信息。

3. 安全原则：应采用必要的安全技术措施和管理手段，保障个人信息的完整性、保密性及安全性，避免个人信息泄露、损毁和丢失。

4. 知情同意原则：对教学及校务管理中使用到的个人信息，依法依规进行采集和使用；其他信息化应用中使用的个人信息，应明确告知相关个人和（或）其法定监护人，并由个人和（或）其法定监护人自愿同意后，方可使用。

第二章　责任分工

第五条　（责任主体）个人信息保护工作由【岗位职务】负责领导，由【岗位职务】负责组织实施、监督检查，【校务管理部门】负责落实教师的个人信息安全保护工作，各班主任负责具体落实本班学生的个人信息安全保护工作。

第六条　教师在学生管理中对涉及学生敏感个人信息、私密信息的内容，使用完毕后应及时删除；教师在家校群与家长交流过程中对涉及学生或家长敏感个人信息、私密信息的内容，使用完毕后应及时删除。

第七条　【校务管理部门】在教师管理中对涉及教师敏感个人信息、私密信息的内容，使用完毕后应及时删除。

第八条 （个人在个人信息处理活动中的权利）校内师生个人对其个人信息的处理享有知情权、决定权，有权限制或者拒绝他人对其个人信息进行处理；法律、行政法规及其他相关法律规定另有规定的除外。

第三章　个人信息的采集、存储、使用、共享、公开与删除

第九条 （信息采集）因教学和校务管理需要，学校向学生和家长进行个人信息采集，应当限于实现处理目的的最小范围，不得过度收集个人信息。师生个人信息如发生变更或采集的数据有误，可提出更新申请，学校应提供方便、快捷的信息更新渠道，保证及时更新个人信息。

在校园内或教室安装图像采集、个人身份识别设备，应当为维护校内及学校周边公共安全所必需，遵守国家有关规定，并设置显著的提示标识。所收集的个人图像、身份识别信息只能用于维护公共安全的目的，不得用于其他目的；取得个人单独同意的除外。

第十条 （信息储存）学校采集到的个人信息，按需存储在相关的业务系统数据库中，做好数据备份并妥善保管，避免个人信息的泄露、损坏或丢失。

第十一条 （信息使用）学校在使用个人信息时应严格遵循前款所述的合法原则、最小必要原则、安全原则和知情同意原则；学校对个人信息负有保密责任，严禁未经授权对外提供个人信息。

第十二条 （向他人提供个人信息）学校向其他个人信息处理者提供其处理的个人信息的，应当向师生告知接收方的名称或者姓名、联系方式、处理目的、处理方式和个人信息的种类，并取得师生本人的同意。接收方应当在上述处理目的、处理方式和个人信息的种类等范围内处理个人信息。接收方变更原先的处理目的、处理方式的，应当重新取得本人同意。

第十三条 （敏感个人信息处理）处理敏感个人信息应当取得本人的同意；法律、行政法规规定处理敏感个人信息应当取得书面同意的，从其规定。

处理不满十四周岁未成年人个人信息的，应当取得未成年人的父母或者其他监护人的同意。

第四章　附　　则

第十四条 （制度统一性）本办法实施前公布实施的校内规定与本制度规定不一致的，以本制度的规定为准。本制度未尽事宜按照法律法规及上级文件政策执行。如有抵触，以法律法规及上级文件政策为准。

第十五条 （制定和生效）本办法由【部门名称】制定/修订，经【部门/组

织】审议通过后公布，自【　　】年【　】月【　】日起施行。

第十六条　（制度解释）本办法由【部门名称】负责解释。

示例十七

学校档案管理办法

第一章　总　　则

第一条　（目的与依据）档案工作是依法治校的基础性工作，是学校管理的重要组成部分。为了进一步加强学校档案事业的建设，加强学校内档案的依法科学管理，更好地适应校园改革和发展的需要，根据《中华人民共和国档案法》《中华人民共和国档案法实施条例》等法律法规，结合本校实际情况，制定本办法。

第二条　（档案的定义）本办法所称的学校档案（以下简称档案），是指学校从事招生、教学、科研、管理等活动直接形成的对学生、学校和社会有保存价值的各种文字、图表、声像等不同形式、载体的历史记录。

第三条　（职能部门）【部门名称】是主管全校档案工作的职能部门，负责管理学校档案，并指导学校各部门文件材料的管理，对全校档案工作进行监督和指导。

校内各部门负责人是本部门档案工作的首要负责人。各部门应当成立档案工作小组，配备专（兼）职档案员，建立和完善本部门的档案工作制度，做好本部门档案的收集、整理和归档工作。

第四条　（档案管理的保障）学校为加强对档案工作的领导，把档案工作纳入学校的发展规划、工作计划和有关管理制度，列入有关人员的工作职责和考核范围，提供条件，落实责任，严格督查，保障档案工作有效开展。

第五条　（档案管理原则）学校档案管理工作应努力实现从经验管理向科学管理转变，从分散管理向集中管理转变。注重电子档案的建设，学校应逐步建立教学档案数据库，并将其纳入全校信息系统统一管理和使用。

第六条　（推进档案现代化管理）学校应当积极推进档案现代化管理，建立档案信息管理系统，逐步实现档案数字化和网络化管理。

第七条　（档案管理经费）学校应当将档案管理工作所需经费列入学校预算，保证档案工作的需求。有条件的学校应当为档案机构提供专用的、符合档案管理要求的档案库房。

第二章　归　　档

第八条　(归档制度)学校实行档案材料形成部门立卷的归档制度。全校性、综合性的材料由学校办公室立卷归档,其余材料按门类由形成部门立卷归档。材料形成涉及二个以上部门的,由主要部门立卷归档。

第九条　(归档范围)学校应当对纸质文件材料和电子文件材料同步归档。文件材料可按照以下类别进行分类归档:

(一)党群类:主要包括学校党委、团委、民主党派、工会等组织的各种会议文件、会议记录及纪要;各党群部门的工作计划、总结;上级机关与学校关于党群管理的文件材料。

(二)行政类:主要包括学校行政工作的各种会议文件、会议记录及纪要;上级机关与学校关于人事管理、行政管理的材料。

(三)学生类:主要包括学校学生的入学登记表、体检表、学籍档案、奖惩记录、党团组织档案、毕业生登记表等。

(四)教学类:主要包括反映教学管理、教学实践和教学研究等活动的文件材料。

(五)仪器设备类:主要包括各种国产和国外引进的精密、贵重、稀缺仪器设备的全套随机技术文件以及在接收、使用、维修和改进工作中产生的文件材料。

(六)产品生产类:主要包括学校在产学研过程中形成的文件材料、样品或者样品照片、录像等。

(七)刊物类:主要包括学校自行编辑的学报、其他刊物及刊物的审稿单、原稿及样书等。

(八)外事类:主要包括学校派遣有关人员出席国际会议、出国考察、讲学、合作研究、学习进修的材料;学校聘请的境外专家、教师在教学、科研等活动中形成的材料;学校开展校际交流、中外合作办学及管理外国或者港澳台地区专家、教师、国际学生、港澳台学生等的材料;学校授予境外人士名誉职务、称号等的材料。

(九)其他类:【部门名称】认为有必要进行归档的其他文件材料。

(说明:学校可根据自身具体情况与归档需求对上述归档范围作出调整。)

在学校教学、科研、管理等活动中形成的各种载体形式的文件材料属于学校,各部门应当按照规定及时归档,任何人不得据为己有或者拒绝归档。

个人在其非职务活动中形成的重要档案材料,【部门名称】可以通过征集、代管等形式进行管理。

第十条 (载体形式)归档的档案材料包括纸质、电子、照(胶)片、录像(录音)带等各种载体形式。

第十一条 (归档要求)【部门名称】工作人员应当对保管的档案进行分类、编号、上柜架排列,编制检索工具。

第十二条 (管理要求)【部门名称】应对档案的收进、移出、保管、利用等情况进行统计分析,并编制档案工作统计报表。

第十三条 (归档时间)文件材料每年按门类分别在下列期限内归档:

(一)党政管理类和能够按自然年度归档的材料应当在【次年五月底】前归档;

(二)教学类和能够按教学年度归档的材料应当在【当年年底】前归档;

(三)专题性、成套性材料应当在项目完成并通过鉴定、验收、审计后【二个月】内归档;

(四)上级指定接收的材料应当立即归档。

除特殊情况外,上述材料在归档完成后应及时移交给【部门名称】,法律法规或上级主管部门对归档时间另有规定的,从其规定。

第十四条 (归档手续)文件材料移交归档时,归档部门与【部门名称】应当严格办理交接手续,移交人应按要求如实填写移交清册,经接收人核对无误后,由双方签字或盖章确认。

归档的档案材料应当内容完整、质地优良,书绘工整,声像清晰、材质优良、格式规范,整理有序,符合有关规范和标准的要求。电子文件的归档要求按照国家档案局发布的《电子公文归档管理暂行办法》以及《电子文件归档与电子档案管理规范》(GB/T 18894—2016)执行。

第三章 保　管

第十五条 (保管期限)【部门名称】应当按照国家档案局《机关文件材料归档范围和文书档案保管期限规定》,确定档案材料的保管期限。对保管期限已满、已失去保存价值的档案,经【部门名称】鉴定并登记造册报校长批准后,予以销毁。未经鉴定和批准,不得销毁任何档案。

第十六条 (保管要求)【部门名称】应当采用先进的档案保护技术,防止档案的破损、褪色、霉变和散失。对已经破损或者字迹褪色的档案,应当及时修复或者复制。对重要档案和破损、褪色修复的档案应当及时数字化,加工成电子档案保管。

【部门名称】应当对所存档案和资料的保管情况定期检查,消除安全隐患,遇有特殊情况,应当立即向校长报告,及时处理。

第十七条 (档案统计)【部门名称】应当对学校档案的接收、整理、利用、移交、鉴定、销毁等各种情况进行统计,并按照国家有关规定报送学校档案工作基本情况统计表。

第四章 档案的利用和公布

第十八条 (档案的利用)凡持有合法证明的单位或者持有合法身份证明的个人,在表明利用档案的目的和范围并履行相关登记手续后,均可以查阅、摘抄、复制已公开档案,【部门名称】应积极做好档案的提供利用工作,努力开发档案信息资源,为学校领导、有关部门以及各项工作提供及时、有效的服务。

境外组织或者个人利用档案的,按照国家有关规定办理。

第十九条 (档案利用的范围)【部门名称】应当按照国家有关规定公布档案,未经学校授权,任何部门和个人不得公布学校档案。

下列档案不对外公开,但法律法规规定或应司法机关要求提供的除外:

(一)涉及国家秘密的;

(二)涉及专利或者技术秘密的;

(三)涉及个人隐私的;

(四)档案形成部门规定限制利用的。

第二十条 (利用未开放档案)查阅、摘录、复制未开放的档案,应当经【部门名称】负责人批准。涉及未公开的技术问题,应当经档案形成部门或者本人同意,必要时报请校长审查批准。需要利用的档案涉及重大问题或者国家秘密,应当经学校保密工作部门批准。

第二十一条 (提供文本形式)【部门名称】提供利用档案,仅限规定的方式。如有特殊需要,应当经档案机构负责人批准。

查阅、摘抄、复制的档案经经办人核实一致,加盖本单位公章。

第二十二条 (档案证明出具机构)【部门名称】是学校出具档案证明的唯一机构。

第五章 管 理 责 任

第二十三条 (处罚)有下列行为之一的,学校应当对直接负责的主管人员和其他直接责任人员依法给予处分;构成犯罪的,由司法机关依法追究刑事责任。

（一）玩忽职守，造成档案损坏、丢失或者擅自销毁档案的；

（二）违反保密规定，擅自提供、抄录、公布档案的；

（三）篡改、毁损、伪造档案的；

（四）擅自出卖、赠送、交换档案的；

（五）不按规定归档，拒绝归档或者将档案据为己有的；

（六）其他违反档案法律法规的行为。

第六章　附　　则

第二十四条　（制度统一性）本办法实施前公布实施的校内规则与本办法规定不一致的，以本办法的规定为准。本办法未尽事宜按照法律法规及上级文件政策执行。如有抵触，以法律法规及上级文件政策为准。

第二十五条　（本办法制定程序）本办法由【部门名称】制定，经【部门/组织名称】审议通过后公布实施。

第二十六条　（本办法解释部门）经学校授权，【部门名称】负责本办法的解释。

第二十七条　（本办法施行日期）本办法自【　　】年【　】月【　】日起施行。

示例十八

学校合同管理办法

第一章　总　　则

第一条　（目的与依据）为加强和规范学校合同管理，提高合同质量，防范合同风险，强化内部控制，规范学校的对外经济行为，根据《中华人民共和国民法典》等法律法规，并结合学校实际情况，制定本办法。

第二条　（合同定义）本办法所称合同是指本校作为独立的民事主体与其他自然人、法人及其他组织等平等主体之间为设立、变更、终止民事权利义务关系所订立的书面协议。

学校与教职工签订的聘用合同或劳动合同，不适用本办法。

第三条　（合同订立原则）学校合同的订立，应当遵守法律、法规、上级文件政策和学校的相关规定，维护学校的正当权益，任何部门和个人不得利用学校合同谋取私利。

第四条 （合同管理原则）学校实行一般合同与重大合同区别管理。一般合同实行法定代表人统一授权，归口管理制度。重大合同实行统一管理，由集体讨论决定。

第五条 （一般合同与重大合同）学校的重大合同包括：

（一）合同标的额在【 】万元以上的经济类合同；

（二）涉及“三重一大”事项的合同；

（三）校务会议规定的其他重大合同。

一般合同指除重大合同以外的其他合同。

第二章 合同管理机构及职责

第六条 （合同决策部门）【部门名称】集体讨论决定重大合同的立项及审批。

第七条 （一般合同决策部门）校长或分管校领导决定一般合同的立项和审批。

第八条 （合同的管理部门）【部门名称】是学校合同的管理部门，履行以下职责：

（一）学校公章、合同专用章的使用审核；

（二）合同的形式审核；

（三）合同的编号管理；

（四）合同的归档管理；

（五）合同履行中相关事务的协调；

（六）参与合同纠纷的处理工作；

（七）其他合同管理工作。

第九条 （合同的经办部门）学校各相关部门是合同的经办部门，负责合同文本的起草、送审、履行等工作，并履行以下职责：

（一）负责合同立项前的可行性分析论证。

（二）负责向决策部门提出合同立项申请。

（三）负责审查合同标的的真实性。

（四）负责审查合同相对方的缔约资格。

（五）负责合同的洽谈和起草，负责对合同条款进行合法性、合规性和合理性审查。确认合同内容符合法律法规、上级文件政策、本办法及学校其他有关规章制度的规定。

（六）负责将合同提交决策部门审批。

（七）负责具体履行合同，跟踪掌握合同履行情况，处理合同纠纷。

（八）收集、保管合同签订及履行过程中形成的有关资料。

（九）其他有关合同事务。

第三章　合同的订立

第十条　（合同订立程序）合同的订立程序包括合同的立项、起草、审批、授权和签署。

第十一条　（合同的立项）学校各部门代表学校从事对外经济活动过程中，需要订立一般合同的，应当向校长或分管校领导申请立项；需要订立重大合同的，应当向【部门名称】申请立项。

第十二条　（合同的前期审查和起草）合同立项申请通过后，由各经办部门负责合同的前期审查和起草，包括下列事项：

（一）审查合同相对方的缔约资格；

（二）起草合同文本；

（三）评估学校履约能力；

（四）必要时向学校法律顾问进行法律咨询。

第十三条　（缔约资格审查）订立合同前，各经办部门应当严格审查合同相对方的缔约资格，包括但不限于：

（一）合同相对方是否具有民事主体资格；

（二）合同相对方是否具有履行合同所必需的资质，应当要求相对方提供相关证明材料；

（三）审查合同相对方签约代表的身份证明和签约资格证明，如法定代表人的身份证明或法定代表人出具的授权委托书（应当明确载明委托代理事项、权限及期限）等；

（四）根据需要，可以要求合同相对方提供主要的财务报表以及从事相关业务的业绩证明材料；

（五）必要时，可以要求合同相对方提供履约担保；

（六）必要时向学校法律顾问进行法律咨询。

第十四条　（合同形式）订立合同应当采用书面形式，且合同文本应当打印或印刷制作。

第十五条　（合同示范文本）合同的文本应当优先采用政府或行业管理部

门制定的标准、示范合同文本,合同内容可以根据学校实际情况进行补充、修改。

合同文本一般应当包括以下内容:

(一)合同当事人的名称、住所,法定代表人姓名、职务,委托代理人姓名、职务,联系方式;

(二)标的(包括种类、数量、质量等要求);

(三)价款及其支付(包括计算方法、支付进度、结算方式等);

(四)履行期限、进度要求、地点和方式;

(五)验收标准及方法;

(六)违约责任(包括违约金或赔偿金的计算方法等);

(七)解决争议的方法;

(八)其他(名词和术语的解释、风险的承担、知识产权归属、收益的分成、保修、保密、合同的生效和解除条件等);

(九)合同签订的时间地点。

(说明:合同的末页应当载有合同正文条款,并在正文结束之处标明"下无正文"字样。如合同末页无正文条款的,则应当标明"此页无正文,仅为合同签字盖章页"字样,以示末页仅为签字盖章页。)

第十六条 (合同语言)合同文本一般应当使用中文书写,且文字表述应当准确、严谨、简练。合同中的术语、特有词汇、重要概念应设专款进行解释,涉及数字、日期时应当注明是否包含本数,涉及金额的数字应当同时注明大写。

若涉外合同采用外文书写的,需提供中文翻译文本,且须注明"外文文本与中文翻译文本理解冲突或不一致的,以中文翻译文本为准"。

第十七条 (合同的审批)学校的一般合同由校长或分管校领导进行审批。重大合同由【部门名称】经集体讨论后进行审批。

法律、法规和上级文件政策对合同订立程序有特别规定的,应当依其规定办理合同审批手续。

第十八条 (送审材料)合同送审时,经办部门一般应当报送以下相关材料:

(一)订立合同的依据,如有关会议纪要、公文、批示、中标通知书等;

(二)合同相对方主体资格、资质、信用状况、履约能力等方面的证明材料;

(三)价款确立的依据;

(四)其他需要提供的资料。

第十九条 (合同的签署)校长是学校的法定代表人。校长有权以书面形式授权他人为合同事务的委托代理人。接受校长授权的代理人不得超越授权范围签署合同,亦不得将被授予的权利转授第三人。

学校订立一般合同应当由校长或其书面授权的代理人签字,并加盖学校公章或学校合同专用章。重大合同应当由校长直接签署,并加盖学校公章或学校合同专用章。

第二十条 (合同的保管)合同原件及其相关材料应当由合同管理部门保管。

合同及其相关材料,一般包括以下内容:

(一)合同(含附件);

(二)合同当事人达成的补充协议;

(三)合同当事人订立合同和补充协议过程中形成的会谈记录、邮件、信件等;

(四)合同相对方缔约资格证明文件;

(五)其他需要保存的材料。

合同管理部门应当做好合同及其相关材料的保密工作,未经批准,不得以任何形式泄露合同订立及履行过程中涉及的国家秘密或商业秘密。合同原件应当编号登记,指定专人保管,一般不得外借。

第二十一条 (归档)已终止的合同应当按照学校档案管理规定进行归档。

第四章 合同的履行、变更、终止及纠纷处理

第二十二条 (合同的履行)合同的经办部门应当根据诚实信用原则,认真按照合同约定履行合同,并根据合同的性质、目的和交易习惯履行通知、协助、保密等义务。

第二十三条 (合同的补充或变更)合同生效后,如质量、价款或者报酬、履行地点等内容没有约定或者约定不明确的,合同当事人可以协议补充或变更。合同的补充或变更,应按前述合同订立流程报请立项、审批、授权和签署。法律、法规和上级文件政策对合同变更或解除程序有特别规定的,从其规定。

第二十四条 (合同的终止)如合同订立后出现下列情形的,合同的权利义务终止:

(一)合同已经按照约定履行完毕;

(二)合同解除;

(三)法律、法规和上级文件政策规定的其他合同终止情形。

第二十五条 （合同的监督检查）【决策部门名称】负责对重大合同履行过程进行监督检查；校长或分管校领导负责对重大合同履行过程进行监督检查，并注意防范合同履行过程中的法律风险。合同履行过程中出现争议等问题的，合同的经办部门应积极与合同相对方协商解决。协商不成的，或发现可能严重影响合同履行的情况，应当即报告，必要时可以向学校法律顾问进行法律咨询。

第二十六条 （纠纷解决）合同履行过程中如发生纠纷，经协商无法解决的，应当根据合同约定选择诉讼或仲裁方式解决。学校法定代表人可以书面形式授权委托学校相关工作人员或聘请律师事务所参加诉讼或仲裁。

第五章 合 同 责 任

第二十七条 （合同责任）有下列情形之一的，应当依照学校有关规定追究责任人的责任；造成损害的，应当追究责任人的民事赔偿责任；涉嫌犯罪的，依法移送司法机关处理：

（一）违反本办法规定，未经授权、超越授权范围或授权期限终止后订立合同的；

（二）违反项目经费支出预算或国家财经法律法规、学校财务规章制度签订合同的；

（三）提供虚假资料或虚构事实签订合同的；

（四）与合同相对方或第三人恶意串通，损害学校利益的；

（五）擅自销毁或涂改合同的；

（六）因故意或重大过失泄露国家秘密或学校商业秘密的；

（七）法律法规、上级文件政策和学校规章制度规定的其他情形。

第六章 附 则

第二十八条 （制度统一性）本办法实施前公布实施的校内规则与本办法规定不一致的，以本办法的规定为准。本办法未尽事宜按照法律法规及上级文件政策执行。如有抵触，以法律法规及上级文件政策为准。

第二十九条 （本办法制定程序）本办法由【部门名称】制定，经【部门/组织名称】审议通过后公布实施。

第三十条 （本办法解释部门）经学校授权，【部门名称】负责本办法的解释。

第三十一条 （本办法施行日期）本办法自【　　】年【　】月【　】日起施行。

附录　教育相关法律法规索引

类别	序号	名　称	施行年份
法律	1	《教师法》(2009 年修正)	2009 年
	2	《义务教育法》(2018 年修正)	2018 年
	3	《国防教育法》(2018 年修正)	2018 年
	4	《民办教育促进法》(2018 年修正)	2018 年
	5	《未成年人保护法》(2020 年修订)[1]	2021 年
	6	《预防未成年人犯罪法》(2020 年修订)	2021 年
	7	《教育法》(2021 年修正)	2021 年
	8	《家庭教育促进法》	2022 年
	9	《职业教育法》(2022 年修订)	2022 年
	10	《爱国主义教育法》	2024 年
行政法规	11	《全国中小学勤工俭学暂行工作条例》	1983 年
	12	《教师资格条例》	1995 年
	13	《教育督导条例》	2012 年
	14	《校车安全管理条例》	2012 年
	15	《残疾人教育条例》(2017 年修订)	2017 年
	16	《学校体育工作条例》(2017 年修订)	2017 年
	17	《中外合作办学条例》(2019 年修订)	2019 年
	18	《民办教育促进法实施条例》(2021 年修订)	2021 年
	19	《未成年人网络保护条例》	2024 年
	20	《教学成果奖励条例》(2024 年修订)	2024 年
部门规章	21	《中、小学校实验室工作的规定》	1988 年
	22	《幼儿园管理条例》	1990 年
	23	《学校卫生工作条例》	1990 年
	24	《高等学校实验室工作规程》	1992 年

续表

类别	序号	名　　称	施行年份
部门规章	25	《普通高级中学收费管理暂行办法》	1996 年
	26	《中等职业学校收费管理暂行办法》	1996 年
	27	《教师和教育工作者奖励规定》	1998 年
	28	《中小学教师继续教育规定》	1999 年
	29	《〈教师资格条例〉实施办法》	2000 年
	30	《中外合作办学条例实施办法》	2004 年
	31	《中小学幼儿园安全管理办法》	2006 年
	32	《高等学校信息公开办法》	2010 年
	33	《托儿所幼儿园卫生保健管理办法》	2010 年
	34	《小学管理规程》(2010 年修正)	2010 年
	35	《特殊教育学校暂行规程》(2010 年修正)	2010 年
	36	《技工学校工作规定》(2010 年修订)	2010 年
	37	《学生伤害事故处理办法》(2010 年修正)	2010 年
	38	国家教育委员会《关于开办外籍人员子女学校的暂行管理办法》(2010 年修正)	2010 年
	39	《少年儿童校外教育机构工作规程》(2010 年修正)	2010 年
	40	《中小学校长培训规定》(2010 年修正)	2010 年
	41	《少年儿童体育学校管理办法》	2011 年
	42	《高等学校章程制定暂行办法》	2012 年
	43	《学校教职工代表大会规定》	2012 年
	44	《幼儿园工作规程》	2016 年
	45	《学校招收和培养国际学生管理办法》	2017 年
	46	《学校食品安全与营养健康管理规定》	2019 年
	47	《新时代高等学校思想政治理论课教师队伍建设规定》	2020 年
	48	《教育系统内部审计工作规定》	2020 年
	49	《中小学教育惩戒规则(试行)》	2021 年

续表

类别	序号	名　　称	施行年份
部门规章	50	《未成年人学校保护规定》	2021年
	51	《中小学法治副校长聘任与管理办法》	2022年
	52	《中小学校财务制度》(2022年修订)	2022年
	53	《信息技术产品国家通用语言文字使用管理规定》	2023年
	54	教育部《关于加强中小学地方课程和校本课程建设与管理的意见》	2023年
	55	《校外培训行政处罚暂行办法》	2023年
规范性文件及其他文件	56	《教育收费公示制度》	2002年
	57	《学校和托幼机构传染病疫情报告工作规范(试行)》	2006年
	58	教育部《关于职业院校试行工学结合、半工半读的意见》	2006年
	59	《中小学公共安全教育指导纲要》	2007年
	60	《学生军事训练工作规定》	2007年
	61	教育部、财政部、中国保险监督管理委员会(已撤销)《关于推行校方责任保险　完善校园伤害事故风险管理机制的通知》	2008年
	62	《中小学实验室规程》	2009年
	63	《中小学班主任工作规定》	2009年
	64	教育部、财政部、中国保险监督管理委员会(已撤销)《关于在中等职业学校推行学生实习责任保险的通知》	2009年
	65	《中等职业学校管理规程》	2010年
	66	教育部办公厅《关于进一步加强中等职业学校学生实习风险管理工作的紧急通知》	2010年
	67	《学校卫生监督工作规范》	2012年

续表

类别	序号	名　　称	施行年份
规范性文件及其他文件	68	教育部、发展改革委、财政部、体育总局《关于进一步加强学校体育工作的若干意见》	2012 年
	69	《中小学生学籍管理办法》	2013 年
	70	国务院《关于加快发展现代职业教育的决定》	2014 年
	71	《教育重大突发事件专项督导暂行办法》	2014 年
	72	《高等学校信息公开事项清单》	2014 年
	73	《中小学幼儿园安全防范工作规范(试行)》	2015 年
	74	《学校体育运动风险防控暂行办法》	2015 年
	75	《严禁中小学校和在职中小学教师有偿补课的规定》	2015 年
	76	人力资源保障部、教育部《关于深化中小学教师职称制度改革的指导意见》	2015 年
	77	《民办学校分类登记实施细则》	2016 年
	78	《营利性民办学校监督管理实施细则》	2016 年
	79	教育部等九部门《关于防治中小学生欺凌和暴力的指导意见》	2016 年
	80	教育部等十一部门《关于推进中小学生研学旅行的意见》	2016 年
	81	教育部《关于新形势下进一步做好普通中小学装备工作的意见》	2016 年
	82	教育部、科技部《关于加强高等学校科技成果转移转化工作的若干意见》	2016 年
	83	《职业学校教师企业实践规定》	2016 年
	84	国家食品药品监管总局、教育部《关于进一步加强中小学校和幼儿园食品安全监督管理工作的通知》	2016 年
	85	《普通学校特殊教育资源教室建设指南》	2016 年

续表

类别	序号	名　　称	施行年份
规范性文件及其他文件	86	国务院办公厅《关于强化学校体育　促进学生身心健康全面发展的意见》	2016 年
	87	《中小学(幼儿园)安全工作专项督导暂行办法》	2016 年
	88	国务院《关于鼓励社会力量兴办教育　促进民办教育健康发展的若干意见》	2016 年
	89	国务院办公厅《关于加强中小学幼儿园安全风险防控体系建设的意见》	2017 年
	90	《中小学校领导人员管理暂行办法》	2017 年
	91	《义务教育学校管理标准》	2017 年
	92	《加强中小学生欺凌综合治理方案》	2017 年
	93	《中小学校领导人员管理暂行办法》	2017 年
	94	教育部办公厅《关于做好中小学生课后服务工作的指导意见》	2017 年
	95	《职业学校校企合作促进办法》	2018 年
	96	《中小学教师违反职业道德行为处理办法》(2018 年修订)	2018 年
	97	《幼儿园教师违反职业道德行为处理办法》	2018 年
	98	教育部办公厅《关于严禁商业广告、商业活动进入中小学校和幼儿园的紧急通知》	2018 年
	99	教育部办公厅《关于严禁有害 APP 进入中小学校园的通知》	2018 年
	100	《新时代高校教师职业行为十项准则》 《新时代中小学教师职业行为十项准则》 《新时代幼儿园教师职业行为十项准则》[2]	2018 年
	101	教育部《关于加强大中小学国家安全教育的实施意见》	2018 年

续表

类别	序号	名　　称	施行年份
规范性文件及其他文件	102	中共中央、国务院《关于学前教育深化改革规范发展的若干意见》	2018 年
	103	中共中央、国务院《关于全面深化新时代教师队伍建设改革的意见》	2018 年
	104	《托育机构设置标准(试行)》 《托育机构管理规范(试行)》[3]	2019 年
	105	教育部等五部门《关于完善安全事故处理机制　维护学校教育教学秩序的意见》	2019 年
	106	国务院办公厅《关于促进 3 岁以下婴幼儿照护服务发展的指导意见》	2019 年
	107	《教育信访工作办法》	2020 年
	108	教育部《关于进一步加强高等学校法治工作的意见》	2020 年
	109	教育部等六部门《关于加强新时代高校教师队伍建设改革的指导意见》	2020 年
	110	《研究生导师指导行为准则》	2020 年
	111	教育部等五部门《关于进一步加强和规范教育收费管理的意见》	2020 年
	112	《高等学校命名暂行办法》	2020 年
	113	教育部等八部门《关于进一步激发中小学办学活力的若干意见》	2020 年
	114	教育部等六部门《关于加强新时代乡村教师队伍建设的意见》	2020 年
	115	教育部《关于加强残疾儿童少年义务教育阶段随班就读工作的指导意见》	2020 年

续表

类别	序号	名称	施行年份
规范性文件及其他文件	116	中共中央、国务院《关于全面加强新时代大中小学劳动教育的意见》	2020 年
	117	中共中央办公厅、国务院办公厅《关于全面加强和改进新时代学校体育工作的意见》《关于全面加强和改进新时代学校美育工作的意见》[4]	2020 年
	118	最高人民检察院等《关于建立侵害未成年人案件强制报告制度的意见(试行)》	2020 年
	119	中共中央、国务院《关于优化生育政策促进人口长期均衡发展的决定》	2021 年
	120	《托育机构负责人培训大纲(试行)》 《托育机构保育人员培训大纲(试行)》[5]	2021 年
	121	《托育机构婴幼儿喂养与营养指南(试行)》	2021 年
	122	《中小学生健康体检管理办法(2021 年版)》	2021 年
	123	《职业学校学生实习管理规定》(2021 年修订)	2021 年
	124	《防范中小学生欺凌专项治理行动工作方案》	2021 年
	125	《中小学法治副校长聘任与管理办法》	2022 年
	126	《检察官担任法治副校长工作规定》	2022 年
	127	《托育从业人员职业行为准则(试行)》	2022 年
	128	中共中央办公厅《关于建立中小学校党组织领导的校长负责制的意见(试行)》	2022 年
	129	中共中央办公厅、国务院办公厅《关于构建优质均衡的基本公共教育服务体系的意见》	2023 年
	130	教育部《关于推开教职员工准入查询工作的通知》	2023 年
	131	最高人民法院　最高人民检察院　公安部　司法部《关于办理侵害未成年人刑事案件的意见》	2023 年

续表

类别	序号	名　　称	施行年份
规范性文件及其他文件	132	教育部、国家发展改革委、财政部《关于实施新时代基础教育扩优提质行动计划的意见》	2023 年
	133	教育部等十三部门《关于健全学校家庭社会协同育人机制的意见》	2023 年
	134	《外籍教师聘任和管理办法(征求意见稿)》	未施行 已于 2020 年结束征求意见

〔1〕部分法条被全国人民代表大会常务委员会《关于修改〈中华人民共和国农业技术推广法〉、〈中华人民共和国未成年人保护法〉、〈中华人民共和国生物安全法〉的决定》修改,2024 年 4 月 26 日施行。

〔2〕教育部印发的同一通知内的 3 个文件。

〔3〕国家卫生健康委员会印发的同一通知内的 2 个文件。

〔4〕中共中央办公厅、国务院办公厅印发的一组文件。

〔5〕国家卫生健康委办公厅印发的同一通知内的 2 个文件。

后　记

流光一瞬，华表千年。不知不觉中，我和我的团队专注教育法律服务已经走过了19个年头。最近几年，我一直在思考，我们要为我们的教育法律服务留下些什么，便产生了写书的想法。于是，我组织团队成员，拿起笔杆写作，每周开推进例会，经过努力，这本书终于付梓。

2005年，我有幸担任某地方教育局的法律顾问。此后，我和我的团队又陆续担任多所学校的常年法律顾问。我们团队协助教育单位处理各类法律事务，包括为学校的重大决策、办学行为、人事管理行为、合同行为提供法律风险防范意见，协助学校处理各类纠纷，就校园突发事件提供应急处置法律服务，逐步深入教育单位的法治建设工作。

《全面推进依法治校实施纲要》于2012年11月发布之后，我们团队又参与了多项推进依法治校的实践工作。

2015年年底，我们团队接受地方教育督导部门的委托，收集整理了近50所中小学校、幼儿园及一个活动中心制定的章程，并进行合规性审核，从促进依法治校的角度提出修改和完善建议，进一步提升学校章程内容建设的合法性。2019年，我们团队再次受托对上述学校的校内规章制度建设情况进行调研，并结合法律法规要求及各学段学校管理工作的具体需要，制定了《校内规章制度管理办法》《学校信息公开实施办法》《学生校内申诉制度》《教师校内申诉制度》等一系列校内规章制度的参考文本，协助教育主管部门指导区内各级学校进一步完善校内规章制度，提高制度建设质量。

自2016年起，我们团队包括我在内的多位律师被聘为上海市某区"法治宣讲团"成员，每年受邀走入校园开展"法治进校园"专题讲座，自2021年起每年为小学道德与法治科目教师开展民法典法治教育专题培训，协助教育主管部门提高中小学法治教育教师的法律素质和教学能力。

2021年，我们团队参与了上海市某区中小学校依法治校(2016~2020年)创建成果的申报和推选工作。对中小学依法治校先进工作典型经验有了更深入和全面的了解，参与征集的数百项创建成果具有引领性、创新性和示范性，为本书的写作提供了多元化的案例素材和实践经验。

从写作分工的角度，本书由我作为主编提出构想和书名，由陈琳律师与我共同商定目录和提纲，并负责各章节审稿和全书统稿，本所教育法律服务团队的律师负责各自板块的写作,前后历时一年半。其中,前言、第一章、第四章第九节、第五章第四节由陈琳执笔,第二章第一节到第三节由我执笔,第二章第四节到第十节、第五章第五节由陈琦执笔,第三章由叶辰赓执笔,第四章第二节到第八节由陈市凯执笔,第四章第一节及第五章第六节、第七节、第十节由陈婧娴执笔,第五章第一节到第三节由曹魏魏执笔,第五章第八节、第九节由张韵凡执笔,第六章由各章节作者共同撰写,附录由许易纬完成。

本书主编、副主编及各章节的作者,均为本所教育法律服务团队的成员,对学校法律风险管理具有丰富的实操经验。为了帮助学校深入推进法律风险管理体系建设工作,我们在十余年教育法律服务工作的基础上,总结学校法律风险管理的成功经验,从案例解析与操作实务的角度编写了本书,以期能够切合一线实践经验为学校开展法律风险管理工作以及建立和完善法律风险管理体系提供具有建设性的意见,实现学校法治工作根本性提升。

平心而论,教育法律服务,要写的内容很多,但要写好写得接地气,其实不容易。我们的团队经过讨论,最终把目光放在了学校法律风险管理这个核心点上。客观地讲,我们自认为是找准教育法律服务的痛点了。这些年来,我们从事的学校法律服务,其实大部分都是围绕着学校法律风险的防范和应对展开的,从校园人身伤害案件到学校与教职工的用工纠纷,再到学校与家长、社会的法律问题。法律风险的防范和应对在相当长的时间里是教育法律服务的重点和核心。这项工作,不仅是教育部门要做的,也是我们法律工作者要做的,更是全社会关心教育的各界人士都要做的。我们唯有把学校法律风险的防范工作做得更好,才可能减少法律风险的发生,让校园更平安、宁静。

对于依法治校的研究和探索,我们仍在不断努力的道路上。若本书出现纰漏或不足,欢迎广大读者批评指正。

最后,感谢我们团队的成员们在繁忙的律师工作之余承担了本书的编写工作,将个人的执业经验和专业知识奉献于教育法律服务事业;感谢本书的副主编陈琳律师全身心地投入本书,在章节编排和全书统稿等工作上保证了本书的高品质;感谢法律出版社领导和编辑,在时间紧、稿件多的情况下,为本书的如期出版做了大量细致有效的工作。在此,我作为主编对以上人员表示诚挚的谢意。

不忘初心,方得始终。教育是百年大计,做好教育法律服务是我们法律人的初心和使命。祈愿大家都来关心教育、关心教育法律服务,让我们的孩子在有充分法律保障的教育环境中健康成长。

朱伟国

2024 年 1 月